U0837977

· 西北大学“双一流”建设项目资助
Sponsored by First-class Universities
and Academic Programs of Northwest University
· 首批国家级一流专业——工商管理专业建设成果

数字营销解析

李纯青　白　嘉
主　编

DIGITAL MARKETING ANALYSIS

中国经济出版社
CHINA ECONOMIC PUBLISHING HOUSE
北　京

图书在版编目（CIP）数据

数字营销解析 / 李纯青，白嘉主编 . -- 北京：中国经济出版社，2021.12

ISBN 978-7-5136-6541-4

Ⅰ . ①数… Ⅱ . ①李… ②白… Ⅲ . ①网络营销 - 文集 Ⅳ . ① F713.36-53

中国版本图书馆 CIP 数据核字（2021）第 275190 号

责任编辑 贺 静
责任印制 马小宾
封面设计 华子设计

出版发行 中国经济出版社
印 刷 者 北京建宏印刷有限公司
经 销 者 各地新华书店
开　　本 710mm × 1000mm　1/16
印　　张 27.5
字　　数 341 千字
版　　次 2021 年 12 月第 1 版
印　　次 2021 年 12 月第 1 次
定　　价 98.00 元
广告经营许可证 京西工商广字第 8179 号

中国经济出版社 **网址** www.economyph.com **社址** 北京市东城区安定门外大街 58 号 **邮编** 100011

本版图书如存在印装质量问题，请与本社销售中心联系调换（联系电话：010-57512564）

版权所有 盗版必究（举报电话：010-57512600）

国家版权局反盗版举报中心（举报电话：12390）　　服务热线：010-57512564

前　言

数字营销是基于数字化技术融通市场营销的理念和手段，深刻地将数字化基因嵌入企业的营销战略、营销资源、营销能力和营销过程之中，表现为在数字化时代对传统市场营销“STP+4Ps”范式的超越与升级，以便更好地服务于“数字化了的顾客”及其需求这一关键目标。数字营销包含多种互联网营销的技术与实践，不仅包括很多不借助互联网的传统渠道，诸如电视、广播、短信等非网络渠道，还包括很多诸如社区媒体、电子广告、短视频、直播等网络渠道。

本书精选了西北大学经济管理学院2020届工商管理专业15篇优秀本科生毕业论文，主要关注数字营销中的理论前沿和实践问题，分为数字营销平台、数字营销策略和数字营销环境三个部分。入选的15篇论文均以数字营销为主题，论文选题具有一定的理论价值和深刻的现实意义，强调实证研究的重要作用，研究结论和管理建议具有一定的实践参考价值。

本书集中体现了西北大学经济管理学院工商管理专业特色，充分展示了西北大学经济管理学院工商管理专业的师生对数字营销问题的科学研究态度和深入探索精神，同时也是首批国家级一流专业——工商管理专业建设的突出成果之一。

本书分为三篇，各篇的写作分工如下：

第一篇，数字营销平台：

《网络直播平台用户的消费者行为研究》由成屹飞撰写，指导教师为安立仁老师；

《直播营销中社会临场感对冲动消费的影响机制》由高圣朋撰写，指导教师为谢莹老师；

《珠三角地区网络购物行为差异研究》由姜坤撰写，指导教师为马晓强老师；

《新租赁经济下租赁平台特征对消费者信任的影响：情感体验的调节效应》由马吉青撰写，指导教师为谭乐老师；

《商品的在线场景化展示对消费者购买意愿的影响——基于心理模拟的中介作用》由王慧撰写，指导教师为刘伟老师；

《直播情境下主播的语言特征对消费者购买意愿的影响研究》由张研撰写，指导教师为刘伟老师。

第二篇，数字营销策略：

《量化自我视角游戏化对用户参与和消费需求的影响机制研究》由陈尧撰写，指导教师为张宸璐老师；

《价格—感知质量对消费者—企业认同的作用机理》由邓景俏撰写，指导教师为李纯青老师；

《感知价值对品牌好感度和重复购买行为的影响——价格促销渠道的调节作用》由樊相君撰写，指导教师为谢莹老师；

《多向品牌联盟的路径及作用机制分析——以京东为例》由黄红丽撰写，指导教师为李纯青老师；

《小红书的营销策略问题及对策》由李江睿撰写，指导教师为窦玲老师；

《病毒营销对票房的影响机制研究》由尤思敏撰写，指导教师为张宸璐老师。

第三篇，数字营销环境：

《数字经济对产品营销能力的提升作用研究》由何媛媛撰写，指导教师为惠宁老师；

《平台经济驱动营销能力提升的研究》由谢爱宁撰写，指导教师为惠宁老师；

《“不倒翁”与西安的城市营销》由周健飞撰写，指导教师为董联党老师。

目　录

第一篇　数字营销平台

第二篇　数字营销策略

第三篇　数字营销环境

第一篇　数字营销平台

网络直播平台用户的消费者行为研究

成屹飞

摘　要：近年来，我国的网络直播行业呈现出快速发展的势头，作为一种新兴的行业，国内的网络直播平台及其相关产业被大众看好，大量资金不断涌入，网络直播门槛低、操作简单、收益高的特点，吸引了无数的从业者和用户。

本文结合专业理论知识，对网络直播平台用户的消费行为特征及其相关影响因素进行理论分析，采用问卷调查的方法收集有关数据信息，并通过SPSS软件开展数据分析。本文总结出网络直播平台消费行为具有冲动购买、寻求多样化购买和习惯性购买并存、忠诚购买、简单购买、消费频率低、目标的选定程度具有不确定性、消费需求侧重于精神层面、消费满意度较高、“审美”与“审丑”心理并存九大特征，分析出可能影响消费者行为变化的主观和客观因素，总结出性别、消费满意度、主播口碑三个因素会对消费行为产生显著的影响。本文旨在正确认识和分析直播平台消费者行为，为网络平台发展的相关研究提供有益补充。

关键词：网络直播平台；消费者行为；消费行为特征

一、绪论

（一）研究背景

日新月异的科学技术带动了网络媒体的高速发展，在用户需求的带动下，网络直播行业迅速崛起。随着移动终端和无线网络的进一步普及，人们可以随时随地地观看网络直播并及时参与互动，陆续增长的用户数量和不断涌入的资本使得网络直播行业的发展与繁荣成为一种必然趋势。

自2017年起，网络直播行业得到了企业的高额资本支持，社会关注度不断提高，从而直播行业获得了一股强大的发展动力。直播行业的业务领域也正在逐渐向教育、购物、咨询等市场拓展，可以预见直播平台的用户规模也将在未来几年内保持稳定增长，行业的总体发展前景依旧乐观。

（二）研究目的及意义

本文的主要研究目的是对网络直播的消费者行为进行分析，从中分析出网络直播用户的消费行为特征及其影响因素，发现网络直播行业飞速发展背后存在的消费者行为的相关特征及影响因素，同时也从消费者行为方面为网络直播平台未来的发展寻找方向，并为网络直播行业的用户策略转变提出建议。

（三）研究思路及方法

1. 研究思路

本文将基于提出问题—分析问题—解决问题的逻辑思路，对我国现有直播平台的消费行为特征以及导致消费行为产生的相关因素展开理论分析和数据分析。在借鉴国内外已取得的研究成果的基础上，借助霍华德—谢思模型（Howard-Sheth Model），通过发放相关问卷获取信息、频数分析和列联表关联性分析，结合收集到的数据及数据分析结果，找出网络直播行业消费行为的相关特征，以及导致消费行为产生的因素。

2. 研究方法

本文采用的主要研究方法有访谈法、文献分析法、问卷调查法和数据分析法。笔者通过阅读相关文献了解到目前关于网络直播行业消费者行为方面的研究成果，通过现场观察与分析总结出网络直播平台消费者的行为特征，通过问卷调查收集关于网络直播行业消费者的相关数据信息，并对问卷结果采用SPSS软件进行分析。

二、网络直播平台发展理论与实际

（一）网络直播平台发展理论

网络直播，是指以互联网为载体进行的直播行为，是一种新兴的网上娱乐方式，其早期以游戏直播为主，近几年更多地朝娱乐方向发展。网络直播在国内起步较晚，2016年后才迎来快速发展阶段，所以对网络直播平台消费者行为的研究较少。以“网络直播平台消费者行为”为关键词在中国知网进行搜索，相关论文数量较少，并且研究方向多是消费者行为的影响因素。以“网络直播平台”为关键词搜索出相关论文数量相对较多，其中多以从传播学角度分析直播行业乱象并提出解决方法为主。整体上，以网络直播平台消费者行为为主要研究对象的文章少之又少。因此，本文从网络直播平台消费者行为的角度出发，研究网络直播平台消费者行为的主要特征与影响行为的相关因素，旨在为网络平台发展的相关研究提供有益补充。

（二）网络直播平台的诞生与发展

互联网的飞速发展不断地改变着人们的日常生活。互联网的发展经历了电子邮件—即时互动聊天软件—视频网站—网络直播平台的这一过程，网络传递信息的速度越来越快，准确率越来越高，内容也越来越丰富。加之手机的智能化、功能的丰富化，手机已由通信机器变成了一部娱乐机器，智能手机的普及率也在逐年提高。另外，宽带服务、无线网络不断升级换代，网络资费下调但传输速度飞速增长，这些因素都为网络直播平台的飞速发展提供了坚实基础和强劲动力。

2016年被普遍认为是网络直播的元年，其主要原因在于，越来越多的直播平台从当年开始相继诞生。随着资本的不断涌入，加之上述相关因素的影响，网络直播行业在2016年发生了质变，“人人都可以成为主播，随时随地都可以直播”这一现象在2016年出现了。直播行业的兴起仿佛是一夜之间的事，但它的产生和发展并不是偶然的，可以说直播的兴起是由多种多样的因素共同导致的。膨胀的市场规模与用户需求都在刺激着直播行业，促使直播平台不断地升级换代。

2000年左右，网络直播就已经诞生并开始流行，但其主要平台只有QQ视频和一些小规模的社交网站。后来随着微博等一系列新兴媒体的诞生，网络直播的用户数量在短期内有一定的减少。但在2010年，随着游戏产业发展速度的加快，网络直播也顺势迎来了自身发展的绝佳时机，部分视频网站也开始加入游戏直播的行列中。

（三）网络直播平台前景展望

直播平台自2010年起开始焕发新生，而其主营业务以及主要的收入来源都是游戏直播。如YY游戏直播、斗鱼TV、PLU、战旗TV、风云直播等。这种发展势头并不只是国内特色，而是全球性的趋势。

2014年，游戏行业营收同比增长46.4%，一年之内涨幅惊人，玩家人数已接近全国人口的1/3，电子游戏逐渐成为现代人的主要娱乐方式之一。正是看准了这一商机，各大游戏直播平台在短期内引入了高额的流量和资本，为之后的发展奠定了基础。

虽然直播平台的发展得益于游戏行业的发展，但直播并没有止步于游戏这一单个领域。2016年移动直播诞生，直播的开展和观看都不必坐在电脑前了，只要有手机和网络就可以在任何时间、任何地点观看直播，斗鱼TV、战旗TV等早期直播平台也开发了手机App，主播用一部联上网络的手机即可进行直播。同时，主播也能够走出狭小的直播间，随时随地开启直播，这也促进了直播内容的丰富。户外直播就此诞生，标志着直播行业跳出了游戏的圈子，开始向更多元的方向发展，旅游、音乐、舞蹈等直播陆续出现，但归根结底还是以娱乐化的内容来吸引用户。

智能手机和无线网络的普及度还在逐年提升，网络直播行业存在的大量潜在客户将会被进一步发掘出来，直播行业的发展前景十分乐观。

艾媒咨询的相关统计数据如图1和图2所示，从中可以看出，网络直播的用户数量已经较多，斗鱼TV处于行业领先地位。直播行业用户规模增速有一定的下降，说明直播行业的发展正逐渐进入精细化、专业化的发展阶段。

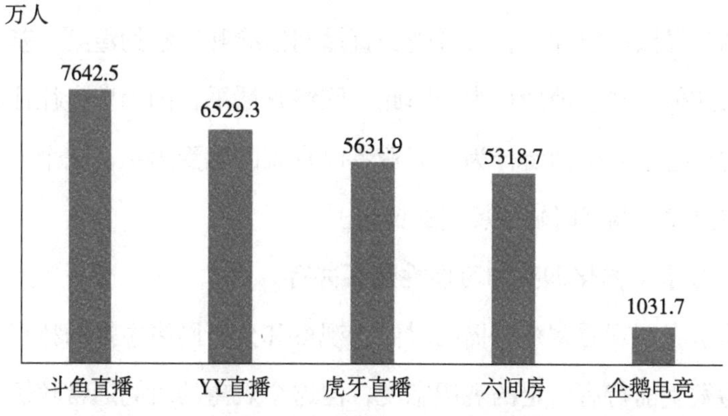

图1　2019年中国在线直播主流平台月均活跃用户数

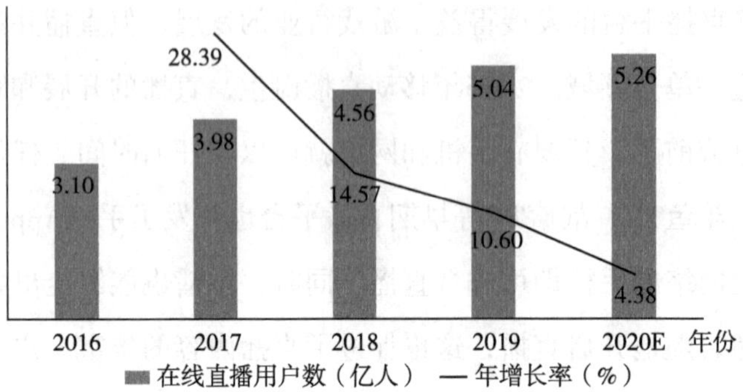

图 2　2016—2020 年中国在线直播用户规模及预测

三、网络直播平台消费者行为特征及其影响因素的理论分析

（一）网络直播平台消费行为特征分析

1. 冲动购买

冲动购买是指消费者无计划的、突然产生的购买行为。冲动性购买是一种非计划的购物行为，表现出即时性、自发性、无意识性的特点，在购买过程中，消费者通常会由于受到外界的刺激，以及自身某种情绪的冲击，从情感上而非实用性上被商品所吸引而产生消费的需求并期望该需求立刻得到满足。在直播间中，消费者更容易被主播的某种言行举止所刺激导致一时冲动，或者受到直播间情绪和气氛的渲染，基于从众心理跟随他人产生消费行为。因此，网络直播平台的消费者往往是在非理性的状态下产生消费行为，消费者以直观的感受为主，从个人的情绪和兴趣出发，购买时缺少反复的比较。

2. 寻求多样化购买和习惯性购买并存

消费者在观看网络直播的时候会观察和分析网络主播的特点，在消费行为发生前持有一定的观望态度，但这个观望的时间通常较短。在这个短暂的过程中，用户会通过观看直播感知到该直播间的特色与风格，从而判断是否订阅或关注该直播间。关注或订阅行为一旦产生，该用户就会成为这一直播间较为稳定的客户。

在订阅或关注某主播并且成为该主播的稳定观众后，消费者会产生两种截然不同的购买行为：一种是寻求多样化的购买行为，是指消费者在一次或几次的消费后就转而离开，并选择其他的直播间进行消费，这种状况之所以发生，可能是对原主播产生了不满，以后都不会再选择观看其直播，也可能因为对原订阅主播产生了厌倦或审美疲劳，想要换一种风格，但一段时间后又会回到原来的直播间。另一种则是习惯性的购买行为，即消费者始终在同一个直播间进行消费，其原因一般是该主播对这类消费者的黏性较高，能长期使消费者保持较高的消费热情，或者主播与这类消费者本身关系亲密（如现实亲友等），但这类习惯性购买的消费者只是少数，这一点从直播间的贡献榜上就可以轻易地观察出来。

3. 忠诚购买

忠诚购买是指在习惯性购买的基础上愿意为该品牌（主播）支付更高的价格，主要原因在于，消费者察觉到了该主播拥有其他主播所不能提供的独特价值。这种独特价值来源于消费者对该主播的极大信任或欣赏，该主播对于消费者有着极大的重要性与不可替代性。每个直播间的直播风格都存在着较大差异，这就凸显出了主播的不可替代性，当消费者渴望长期得到该主播的关注、回应、感谢等时，就会不断地为该主播送礼物，随着双方情感上的互动增多，关系会变得更加亲密，消费者就会愿意为该主播送出更有价值的礼品，这样就导致了忠诚购买行为的产生。

4. 简单购买

相较于复杂购买，简单购买则缺乏一个复杂的对于产品的认知过程，这一过程主要包含：对商品信息的广泛与深入搜集、不同品牌之间的对比、商品本身属性的分析。直播平台的消费行为呈现出简单购买这一特征的主要原因在于产品层面。直播平台的产品（礼物）不是一种功能型的实用产品，不具备使用功能，也不存在购买风险，主要以价格档位进行种类划分，如斗鱼TV的礼物有荧光棒（免费）、办卡（6元）、飞机（100元）、火箭（500元）等，消费者可根据自身情况选择相匹配的礼物，而不需要考虑自己购买的产品价值是否与价格相符，因而缩短了消费者的信息搜集和处理的过程，使得购买行为趋于简单化。

5. 消费频率低与目标的选定程度具有不确定性

网络直播作为新型的娱乐活动，随着终端的拓展和无线网络的覆盖越来越广，参与门槛也越来越低，但直播平台的消费行为始终无法摆脱为主播赠送礼物这一模式，即“打赏”。观看直播这一行为除去网络资费本身是零成本的，每一位用户都可以进入任意的房间免费观看直播。对于消费者来说，是否发生消费行为并不会影响自身的观看体验，加之网络直播作为一种娱乐活动，如果消费者忙于工作则无暇在直播平台进行消费活动，这两点就导致了消费行为的发生频率较低。此外，零门槛的观看要求使得消费者在观看直播时具有极大的自由度，可以随来随走，这就导致更多的消费者在观看直播时主要抱着观赏、休闲的心态，只有遇到自己感兴趣或心仪的主播才会产生消费的想法，而更多情况下都是随意观看后离开，这说明消费者在产生消费行为之前并没有明确或既定的购买目标，在目标的选定程度上是具有不确定性的。

（二）消费需求分析

消费者对于商品或消费品的一种需求或欲望被称作消费需求。其中包含对商品使用价值、审美、时尚的需求等。通常情况下，对于消费需求的分析，主要体现在两个方面：外部需求及消费者的自身需求。

消费者受到外部带来的刺激从而产生的消费需求被称作外部需求，其中最为明显的是消费者受到群体的刺激所产生的需求。例如，早期的斗鱼TV以培养草根主播为主，这一部分“接地气”的主播既符合了观众的审美需求，其自身也拥有大量的粉丝群体与较为广泛的知名度。观众在观看时可以通过弹幕的形式与互不相识的人们互动，而这些互不相识的人们恰巧又是与用户自身有着同样喜好的一个群体，在这个群体中消费者彼此有着更多的共同语言，一人的消费行为也就更能刺激其他人的消费需求。此外，当前斗鱼TV已经在电脑端、手机端等多种媒体上开展，多样化的载体使得用户能够在各个场景、各个时间都能感受到网络直播带来的刺激，导致了外部需求的产生和深化。

与外部需求相区别，人们因为自身的需要和欲望产生的消费需求，则被称为自身需求。现有的直播平台通常都会开设游戏、舞蹈、服装、音乐、综艺、旅游、美食等各式各样的直播频道栏目，而在同一栏目中的不同主播之间也存在着截然不同的风格，用户可以通过平台提供的栏目分类搜索，从而找到自己喜爱的直播内容。丰富的个性化产品和服务几乎使得每一位用户都能在平台上找到自己心仪的频道，其观看直播的需求会较为轻易地得到满足。而随着观看需求的满足，更深层次的消费需求就会产生并逐渐增加，观众就会对网络直播心存更高的期待，并且希望能够通过购买道具对主播进行打赏的形式得到主播的回应和关注，以在频道中拥有更大的权力和自由度，这就是产生消费需求的原因。

本文通过对各大平台消费者消费需求的分析和思考，得到了以下四种主流的用户消费需求，并分别做出分析与解释。

1. 寻求心理认同、排解压力

当代的年轻人在社会中承受着巨大的生活、工作压力，随着生活、工作节奏急剧加快，人们开始更加注重个人的空间与隐私，所以社交的需求就会更加依赖网络而不是人与人的当面交流。借助网络他们便可获得一种认同感和归属感，隔着屏幕的交流也会让人感到更加轻松。不同主播有着各自的直播风格、粉丝群体与社交圈子，正如前文提到的，一个频道的粉丝群体拥有相似度很高的个人喜好与价值观念，通过这些粉丝某些相似的社会属性，以及主播们内容丰富、形式各异的直播活动，消费者会得到慰藉，会获得生活与心理上的强烈认同，从而减少生活上的压力感。

2. 满足好奇心

好奇心是人类常有的一种心理状态，人们总会对于那些不熟悉的甚至神秘的事物抱有好奇心。主播作为一种公众人物甚至偶像，时常会自觉或不自觉地将个人的生活通过直播进行展示，这种行为对于粉丝来说富有吸引力。粉丝对于自身偶像的生活状况通常会抱有好奇心并会持续关注，相较于工作的问题，更想对其生活情况进行一定的了解，网络主播相较于娱乐圈明星，活动更加自由，与粉丝间的互动更加容易，关系也更加亲密、融洽。主播通过网络直播向粉丝展示一些个人的生活状态，且内容非常真实，这让粉丝能够切实地意识到自己所喜欢的人也和自己一样，有着喜怒哀乐，也为生活努力奔走，这便减少了主播与粉丝之间的距离感，带给用户更多的新鲜感与刺激感，同时也满足了他们的好奇心。

3. 追求刺激

当今的信息交流逐渐向视觉化方向发展，网络直播能够将真实的情景呈现在用户面前，这使得网络直播平台具有很强的观赏性。网络直播在内容上主要是现实中发生的新奇、新鲜的话题和事情，实时的沟通使得用户与主播间的互动更为方便，促进了双方之间的情感交流，缩短了双方的心理距离，能够使用户较为真实地感到满足。在与自己喜欢的主播进行交流与互动的过程中，粉丝会感受到精神上的强烈满足与刺激，这种刺激能够让用户短暂地逃离现实，在一定程度上会对人们产生很大的吸引和诱惑。

4. 获得满足感

互联网技术不断地发展成熟，普及度逐年提高，在这种网络快速发展的背景下，网民在网上虚拟消费的行为也逐渐产生了，且这种新型的消费形式也逐渐成为现阶段中最为流行、最为时尚的一种消费模式。直播平台用户的消费行为主要以为主播赠送虚拟礼物为主。付费礼物可以变现并由平台与主播按一定比例分成，礼物收入是主播收入的重要来源之一，收到的礼物越多，证明该主播流量越大、盈利能力越强，平台就会给予主播相应的奖励，如主页推广、引流、增加主播工资等。对于用户来说，送给主播的礼物价格较高或数量较多时，屏幕上便会出现该粉丝的姓名和相应的礼物名称、数量，这种姓名展示通常配有好看的动画效果，十分吸引眼球。赠送的礼物越多、消费金额越高，用户在该直播间的等级就会越高，高等级带来的好处主要包括更加好看的弹幕、主播的特别关注等。此外，直播间的管理权限主要是通过主播进行下放，那些等级高的用户也就理所当然地成了管理者的最佳人选。消费者通过打赏主播来满足自身需求，并在这一过程中产生愉悦感，实质上是一种新型的体验性消费。

（三）消费满意度分析

消费者在购买行为发生后的满意度主要体现在两个方面：一方

面，主播收到礼物时的反应。作为体验性消费，就需要让消费者获得愉快的消费体验。对于粉丝来说，通过消费能够让自己关注、喜爱的主播直接性地获得经济利益、增长人气，送礼行为也会即时地得到主播的答谢，自己也能更轻易地得到主播的关注和互动，甚至获得管理直播间的特权，对于一个真心喜欢该主播的粉丝来说，这种主播对消费者的反馈已经极具吸引力了。另一方面，赠送礼物的行为是在众多用户的围观下进行的，赠送的礼物越多、金额越高，就会相应地出现更多更好看的特效动画，甚至被全平台的广播展示，消费情况也会直接反映在直播间内的“贡献榜单”上，这种反馈极大地满足了消费者的虚荣心，这种产品的附加效果能够极大地提高消费者的消费满意度。

（四）消费心理分析

消费者对于商品或消费品的看法与观点通常有着自己独特的喜好，在网络直播这一行业中，消费者的心理大致可以分为审美心理与审丑心理两个对立面。这种差异来源于消费者在观看直播时自我认知上的判断。审美心理通常表现为消费者在观看诸如歌唱、舞蹈、乐器演奏、游戏等直播内容时，更多是以追求美好的心态来选择直播间进行观看的，希望通过主播们好听的嗓音、曼妙的舞蹈、绝佳的操作为自己带来感官与精神上的享受。而审丑心理则相反，相较于“美”的直播，这类“丑”的直播往往会有更加新奇的表现形式与轻松的氛围，直播内容也会相对有趣，消费者选择“丑”的直播只是单纯地寻找乐趣，而并非追求丑陋与低俗。但所谓的丑态如果不能拿捏好力度，往往会产生一定的负面影响。

（五）导致消费行为产生的因素与相关假设

结合国内外的相关研究和解释消费者购买行为的霍华德—谢思模

型，影响消费者对网络直播平台的产品或服务选择的因素可以归纳为外在、内在、刺激和反应四个方面。

1. 外在因素

结合理论模型与网络直播平台的相关特点，本文选取学历、年龄、收入三个指标作为主要分析对象，分析这三个指标是否会导致消费行为的产生。

原假设H10：学历与消费行为的产生不具备显著关联关系。

备择假设H11：学历与消费行为的产生是显著关联关系。

原假设H20：年龄与消费行为的产生不具备显著关联关系。

备择假设H21：年龄与消费行为的产生是显著关联关系。

原假设H30：性别与消费行为的产生不具备显著关联关系。

备择假设H31：性别与消费行为的产生是显著关联关系。

2. 内在因素

内在因素主要是指消费者的心理活动过程，结合理论模型与网络直播平台的相关特点，本文选取消费动机（需求）强度、消费满意度两个指标作为主要分析对象，分析这两个指标是否会导致消费行为的产生。

原假设H40：消费满意度与消费行为的产生不具备显著关联关系。

备择假设H41：消费满意度与消费行为的产生是显著关联关系。

3. 刺激因素

结合理论模型与网络直播平台的相关特点，本文选取主播的外在特征、直播内容的丰富程度、直播间活动三个指标作为主要分析对象，分析这三个指标是否会导致消费行为的产生。

原假设H50：主播的外在特征与消费行为的产生不具备显著关联关系。

备择假设H51：主播的外在特征与消费行为的产生是显著关联关系。

原假设H60：直播间活动与消费行为的产生不具备显著关联关系。

备择假设H61：直播间活动与消费行为的产生是显著关联关系。

4. 反应因素

结合理论模型与网络直播平台的相关特点，本文选取主播的口碑这一指标作为主要分析对象，分析这一指标是否会导致消费行为的产生。

原假设H70：主播的口碑与消费行为的产生不具备显著关联关系。

备择假设H71：主播的口碑与消费行为的产生是显著关联关系。

综合上述针对现象的分析，我们可以总结出网络直播平台消费者行为的特征主要有以下九点：

（1）冲动购买；

（2）寻求多样化购买和习惯性购买并存；

（3）忠诚购买；

（4）简单购买；

（5）消费频率低；

（6）目标的选定程度具有不确定性；

（7）消费需求侧重于精神层面；

（8）消费满意度较高；

（9）“审美”与“审丑”心理并存。

并借助相关模型分析导致消费行为产生的主要因素，提出了相关原假设，如表1所示。

表 1　假设汇总

序号	假设
1	H10：学历与消费行为的产生不具备显著关联关系 H11：学历与消费行为的产生是显著关联关系
2	H20：年龄与消费行为的产生不具备显著关联关系 H21：年龄与消费行为的产生是显著关联关系
3	H30：性别与消费行为的产生不具备显著关联关系 H31：性别与消费行为的产生是显著关联关系
4	H40：消费满意度与消费行为的产生不具备显著关联关系 H41：消费满意度与消费行为的产生是显著关联关系
5	H50：主播的外在特征与消费行为的产生不具备显著关联关系 H51：主播的外在特征与消费行为的产生是显著关联关系
6	H60：直播间活动与消费行为的产生不具备显著关联关系 H61：直播间活动与消费行为的产生是显著关联关系
7	H70：主播的口碑与消费行为的产生不具备显著关联关系 H71：主播的口碑与消费行为的产生是显著关联关系

四、研究设计及调查数据

本文为了研究网络直播平台的消费者行为特征及其相关影响因素，在对直播平台消费行为进行理论分析的基础上，利用问卷星平台设计了一份调查问卷——《关于网络直播平台消费者行为的调查问卷》。目的在于对上述九大消费行为特征构建数据支撑，并为原假设的判别提供数据基础。

（一）问卷设计

本次问卷主要分为三个部分：第一部分为消费者的基本个人情况；第二部分是对有消费行为的用户进行调查，了解消费者在消费时是否产生了上述九大特征；第三部分则是为SPSS分析收集相关数据。

为了使问卷中的问题更加合理，笔者于2020年2月13—15日选取了15人进行预调研，确定了问卷中的问题及相关顺序。2020年2月15日通过问卷星微信平台进行问卷制作，并在社交平台中进行了问卷的发放。

（二）行为特征统计数据分析

1. 冲动购买

问卷问题8“您在赠送礼物时是否保持理性思考？”收集到的数据如图3所示。

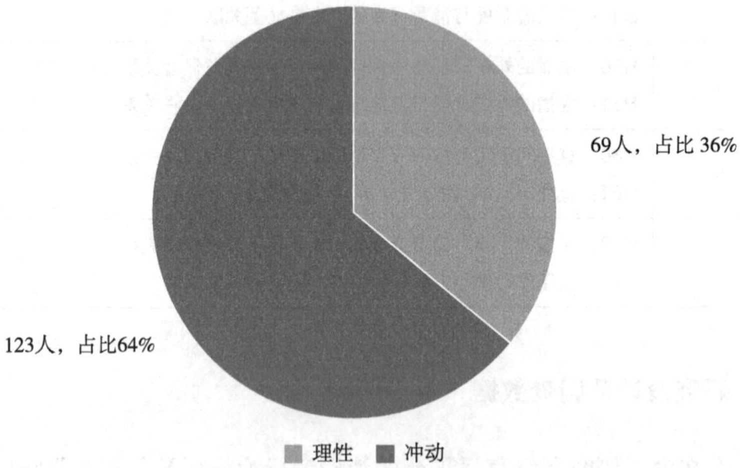

图 3　是否保持理性思考

从统计到的数据来看，在冲动状态下发生购买行为的消费者人数为123人，占据样本总量192人的64%。因此可得出结论：约有2/3的消费者拥有冲动购买的消费行为。

2. 寻求多样化购买和习惯性购买

问卷问题9“在消费金额一定的情况下以下两种方式您更偏向哪个？”得到的结果如图4所示。

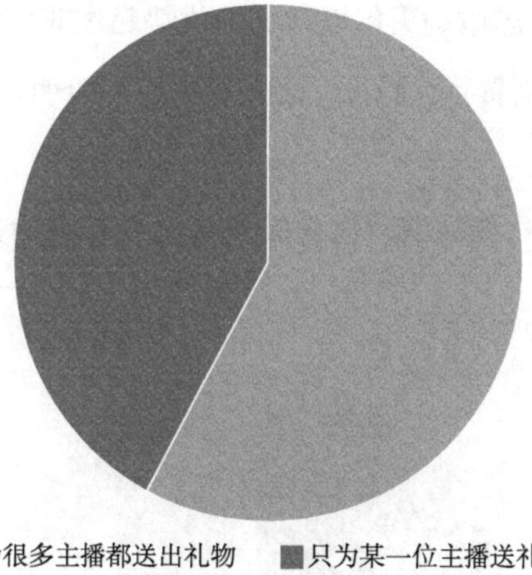

图 4　消费多样化

从图4中我们可以得出结论：在网络直播消费行为中，寻求多样化购买与习惯性购买是两种并存现象，但总体上寻求多样化购买行为相对较多。

3. 忠诚购买

问卷问题10“对于喜爱的主播您的送礼次数与价格是否呈现递增趋势？”结果如图5所示。

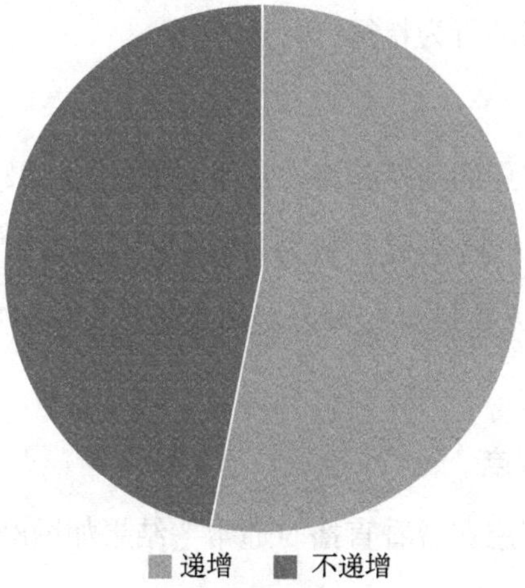

图 5　忠诚购买

由图5可知，忠诚购买仅以微弱的优势超过非忠诚购买，这说明忠诚购买作为一种消费行为特征，表现得并不十分明显。

4. 简单购买

问卷问题11“您从消费需求转化为消费行为的过程往往”结果如图6所示。

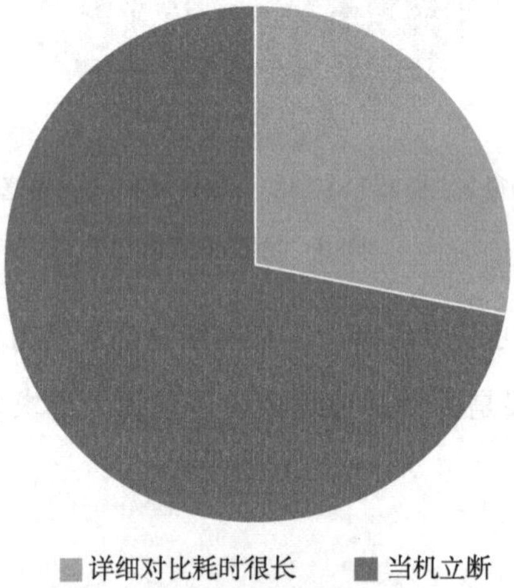

图6 简单购买

由图6可以得到结论：在网络直播平台的消费行为中，大部分消费者呈现出简单购买的行为特征。

5. 消费频率

问卷问题12“您的消费频率（周平均数）”结果如图7所示。

由图7可知，每周消费次数为1次及以下的人数最多，其次为2~6次，7次及以上的人数最少。可以得出结论：网络直播消费行为的产生频率相对较低。

6. 目标选定程度

问卷问题13“您在观看直播时通常”结果如图8所示。

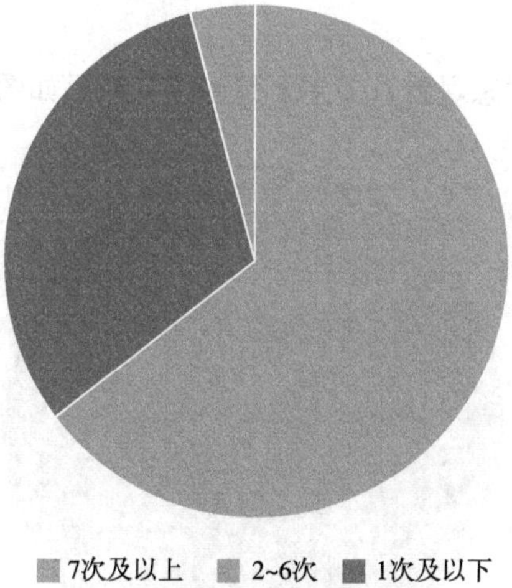

图 7　消费频率（周平均数）

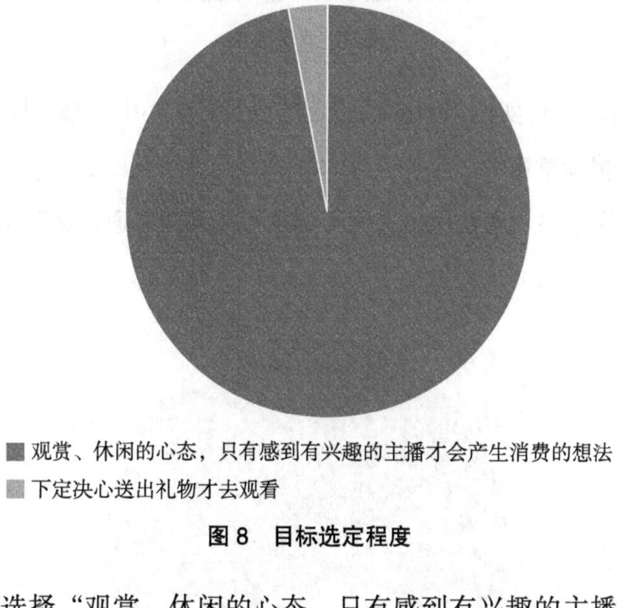

图 8　目标选定程度

其中选择“观赏、休闲的心态，只有感到有兴趣的主播才会产生消费的想法”这一选项的人数达到186人，可以得到结论：网络直播平台消费行为在目标的选定程度上具有不确定性。

7. 消费需求

问卷问题14“您观看直播主要是为了”结果如图9所示。

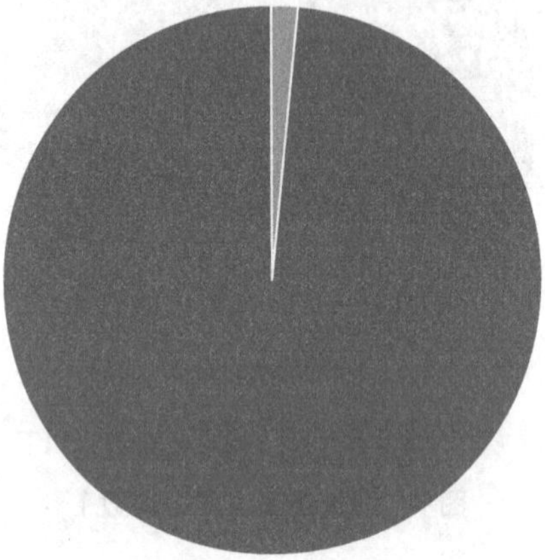

图 9　消费需求

根据图9可证实网络直播消费者的消费需求集中在精神层面。

8. 消费满意度

问卷问题15“您在送出礼物得到主播的感谢后通常会”结果如图10所示。

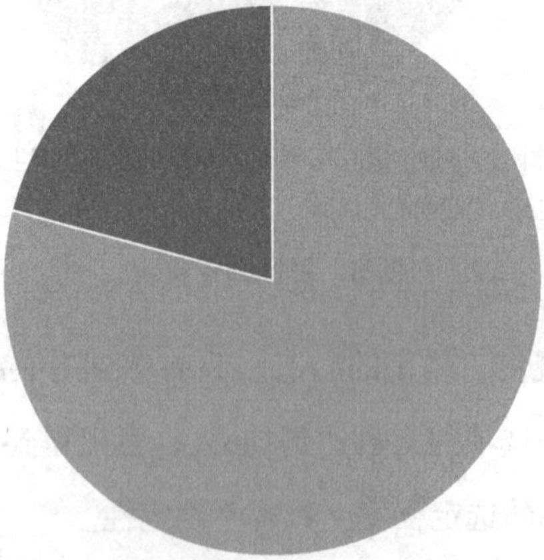

图 10　消费满意度

由图10可知，选择“觉得物有所值”，即消费满意度较高的消费者占比超过3/4，可以说明网络直播平台消费行为的满意度通常较高。

9.“审美”与“审丑”心理

问卷问题16“你更喜欢观看”结果如图11所示。

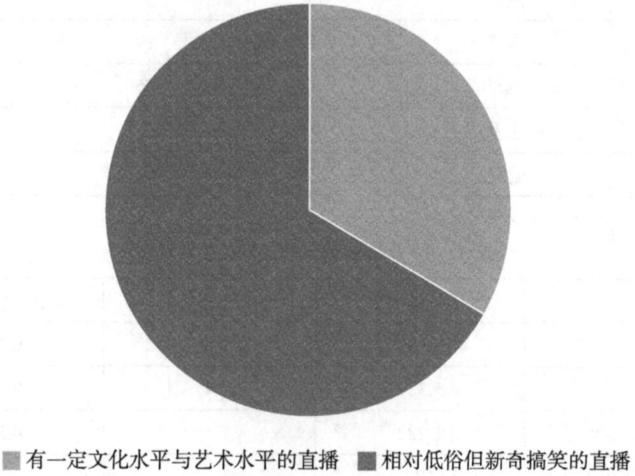

图11　消费心理

由图11可得出结论：在消费心理上，“审美”与“审丑”的心理并存，总体上“审丑”心理占据大多数。

（三）假设检验

本部分的内容主要是结合调查问卷的结果通过SPSS软件对前文七个原假设进行判别。

1. 学历

H10：学历与消费行为的产生不具备显著关联关系。

H11：学历与消费行为的产生是显著关联关系。

由SPSS软件列联表分析得到的结果如表2、表3、表4所示。

表 2　学历与消费行为产生交叉制表

计数				
		是否会送礼物		
		不会	会	合计
学历	高中以下	8	4	12
	高中	14	5	19
	大专	48	19	67
	本科	46	36	82
	研究生及以上	9	3	12
	合计	125	67	192

表 3　学历与消费行为产生卡方检验

	值	df	渐进sig.（双侧）
Pearson 卡方	5.334[a]	4	0.255
似然比	5.339	4	0.254
线性和线性组合	1.222	1	0.269
有效案例中的 N	192		

注：a代表2 单元格（20.0%）的期望计数少于5。最小期望计数为4.19。

表 4　学历与消费行为产生对称度量

		值	渐进标准误差[a]	近似值 T[b]	近似值 sig.
按区间	Pearson的R	0.080	0.071	1.106	0.270[c]
按顺序	Spearman 相关性	0.102	0.071	1.420	0.157[c]
	有效案例中的 N	192			

注：a代表不假定零假设。b代表使用渐进标准误差假定零假设。c代表基于正态近似值。

由表3可知，卡方检验中的渐进sig.（双侧）数值为0.255，大于0.05，即承认原假设H10，则说明学历与是否会送礼物相互独立，二者之间不具有显著的关联关系，即学历对消费者购买行为不产生显著影响。

2. 年龄

H20：年龄与消费行为的产生不具备显著关联关系。

H21：年龄与消费行为的产生是显著关联关系。

由SPSS软件列联表分析得到的结果如表5、表6、表7所示。

表 5　年龄与消费行为产生交叉制表

计数				
		是否会送礼物		
		不会	会	合计
年龄	18岁及以下	8	5	13
	19~25岁	58	44	102
	26~39岁	37	24	61
	40岁及以上	11	5	16
	合计	114	78	192

表 6　年龄与消费行为产生卡方检验

	值	df	渐进sig.（双侧）
Pearson 卡方	0.917[a]	3	0.821
似然比	0.934	3	0.817
线性和线性组合	0.483	1	0.487
有效案例中的N	192		

注：a代表0 单元格（0.0%）的期望计数少于 5。最小期望计数为 5.28。

表 7　年龄与消费行为产生对称度量

		值	渐进标准误差[a]	近似值 T[b]	近似值 sig.
按区间	Pearson 的 R	−0.050	0.071	−0.694	0.489[c]
按顺序	Spearman 相关性	−0.048	0.071	−0.665	0.507[c]
	有效案例中的N	192			

注：a代表不假定零假设。b代表使用渐进标准误差假定零假设。c代表基于正态近似值。

由表6可知，卡方检验中的渐进sig.（双侧）数值为0.821，大于0.05，即可以承认原假设H20，则说明年龄与是否会送礼物相互独立，二者之间不具有显著的关联关系，即年龄对消费行为的产生无显著影响。

3. 性别

H30：性别与消费行为的产生不具备显著关联关系。

H31：性别与消费行为的产生是显著关联关系。

由SPSS软件列联表分析得到的结果如表8、表9、表10所示。

表 8　性别与消费行为产生交叉制表

计数				
		是否会送礼物		
		不会	会	合计
性别	女性	64	24	88
	男性	51	53	104
	合计	115	77	192

表 9　性别与消费行为产生卡方检验

	值	df	渐进 sig.（双侧）	精确 sig.（双侧）	精确 sig.（单侧）
Pearson 卡方	11.136[a]	1	0.001		
连续校正[b]	10.171	1	0.001		
似然比	11.334	1	0.001		
Fisher 的精确检验				0.001	0.001
线性和线性组合	11.078	1	0.001		
有效案例中的 N	192				

注：a代表0单元格（0.0%）的期望计数少于5。最小期望计数为35.29。b代表仅对 2×2 表计算。

表 10　性别与消费行为产生对称度量

		值	渐进标准误差[a]	近似值 T[b]	近似值 sig.
按区间	Pearson的R	0.241	0.069	3.420	0.001[c]
按顺序	Spearman 相关性	0.241	0.069	3.420	0.001[c]
	有效案例中的 N	192			

注：a代表不假定零假设。b代表使用渐进标准误差假定零假设。c代表基于正态近似值。

由表9可知，卡方检验中的渐进sig.（双侧）数值为0.001,小于0.05，即否定原假设H30，承认备择假设H31，则说明性别与是否会送礼物不独立，二者之间具有显著的关联关系，即性别对消费行为具有显著的影响。

4. 消费满意度

H40：消费满意度与消费行为的产生不具备显著关联关系。

H41：消费满意度与消费行为的产生是显著关联关系。

由SPSS软件分析得到的结果如表11、表12、表13所示。

表 11　消费满意度与消费行为产生交叉制表

计数				
		是否会送礼物		
		不会	会	合计
消费满意度	不满意	32	8	40
	满意	48	104	152
	合计	80	112	192

表 12　消费满意度与消费行为卡方检验

	值	df	渐进sig.（双侧）	精确 sig.（双侧）	精确 sig.（单侧）
Pearson 卡方	30.547[a]	1	0.000		
连续校正[b]	28.587	1	0.000		
似然比	31.187	1	0.000		
Fisher 的精确检验				0.000	0.000
线性和线性组合	30.388	1	0.000		
有效案例中的 N	192				

注：a代表0单元格（0.0%）的期望计数少于5。最小期望计数为16.67。b代表仅对2×2表计算。

表 13　消费满意度与消费行为对称度量

		值	渐进标准误差[a]	近似值 T[b]	近似值 sig.
按区间	Pearson 的 R	0.399	0.064	5.996	0.000[c]
按顺序	Spearman 相关性	0.399	0.064	5.996	0.000[c]
	有效案例中的 N	192			

注：a代表不假定零假设。b代表使用渐进标准误差假定零假设。c代表基于正态近似值。

由表12可知，卡方检验中的渐进sig.（双侧）数值为0.000，小于0.05，即否定原假设H40，承认备择假设H41，则说明消费满意度与是否会送礼物不独立，二者之间具有显著的关联关系，即消费满意度对消费行为具有显著的影响。

5. 主播的外在特征

H50：主播的外在特征与消费行为的产生不具备显著关联关系。

H51：主播的外在特征与消费行为的产生是显著关联关系。

由SPSS数据分析得到的结果如表14、表15、表16所示。

表 14　主播的外在特征与消费行为产生交叉制表

计数				
		是否会送礼物		
		不会	会	合计
主播的外在特征	一般	12	13	25
	好看	69	98	167
	合计	81	111	192

表 15　主播的外在特征与消费行为产生卡方检验

	值	df	渐进sig.（双侧）	精确sig.（双侧）	精确sig.（单侧）
Pearson 卡方	0.398[a]	1	0.528		
连续校正[b]	0.171	1	0.679		
似然比	0.395	1	0.530		

续表

	值	df	渐进sig.（双侧）	精确sig.（双侧）	精确sig.（单侧）
Fisher 的精确检验				0.525	0.337
线性和线性组合	0.396	1	0.529		
有效案例中的 N	192				

注：a代表0单元格（0.0%）的期望计数少于5。最小期望计数为10.55。b代表仅对 2×2 表计算。

表 16　主播的外在特征与消费行为产生对称度量

		值	渐进标准误差[a]	近似值T[b]	近似值sig.
按区间	Pearson的R	0.046	0.073	0.628	0.531[c]
按顺序	Spearman 相关性	0.046	0.073	0.628	0.531[c]
	有效案例中的 N	192			

注：a代表不假定零假设。b代表使用渐进标准误差假定零假设。c代表基于正态近似值。

由表15可知，卡方检验中的渐进sig.（双侧）数值为0.528，大于0.05，即承认原假设H50，则说明主播的外在特征与是否会送礼物相互独立，二者之间不具有显著的关联关系，即主播的外在特征对消费行为不产生显著影响。

6. 直播间活动

H60：直播间活动与消费行为的产生不具备显著关联关系。

H61：直播间活动与消费行为的产生是显著关联关系。

通过SPSS数据分析得到的结果如表17、表18、表19所示。

表 17　是否参与过直播间活动与消费行为产生交叉制表

计数				
		是否赠送礼物		
		否	是	合计
是否参与过直播间活动	否	33	27	60
	是	80	52	132
	合计	113	79	192

表 18　是否参与过直播间活动与消费行为产生卡方检验

	值	df	渐进 sig.（双侧）	精确 sig.（双侧）	精确 sig.（单侧）
Pearson 卡方	0.535[a]	1	0.464		
连续校正[b]	0.329	1	0.566		
似然比	0.533	1	0.465		
Fisher 的精确检验				0.528	0.282
线性和线性组合	0.533	1	0.466		
有效案例中的 N	192				

注：a代表0单元格（0.0%）的期望计数少于 5。最小期望计数为 24.69。b代表仅对 2×2 表计算。

表 19　是否参与过直播间活动与消费行为产生对称度量

		值	渐进标准误差[a]	近似值 T[b]	近似值 sig.
按区间	Pearson的R	–0.053	0.073	–0.729	0.467[c]
按顺序	Spearman 相关性	–0.053	0.073	–0.729	0.467[c]
	有效案例中的 N	192			

注：a代表不假定零假设。b代表使用渐进标准误差假定零假设。c代表基于正态近似值。

由表18可知，卡方检验中的渐进sig.（双侧）数值为0.464，大于0.05，即承认原假设H60，则说明直播间活动与是否会送礼物相互独立，二者之间不具有显著的关联关系，即直播间活动对消费行为不产生显著影响。

7. 主播的口碑

H70：主播的口碑与消费行为的产生不具备显著关联关系。

H71：主播的口碑与消费行为的产生是显著关联关系。

由SPSS软件分析得到的结果如表20、表21、表22所示。

表 20　主播的口碑与消费行为产生交叉制表

计数				
		是否会送礼物		
		不会	会	合计
主播的口碑	不好	14	4	18
	好	11	163	174
	合计	25	167	192

表 21　主播的口碑与消费行为产生卡方检验

	值	df	渐进 sig.（双侧）	精确sig.（双侧）	精确sig.（单侧）
Pearson 卡方	73.543[a]	1	0.000		
连续校正[b]	67.369	1	0.000		
似然比	47.420	1	0.000		
Fisher 的精确检验				0.000	0.000
线性和线性组合	73.160	1	0.000		
有效案例中的 N	192				

注：a代表1单元格（25.0%）的期望计数少于 5。最小期望计数为2.34。b代表仅对 2×2 表计算。

表 22　主播的口碑与消费行为产生对称度量

		值	渐进标准误差[a]	近似值T[b]	近似值sig.
按区间	Pearson的R	0.619	0.089	10.861	0.000[c]
按顺序	Spearman 相关性	0.619	0.089	10.861	0.000[c]
	有效案例中的 N	192			

注：a代表不假定零假设。b代表使用渐进标准误差假定零假设。c代表基于正态近似值。

由表21可知，卡方检验中的渐进sig.（双侧）数值为0.000，小于0.05，即否定原假设H70，承认备择假设H71，则说明主播的口碑与是否会送礼物不独立，二者之间具有显著的关联关系，即主播的口碑对消费行为具有显著的影响。

8. 检验结果汇总

本章通过SPSS软件对学历、年龄、主播的外在特征、直播间活动这四个相关因素与消费行为的产生与否进行列联表卡方分析，得到的渐进sig.（双侧）数值分别为0.255、0.821、0.528、0.464，皆大于0.05，则不拒绝相关的原假设H10、H20、H50、H60，即这四个因素与消费行为的产生无关。另外，对性别、消费满意度、主播的口碑三个因素与消费行为的产生与否进行列联表卡方分析，得到的渐进sig.（双侧）数值分别为0.001、0.000、0.000，皆小于0.05，则拒绝相关原假设H30、H40、H70，并接受各自对应的备择假设H31、H41、H71，即这三个因素与消费行为的产生具有显著关联性。

相关结果汇总如表23所示。

表 23　假设及检验结果汇总

序号	相关假设	检验结果
1	H10：学历与消费行为的产生不具备显著关联关系 H11：学历与消费行为的产生是显著关联关系	不拒绝H10
2	H20：年龄与消费行为的产生不具备显著关联关系 H21：年龄与消费行为的产生是显著关联关系	不拒绝H20
3	H30：性别与消费行为的产生不具备显著关联关系 H31：性别与消费行为的产生是显著关联关系	拒绝H30 接受H31
4	H40：消费满意度与消费行为的产生不具备显著关联关系 H41：消费满意度与消费行为的产生是显著关联关系	拒绝H40 接受H41
5	H50：主播的外在特征与消费行为的产生不具备显著关联关系 H51：主播的外在特征与消费行为的产生是显著关联关系	不拒绝H50
6	H60：直播间活动与消费行为的产生不具备显著关联关系 H61：直播间活动与消费行为的产生是显著关联关系	不拒绝H60
7	H70：主播的口碑与消费行为的产生不具备显著关联关系 H71：主播的口碑与消费行为的产生是显著关联关系	拒绝H70 接受H71

可以得到结论：性别、消费满意度、主播的口碑三个因素会显著地影响消费行为，而学历、年龄、主播的外在特征、直播间活动则不会对消费行为产生显著的影响。

五、结论及启示

通过SPSS软件的数据分析可以得到：性别、消费满意度、主播的口碑三个因素会对消费行为产生显著的影响。在消费行为上呈现出冲动购买、寻求多样化购买和习惯性购买并存、忠诚购买、简单购买、消费频率低、目标的选定程度具有不确定性、消费需求侧重于精神层面、消费满意度较高、“审美”与“审丑”心理并存的特征。

网络直播平台与主播在增长流量、增加营收、促进消费的问题上，应当采取针对性的措施，结合用户的消费需求，增加与用户之间的良性互动，在满足用户基本消费需求的前提下，增加产品附加值，使得用户获得更为良好的消费体验，从而提高消费者的满意度。增加更多的综合性创新元素及内容，这样不仅能够吸引并留住用户，也能促进直播行业向好向善发展。整个行业应该用更为长远的眼光看待问题，要争取做到艺术性与商业性的良好结合，而不是一味地通过低俗的内容来吸引眼球，低俗的行为虽然在短期内有助于刺激消费，但从长远来看不利于为直播间树立良好口碑，也为消费者的流失埋下了隐患，并且会使得平台后期的管理变得更加困难、繁杂。

参考文献

[1] 丁美玲.“网红+直播+电商”模式下影响消费者购买行为研究[J]. 中国市场，2018（16）.

[2] 毋咏然. 参照群体对大学生网络购物行为的影响及相关营销策略研究[J]. 鸡西大学学报，2016，16（10）：73–77.

[3] 廖悦. 大学生网络直播主播传播特征研究[D]. 开封：河南大学，2017.

[4] 田宇鹭，余杨. 探析网络直播的现状及发展[J]. 传媒论坛，

2020，3（9）：167.

[5] 韩冰，董大海，杨毅. 网络消费者信任研究的回顾与展望[J]. 软科学，2007（3）：15-19.

[6] 陈翀. 网络营销环境下消费者行为变化和企业应对策略研究[J]. 现代营销（下旬刊），2017（1）：29.

[7] 黄艺. 泛娱乐化时代网络直播平台热潮下的冷思考[D]. 重庆：西南大学新闻传媒学院，2018.

[8] 鲍梦玲. 社会化网络营销时代的消费者购物行为研究[J]. 中国报业，2013（18）：90-91.

[9] 何林峰，鲍正德，侯玲. 利用大数据研究消费者行为实现营销战略[J]. 饮食科学，2018（12）：277-278.

[10] 罗英. 电子竞技直播平台受众消费意愿及影响因素研究[D]. 北京：北京体育大学，2019.

[11] 宋丹丹，张久涛，王蕾，等. 网络环境下消费者行为分析及营销对策研究[J]. 中国市场，2018（11）：129-130.

[12] 李若瑜，樊重俊，朱玥. 网络直播对消费者行为的影响[J]. 中国物价，2020（5）：94-96.

[13] 曹勇. 情感与交往：互动仪式链视角下网络直播中用户行为分析[J]. 戏剧之家，2020（7）：191-192.

[14] 唐甜甜，冉旭辉. 基于消费者行为模式的在线广告策略研究[J]. 哈尔滨师范大学社会科学学报，2018，9（2）：176-178.

[15] 何以. 网络直播互动的现状与影响因素研究[D]. 成都：四川师范大学，2018.

[16] 罗欢，刘琴，张梦庭，等. 网络消费行为的影响因素及营销策略研究[J]. 电子商务，2017（9）：44-45.

[17] 杨沐晗，贾浩，张源霞，等. 社会化媒体营销环境下网络直播对消费行为的影响[J]. 管理观察，2018（1）：56–57，61.

[18] 陈茵茵. 消费者社交购物行为特征研究及营销策略——基于微信平台[J]. 现代经济信息，2016（19）：130–132.

[19] 姜佳奇. 网红经济下直播对消费者购买决策的影响因素分析[D]. 北京：北京邮电大学，2019.

[20] 郭亚芹. 网络直播对大学生影响研究[D]. 呼和浩特：内蒙古大学，2019.

[21] 张倩. 网络直播的受众使用动机研究[D]. 郑州：郑州大学，2018.

[22] 杨柳晓，毛郁欣. 面向移动电商的女性消费者行为分析及营销对策研究[J]. 经济研究导刊，2016（9）：47–50.

[23] 余家毫，李丹. 网络直播平台盈利模式研究［DB］. DOI：10.14097/j.cnki.5392/2019.09.009.

[24] 冯艳丹，杨仰文. 网络直播平台用户的消费者决策研究[J]. 新闻研究导刊，2019，10（11）：6.

[25] 曾一昕，何帆. 我国网络直播行业的特点分析与规范治理[J]. 图书馆学研究，2017（6）.

[26] 邵民智. 电子商务环境下消费者购买行为的实证研究[J]. 上海企业，2015（6）：80–83.

[27] 李玲. 网络直播用户打赏行为研究[J]. 法制博览，2020（6）：55–56.

[28] 杨玉莹. 网络直播用户互动行为研究[D]. 太原：山西财经大学，2018.

[29] 褚笑清. 消费者网络购物行为对网络营销影响的对策研究[J].

现代商业，2015（34）：42–43.

[30] 张诗瑶. 网络直播使用动机研究[D]. 郑州：郑州大学，2017.

[31] 靳娟，逯晨，郑霞. 基于消费者行为的网络游戏营销策略研究——以大学生群体为例[J]. 武汉职业技术学院学报，2015，14（1）：36–40，46.

[32] 赵静. 基于需求特殊性的网络购药行为分析与营销对策研究[J]. 中国药房，2014，25（45）：4317–4320.

[33] 沈伟. 网上超市购物体验影响因素研究[J]. 现代商业，2014（3）：54.

[34] 陈雯. 浅析网络环境下的消费行为特征及营销对策研究[J]. 市场周刊（理论研究），2013（11）：49–50，109.

[35] 鲍梦玲. 社会化网络营销时代的消费者购物行为研究[J]. 中国报业，2013（18）：90–91.

[36] 刘志超，卜清柔. 基于消费者网络购物决策行为的网络零售业营销策略研究[J]. 市场研究，2013（3）：19–21.

[37] 郭晓娜. 消费者心理和行为变化对网络营销影响研究综述——基于网络条件下[J]. 现代商贸工业，2012，24（6）：82–83.

[38] 芦文娟，韩德昌. 网络营销模式下消费者行为研究综述[J]. 经济学动态，2010（7）：88–90.

[39] 方强，周瑞金. 网络营销中消费者行为研究[J]. 中国商界（上半月），2009（9）：103–104.

附　录

关于网络直播用户消费者行为的调查问卷

您好！为了了解网络直播平台用户的消费者行为，制作了这份问卷。问卷的信息将被用作完成本科毕业论文，因此您的隐私将会得到有效的保护。恳请您抽出宝贵的时间帮助我完成这份问卷调查，请您务必认真填写这份问卷。祝您生活愉快、阖家幸福！

1. 您收看网络直播吗？[单选题]

□收看　□不收看

2. 您的性别[单选题]

□男　□女

3. 您的年龄[单选题]

□18岁及以下　□19~25岁

□26~39岁　□40岁及以上

4. 您的月收入水平（学生为月消费水平）[单选题]

□2000元及以下　□2000~5000元

□6000~9000元　□10000元及以上

5. 您的受教育程度[单选题]

□高中以下　□高中

□大专　□本科

□硕士及以上

6. 您的职业[单选题]

□企业员工　□个体户

□事业单位/公务员　□学生

□务农/务工人员　□自由职业

□其他

7. 您是否在直播过程中向主播赠送过礼物？[单选题]

□是　□否

8. 您在赠送礼物时是否保持理性思考？[单选题]

□十分清楚自己在做什么

□没有做出完善的考虑，处在冲动的情况下

9. 在消费金额一定的情况下以下两种方式您更偏向哪个？[单选题]

□为很多主播都送出礼物　　□只为某一位主播送礼物

10. 对于喜爱的主播您的送礼次数与价格是否呈现递增趋势？[单选题]

□是　　□否

11. 您从消费需求转化为消费行为的过程往往[单选题]

□有详细的信息收集过程与产品对比，耗时较长

□没有复杂的思考，当机立断

12. 您的消费频率（周平均数）[单选题]

□1次及以下　　□2~6次

□7次及以上

13. 您在观看直播时通常[单选题]

□观赏、休闲的心态，只有感到有兴趣的主播才会产生消费的想法

□下定决心送出礼物才去观看

14. 您观看直播主要是为了[单选题]

□满足精神需要　　□满足物质需要

15. 您在送出礼物得到主播的感谢后通常会[单选题]

□觉得物有所值　　□觉得后悔

16. 您更喜欢观看[单选题]

□有一定文化水平与艺术水平的直播

□相对低俗但新奇搞笑的直播

17. 您是否参与过直播的抽奖活动？[单选题]

□是　　　　　　　　　　□否

18. 您是否更愿意送礼物给口碑好的主播？[单选题]

□是　　　　　　　　　　□否

直播营销中社会临场感对冲动消费的影响机制

高圣朋

摘　要： 近年来，网络平台的直播营销在电商领域发挥着越来越重要的作用，而社会临场感这一理论与直播营销密切相关。本文借助调查问卷，对网络直播中社会临场感是如何发挥作用的、被什么因素影响以及通过什么发挥作用进行了数理分析。通过分析，探究了社会临场感在网络直播营销中的工作机制，并据此提出了建议。

关键词： 直播营销；线上平台；社会临场感；性格

一、引言

近年来，随着网络电商平台的不断发展，基于不断成熟的线上商业和发达的移动网络，伴随电商日益丰富的营销手段，以及技术的进步，网络营销也出现了新的载体，直播营销就是其中非常引人注目的一种。直播营销虽然出现很晚——2016年被称为直播营销元年，但是发展十分迅速，在短短几年时间里直播营销不仅迅速被国内外各主流电商平台和直播平台接纳，并且为销售额的增加做出了巨大贡献。譬如有的“带货明星”曾经创造了短短15分钟之间卖掉了1.5万支爆款口红的惊人纪录，而这其中大部分销售额都来自冲动消费，直播营销在电商平台上受消费者追捧的火爆情景由此可见一斑。直播营销借助于网络，可以让内容在直播前后得到广泛传播，有助于实施二次营销，直播中既有同类主题，也可以不断发现“新卖点”或“话题点”进行病毒式营销。

直播营销作为一种新兴的营销模式，近年来依托互联网的飞速进步，也得到了迅速的发展。直播营销依托于直播平台与电商平台，在促进消费等方面越发受到人们的重视。2016年被称为直播元年，这一年众多直播平台开始涌现并逐渐壮大，如快手、斗鱼、抖音等。如今，这些直播平台已经很大程度上完成了整合。而直播间中的营销也为消费者网购时结伴消费提供了有利条件。伴随着直播平台野蛮式地迅速发展，逐渐地，主播们也会尝试在直播间里营销产品，也出现了一些商家专门借助直播平台来销售自己的商品。很快国内淘宝、京东以及国外的亚马逊、欧莱雅等也引入了直播间的模式。事实证明，平台中的直播营销在促进消费、提升服务质量等方面起到了卓越的效果。在直播营销中，自然也出现了很多具有巨大影响力的主播。这些具有巨大流量的网红主播以及无数中小主播和平台、消费者共同构成了直播营销的生态链。在疫情影响之下的2020年，直播营销不断逆势而上，得到了巨大的发展。无数主播纷纷投入这个行业。在直播间销量飙升的同时，人们总是在购买直播间中的商品后发现这些购买决策是自己在一时冲动之下做出的。直播营销作为一种新兴事物，当前业界对于它的研究并不是很多。那么直播营销背后影响人们做出冲动消费决策的机制又是什么呢？

二、理论综述

（一）社会临场感

在直播营销中，起到关键性作用的理论是社会临场感理论。社会临场感，是指在虚拟社会中，一个人所感受到其他人作为真实的人存在的程度，即用来虚拟身临其境的感受。相比于直播营销，社会临场感理论很早便已经出现了，它的提出最早可以追溯到20世纪50年代。但是，长久以来，人们对社会临场感的研究仍旧处于比较基础的阶段，研究范畴也仅仅局限于少数几个领域，不能满足当下的研究需求。

社会临场感假说作为一门理论，首次被提出是在20世纪50年代，随着研究的不断深入，人们对于其概念定义也经历了一个由浅入深的过程。随着学科的壮大以及研究学者的侧重点和研究领域的不同，在随后的发展中，对于社会临场感假说和相关概念、假设的研究也呈现出了多元化、深入化的过程。在最初提出时，社会临场感被描述为在人际沟通中对方的显著程度。这也是社会临场感最基本、最初的定义。在早期研究中，研究者提出面对面的交流中社会临场感最为强烈，在此情境中人们最能感受到他人的存在。并且，社会临场感由媒体性质的不同所决定。随着互联网的产生和发展，人们的研究侧重点逐渐转移到了这一新兴领域上来。在研究大量增加的同时，人们也对原有概念、定义、假设等内容进行了扬弃。比如，研究者基于社会临场理论应用领域的不同，对于社会临场感的定义、侧重点、研究目标也不尽相同。从不同角度出发，即使对于同一概念研究者也给出了不同定义。一些研究人员如Short（1977）等将其理解为在人际交流中人们对于彼此存在感的心理感觉，而一些以Gunawardena为代表的学者则认为社会临场感是一种主观感受，其随着人物、情景的变化而变化。甚至有研究发现，社会临场感可以对人们的学习产生影响（Crutzen，2017）。在网络中，社会临场感也会通过影响顾客忠诚度的方式来影响销售业绩（Cyra，2007）。而基于不同领域出发的社会临场感的研究更是因其研究内容不同（通信、远程教育、人机互动、营销等）设计出了不同的量表、实验以及研究体系（戴鑫、卢虹，2015）。

面对直播营销迅猛发展的趋势，本文试图通过社会临场感探索直播营销中冲动消费的影响机制——社会临场感会通过什么因素、经过怎样的过程，以及对冲动消费产生怎样的影响。

（二）冲动消费

关于冲动消费，先前的研究已经多有论述。针对冲动性消费或购买的定义和影响因素，不同的学者有不同的看法。Clover（1950）、West（1951）认为，在消费者计划范围之外的购买行为是冲动消费。而Weinberg（1982）认为，心理因素影响冲动消费。Dholakia（2000）认为，感知会对消费者冲动消费产生影响。也有学者如李亚林（2012）秉持这样的看法，即冲动购买是消费者在面对某些突然、非常强烈、无法抗拒的驱使力时，由于无法控制自己的行为，最终引发的消费。

关于冲动消费的影响因素，也已经有了大量的研究。根据先前的研究，可以将冲动消费行为的影响因素概括为三个方面：

（1）营销。这是刺激消费者产生冲动消费的基础，包括可以看到的广告、价格和可以感受到的氛围、触觉等。

（2）个体特征。自身性格、偏好等会对冲动消费产生较大的影响。消费者个体特征主要有冲动性购买倾向、自我不一致、冲动主义、购物享乐等（熊高强，2017）。

（3）情境。情境理论由环境心理学发展而来，首次于20世纪五六十年代由Belk提出，他不同意传统心理学中的刺激—反应论，进一步改正了传统心理学研究的不足——不重视环境的作用。Belk认为情境由五个因素构成：物理情境、社会、时间、任务、先行状态（Belk，1975）。基于此理论，心理、时间、物质、互动被认为是影响顾客购买的主要情境（李华敏、崔瑜琴，2010）。而现如今冲动消费扮演的角色越发重要。以2019年为例，仅在“双十一”当天，通过一系列活动，天猫平台的营业额就已经达到了2684亿元，全网营业额更是达到了8700亿元，而这其中大部分都是冲动消费。

但是关于冲动消费在网络直播营销中是如何受到影响的，现有的研究还比较少。现有的研究文献认为，在直播营销中，冲动消费的产生与以下因素有关：主播与观众的交流、网络互动和品牌的信任都可以促进冲动消费。消费者与主播的交流沟通构成了直播间的氛围，进而影响到冲动消费（龚潇潇、叶作亮、吴玉萍等，2019）。不同类型的互动，如关系导向型、任务导向型的交流，对消费者专注、愉悦的感知影响也不相同。专注、愉悦的感知会与消费者权力感共同影响到冲动消费（郑兴，2019）。虚拟品牌的营造可以影响消费者的自我构建，增强对产品的信任从而促进消费（Zhao Liu，2020）。

三、研究假设与问卷设计

（一）研究假设

基于现有的理论研究以及本文的研究重点，针对中介变量中的享乐性和信任口碑以及反映结果的冲动消费的购买意愿和冲动购买做出了四个假设。这四组因素也是通过先前研究得出的具有较大影响的因素。在之后的数理统计中，我们将会对四个假设进行验证，探讨其中的关系，进一步了解直播营销中社会临场感是如何通过各种因素对结果造成影响的，从而更好地提出对策。四个假设及其关系如图1所示。

H1：购买意愿与信任口碑有关。

H2：购买意愿与享乐性有关。

H3：冲动购买与信任口碑有关。

H4：冲动购买与享乐性有关。

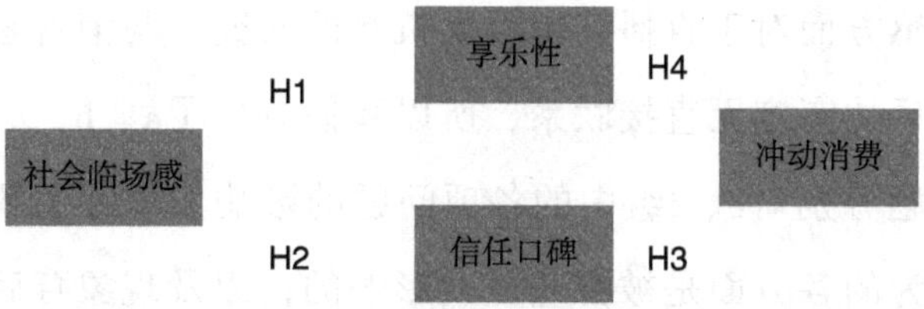

图 1　四个假设及其关系

（二）问卷设计

为了更好地研究问题，我们制作并发放了一系列调查问卷，从调查问卷中可以看到两份问卷实际上内容是一样的。我们分发并收回了275份，并基于此数据进行了分析。我们将调查问卷的问题分成了a、b、c、d、e、f部分。独立自我和依存自我是启动变量和调节变量，a代表社会临场感的前因；b代表信任口碑；c代表享乐性，b、c同时是中介变量；d代表关系强度，是调节变量；e代表购买意愿；f代表冲动购买，e和f同时代表了在行为、态度方面的结果。我们希望借此问卷探究社会临场感在影响冲动购买时的可能机制，如享乐性与冲动消费是否为正相关关系，又如，什么因素、如何通过社会临场感中间变量影响冲动购买，以及它们是怎样受到调节变量的影响的，并找到现象背后的理论支持。

如上所述，由于在分发调查问卷以及随后的数据分析之前，我们并不知道具体来说什么因素会通过怎样的机制对直播营销产生何种影响，因此，根据以往的经验和研究成果，我们在上文所述的几方面中设计了若干问题来体现这些方面。其中有反映前因的9个a组的问题、反映信任的4个b组的问题（中介变量）、反映享乐的4个c组的问题（中介变量）、反映关系强度的11个d组的问题（调节变量）、反映购买意愿的4个e组的问题（结果）、反映冲动购买的3个f组的问题，以及关于被调查者个人因素方面的4个g组的问题。因为是关于社会临场感方面对于直播营销效果机制的研究，与消费者个人性格以及购买后的态度无直接联系，所以我们分析了a、b、c、d四组中的各项问题分别对e、f组中的各项问题的影响，试图了解消费者的态度和行为的各方面是被哪些因素影响的，以及现象背后产生作用的机制是什么。

本次调查问卷一共收回275份，经过筛选合格的调查问卷一共220份，样本量足够大。

（三）被试选择

对于研究对象，我们计划对中年、青年、少年群体进行调查，对于他们而言，网络已经较为普及，网购也是较常发生和容易操作的行为，这些群体也是各种形式的直播营销的主要对象。调查采用线上和线下两种渠道进行，事后会对调查问卷进行筛选，去除不合格问卷，比如没有看过直播和回答时间过短的问卷。

四、分析与讨论

（一）描述性统计

我们用R语言进行了编程，分析了各个问题与结果之间的关系。调查问卷中的各项问题的答案均为“非常不同意、比较不同意、有些不同意、一般、有些同意、比较同意、非常同意”七项，显然，这七项体现的也正是一个渐变的、连续的过程，对于问题中所陈述的观点的态度是逐渐由非常消极逐渐淡化到中立，再到积极并不断强化的过程。虽然各项问题的答案均为文字，我们依然可以用数字1~7来替代从非常不同意到非常同意的七个选项，表示态度由负面逐渐转变为正面的过程。将文字的调查问卷转换为可以直接进行概率论与数理统计分析的数字后，我们用编程进行了统计学分析。为了尽可能地保证数据的准确性以及结论的可靠性，我们的研究都是在显著性小于0.05的前提下进行的。经过分析，我们选取了在P Value小于0.05的前提下依旧成立的影响因素。在显著性水平小于0.05的条件下，我们得出了以下结论。因此在若干可能具有相关性的影响因素中，我们放弃了显著性水平大于0.05的可能性影响因素。此外，经过筛选，合格问卷有220份，这样大的样本容量保证了分析的准确度。为了便于研究，我们将从a1到f3的35个问题重新进行了编号，表示为问题1~35。

发现的现象如下：

对于e部分代表购买意愿的各项问题：

问题29（e1，“我购买该产品的可能性很大”）与问题19（d2，“与该主播的互动中，我感到很愉快”）、问题27（d10，“若遇到更好的主播，我会更换直播间”）、问题28（d11，我希望可以马上更换该主播）几项有着较强的相关性。其中，这三个影响因素全部来自d组关系强度的问题。

问题30（e2，“我渴望购买该产品”）与问题11（b2，“参考商品评价时，我感到大多产品评论者是值得信赖的”）、问题19（d2，“与该主播的互动中，我感到很愉快”）、问题20（d3，“该主播遭到批评时，我会维护其利益”）、问题25（d8，“我认为无论感觉如何，都需要保持与该主播的联系”）、问题27（d10，“若遇到更好的主播，我会更换直播间”）、问题28（d11，我希望可以马上更换该主播）几项有着较强的相关性。其中，一共有六个影响因素，只有一个是来自b组信任口碑的问题，其余五个全部是来自d组关系强度的问题。

问题31（e3，“我会把该产品作为首选”）与问题12（b3，“参考商品评价时，我认为大多数产品评论者在乎其他购买者的利益”）、问题28（d11，“我希望可以马上更换该主播”）几项有着较强的相关性。其中一共有两个影响因素，一个来自b组信任口碑，另一个来自d组关系强度。

问题32（e4，“我很可能将该产品推荐给其他人购买”）与问题9（a9，“在直播中，我有感到与他人接触的温暖”）、问题16（c3，“我感到观看直播是享受的”）、问题20（d3，“该主播遭到批评时，我会维护其利益”）、问题21（d4，“我很关心该主播的长期成就”）几项有着较强的相关性。其中，一共有四个影响因素，一个来自a组社会临场的前因，一个来自c组享乐性，另外两个来自d组关系强度。

对于f部分代表冲动购买的各项问题：

问题33（f1，“在观看直播时，看到商品的某些瞬间我就想立即拥有”）与问题9（a9，“在直播中，我有感到与人接触的温暖”）、问题10（b1，“在参考商品评价时，我感到大多数产品评论者是诚实的”）、问题17（c4，“我感到观看直播是愉快的”）、问题23（d6，“终止与该主播的关系，我会代价沉重”）、问题28（d11，“我希望可以马上更换该主播”）几项有着较强的相关性。其中，一共有五个影响因素，一个来自a组社会临场的前因，一个来自b组信任口碑，一个来自c组享乐性，另外两个来自d组关系强度。

问题34（f2，“在观看直播时，看到该商品就激发了我的购买欲望”）与问题11（b2，“在参考商品评价时我感到大多数产品评论者是值得信赖的”）、问题18（d1，“我与该主播有很好的个人互动”）、问题19（d2，“与该主播的互动中，我感到很愉快”）几项有着较强的相关性。其中，一共有三个影响因素，一个来自b组信任口碑，另外两个来自d组关系强度。

问题35（f3，“在观看直播时，看到展示的产品我就会产生购买的想法，但却不在我的购买计划中”）与问题9（a9，“在直播中，我有感到与人接触的温暖”）、问题16（c3，“我感到观看直播是享受的”）、问题18（d1，“我与该主播有很好的个人互动”）、问题20（d3，“该主播遭到批评时，我会维护其利益”）、问题23（d6，“终止与该主播的关系，我会代价沉重”）、问题27（d10，“若遇到更好的主播，我会更换直播间”）几项有着较强的相关性。其中，一共有六个影响因素，一个来自a组社会临场的前因，一个来自c组享乐性，另外四个来自d组关系强度。

1. 各个因素之间的关系

首先我们剔除了调查问卷中对结果影响不大以及显著性大于0.05的可能的影响因素，这是为了使研究结果更加精确与可靠。根据上文，在各个对结果29~35因素产生影响的因素中，我们可以发现以下关系：对于e组购买意愿的29~32的影响因素中，e1，a、b、c组问题均出现了0次，d组问题出现了3次（d2、d10、d11）；e2，a、c组均出现0次，b组出现了1次（b2），d组出现了5次（d2、d3、d8、d10、d11）；e3，a、c组均出现了0次，b组出现了1次（b3），d组出现了1次（d11）；e4，b组出现了0次，a组出现了1次（a9），d组出现了2次（d3、d4）。

因此，在e组购买意愿中，一共有15个（次）因素对问题产生过影响，a组社会临场前因只在e4出现过1次（a9），b组信任口碑出现2次，c组享乐性只在e4出现过1次（c3），d组调节变量在e1、e2、e3、e4都有出现，出现了11次。其中有几个问题多次出现，分别是d2（2次）、d3（2次）、d10（2次）、d11（3次），全部来自于d组购买意愿。因而，有来自1个a社会临场前因，2个b信任口碑，1个c享乐性以及6个d关系强度，一共10个问题对购买意愿产生了较强的影响。影响e2的因素最多，为6个（1个b组信任口碑，5个d组关系强度），e3的影响因素最少，为2个

（1个b组信任口碑，1个d组关系强度）。同时，我们可以看到，无论是从出现次数还是出现的个数来看，d组关系强度方面的影响最大，分别占到73.3%和60%，几乎每一个问题都受到了d组关系强度方面的影响。其次是b组信任口碑，有2个因素对e组购买意愿产生了较强的影响。最后是a组社会临场前因和c组享乐性，各自只有1个因素对e组购买意愿产生了较强的影响。除了e4以外，d组关系强度在影响因素中的占比均达到了其余e组问题的影响因素的一半甚至以上。平均下来，e组购买意愿中每一个问题受到3.75个因素的影响，0.25个（6.675%）分别来自a组社会临场前因和c组享乐性，0.5个（13.35%）来自b组信任口碑，2.75个来自d组关系强度。

对于f组冲动购买的33~35的影响因素中，f1，a组出现了1次（a9），b组出现了1次（b1），c组出现了1次（c4），d组出现了2次（d6、d11）；f2，a组、c组均出现了0次，b组出现了1次（b2），d组出现了2次（d1、d2）；f3，b组出现了0次，a组出现了1次（a9），c组出现了1次（c3），d组出现了4次（d1、d3、d6、d10）。

因此，在f组冲动购买中，一共有14个（次）因素对问题产生过影响，a组社会临场前因在f1和f3出现过2次（a9），b组信任口碑出现2次，c组享乐性只出现过2次，d组调节变量在f1、f2、f3都有出现，出现了8次。其中有几个问题多次出现，分别是a9（2次）、d1（2次）、d6（2次），1个来自于a组社会临场前因，2个来自于d组购买意愿。因而，有来自1个a社会临场前因，2个b信任口碑，2个c享乐性以及6个d关系强度，一共11个问题对购买意愿产生了较强的影响。影响f3的因素最多，为6个（1个a组社会临场前因，1个b组信任口碑，4个d组关系强度），f2的影响因素最少，为3个（1个b组信任口碑，2个d组关系强度）。同时，我们可以看到，无论是从出现的次数还是个数来看，d组关系强度方面的影响最大，分别占到57.1%和54.5%，几乎每一个问题都受到了d组关系强度方面的影响。其次是b组信任口碑和c组享乐性，各有2个因素对f组冲动购买产生了较强的影响。最后是a组社会临场前因，各自只有1个因素两次对f组冲动购买产生了较强的影响。除了f1以外，d组关系强度在影响因素中的占比均达到了其余f组问题的影响因素的一半甚至以上。平均下来，f组冲动购买中每一个问题受到4.67个因素的影响，0.67个（14.3%）分别来自a组社会临场前因、b组信任口碑和c组享乐性，2.67个来自d组关系强度。

通过初步的分析，我们发现e组购买意愿与f组冲动购买之间既存在着共同点，也存在着不同点。数据中，无论是e组购买意愿和f组冲动购买都受d组关系强度影响最大，平均的影响因素为4.75个和4.67个，在同一水平上，影响因素最多也均为6个，最少为2个或3个，也在同一水平上。有几个问题也同时对e组购买意愿和冲动购买同时产生了较强的影响。在e组和f组中出现过两次的问题分别是d2、d3、d11和a9、d1、d6。其中，a组社会临场前因之中对e组购买意愿和f组冲动购买两组中产生过影响的问题都只有a9。对e组购买意愿和f组冲动购买都有过较强影响的有a9（e组1次e4，f组2次f1、f3）、b2（e组1次e2，f组1次f2）、c3（e组1次e4，f组1次f3）、d2（e组2次e1、e2，f组1次f2）、d3（e组2次e2、e4，f组1次f3）、d10（e组1次e2，f组1次f3）、d11（e组2次e2、e3，f组1次f1）。

尽管e组购买意愿与f组冲动购买都受d组关系强度影响较大，但是相对而言，f组冲动购买比起e组购买意愿更多受到来自a组、b组、c组的影响。

2. 产生这种数据的原因

在对调查数据所折射出的现象进行更深的分析之前，我们可以初步总结归纳产生这种数据和现象的浅显原因。在上文中，我们可以看到a、b、c、d四组均会对e、f两组代表结果的问题产生影响。故而，社会临场前因、信任口碑、享乐性、关系强度均会对购买意愿和冲动购买产生影响。但是每组数据对结果的影响程度是不同的，d组关系强度的影响最大。一方面，这可能是因为d组问题最多，占比最大，共占a、b、c、d四组中28个问题的11个，大约40%。但是这只能在一定程度上解释这一现象，不足以将购买意愿和冲动购买的影响因素的一半以上都来自于关系强度的原因完全归结于此。另一方面，这也有可能是因为只有同主播和商家们建立了较强的、稳固的关系才能够更大程度地去影响购买意愿和冲动购买，关系强度更高也可能会影响到信任口碑和享乐性的因素，通过这方面的增强来对结果产生积极作用。因此，关系程度对结果影响较大。尽管如此，购买意愿与冲动购买受这四组因素的影响程度是不同的。这可能是因为当消费者做出有购买意愿的决策时需要考虑的因素较少，与主播的关系强度会更大程度地影响到消费者。而当消费者做出冲动购买类型的决策时，虽然是冲动性消费，但是面对支出，消费者仍旧会更加谨慎、理性，因而会综合其他更多因素做出决策。对于e组和f组两组不同结果的影响因素呈现出的相似性，可能是因为它们都是社会临场感对消费决策的影响，受感性和营造的社会临场感都比较大，有一定的共同点。至于看起来a组社会临场前因的影响最小，a组社会临场前因中只有a9对结果产生了较强的影响，但这并不能说明社会临场感对网络直播营销的影响仅限于此，因为其他组的信任口碑、享乐性和关系强度也是用来衡量社会临场感的不同方面的维度，也是社会临场感对于结果的影响。

根据各因素之间的关系，社会临场感在网络直播营销中的工作机制可以由图2来表示。

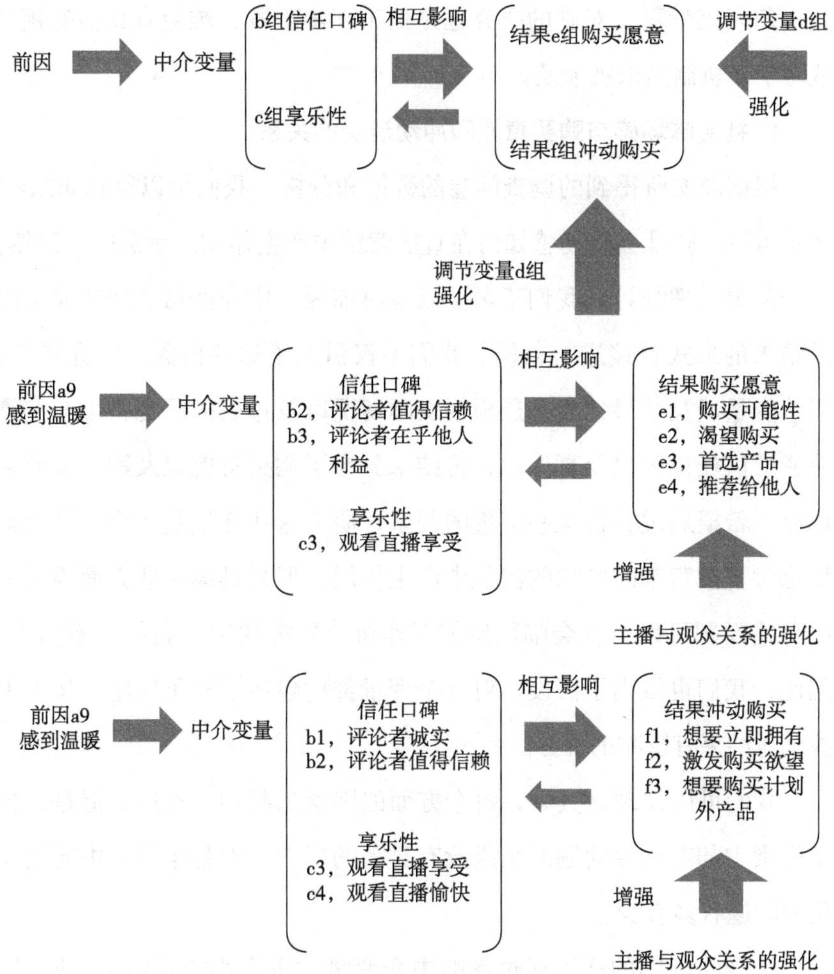

图 2　社会临场感在网络直播营销中的工作机制

（二）数据分析与讨论

1. 社会临场感的影响因素

根据前人的研究，社会临场感的影响因素可以通过影响人们对他人的感知来影响社会临场感的高低。它们可以在多个领域产生作用，从最初的非互联网环境发展到以互联网为载体的环境，进而又先后衍生出了通信、远程教育、人机互动等新的分支。但是由于社会临场感是一门新兴学科，对它的研究也是处于起步阶段，难免有其他的领域或者工作机制尚未被涉及。

2. 社会临场感与购买意愿和冲动消费的关系

根据前文所得到的调查问卷的数据和分析，我们可以得到如图4.1所示可以反映社会临场感如何在直播营销中产生作用的示意图。当然，由于需要数理统计，我们不可能以脱离前因、中介变量、调节变量以及结果的形式直接进行分析。我们不仅引入了这些前因、中介变量、调节变量以及结果，而且还根据实际情况以及过去的研究将中介变量分成了信任口碑以及享乐性，将结果分为了购买意愿以及购买冲动两部分，希望通过分析这些变量的关系，研究这些变量是否会在社会临场感对直播营销的影响的流程中产生作用。但是具体这些方面因素中的哪些问题可以对社会临场感的工作机制发挥效用，我们并不知道。因此，我们也做出了假设，对每个变量都构建出了若干问题，从中再找出对结果有影响的部分。

我们可以发现这其中，每个方面的因素都起到了作用。但是，各组因素中却有许多问题对结果没有显著的影响。即各组因素中起到作用的问题有多有少。

社会临场感的前因通过影响中介变量，进而影响到结果。同时，在有关系强度作为调节变量时，关系强度对结果也与购买意愿和享乐性具有较强的正相关性。

购买意愿和冲动购买的社会临场感前提都是消费者可以感受到与人接触的温暖。对于购买意愿，在感到与人接触的温暖的前提下，除了直接被影响到的购买可能性以外，社会临场感还通过信任口碑让消费者感到其他评论者值得信赖影响其购买产品的欲望，通过信任口碑让消费者感到其他人在乎消费者利益影响其把直播产品作为首选，通过使观众享受观看直播的享乐性影响到消费者将产品推荐给其他人。这三个方面也会分别在存在调节变量关系强度时得到加强，这四组关系强度分别是：

（1）愉快的互动，遇到更好的主播更换直播间，可以马上更换主播。

（2）愉快的互动，维护主播利益，必须保持与主播关联，遇到更好的主播更换直播间，希望可以马上更换主播。

（3）希望可以马上更换主播。

（4）维护主播利益，关心主播长期成就。

对于冲动购买，在感到与人接触的温暖的前提下，社会临场感通过信任口碑使消费者观看直播时认为其他评论者是诚实的，通过享乐性让消费者感到愉快影响其观看时想立刻拥有的态度，通过信任口碑让消费者感到评论者值得信赖影响购买欲望，通过享乐性的愉悦感影响消费者产生不在购买计划中的想法。这四个方面也会分别在存在调节变量关系强度时得到加强，这三组关系强度分别是：

（1）良好的个人互动，愉快的互动。

（2）维护主播利益，终止与主播关系的代价，遇到更好的主播更换直播间。

（3）希望可以马上更换主播。

3. 信任口碑的中介作用

从上文中可以看到，直播的效果与消费者对主播、商家的信任和口碑有较强的关系。而信任以及口碑的高低则与品牌和主播有关。品牌和主播声誉越高、名气越大就会越容易赢得消费者和观众的信任，获得良好的口碑。

在研究中，信赖和口碑这一因素可以由品牌和主播提供。直播中营造的社会临场感越强，消费者给予的信任口碑程度也就越高，同时也会越容易被直播间这一个虚拟空间所影响，在互动中信任他人，这也是社会临场感不断提高以及发挥作用的过程，进一步可以创造出更好的直播效果，使得直播更有效力，从而创造更高的价值。这一个过程也是直播与主播个人和品牌形象相互促进的过程，成功的直播的营造会使直播间的正面影响和品牌、主播都得到提升，他们可以互相促进、不断进步。在现在这个流量时代，所谓的网红经济也成为流量经济中重要的一部分，网红的粉丝也有较高的黏性，这不仅体现了人们追求享乐的特点，也体现出人们对网红这样的网络名人所要求的应具备的良好信任和口碑。

4. 享乐性的中介作用

如前所述，直播的效果很大程度上也与主播所营造出的直播享乐性有关。观众在观看中越感受到享受，越会在虚拟社会中与他人进行良好互动，更好地营造直播效果。而网红往往可以吸引更多的观众，这一现象也是人们追求享乐的具体表现。

5. 调节变量通过中介变量对结果的影响

在有关系强度作为调节变量时，信任口碑与享乐性对购买意愿和冲动购买的影响明显加强。更强的关系强度也会让观众获得更高的社会临场感，更容易感受到他人存在、信任他人以及被娱乐。关系强度的巩固和提升会加强消费者对直播的信任口碑和所感受到的享乐程度，进而加强社会临场感的中介变量对直播效果的影响，而关系强度也会反过来被口碑和信任所影响。

五、研究结论与管理建议

（一）研究结论

1. 消费者特质对社会临场感的影响

社会临场感的感知与效果和消费者的人格特质密切相关，不同人格的消费者受社会临场感的影响也不同。在我们的研究中，可以将消费者分为依存性消费者和独立性消费者。独立性指独立做出判断的能力，依存性指依靠他人做出判断的能力。这两种消费者受直播间情绪的渲染的能力不同，独立性消费者更倾向于依靠自己的观点做出选择，依存性消费者则会更多地参考他人的看法。但是不同消费者之间也有共同之处，他们之间也会被相似的情形吸引。比如情绪被有吸引力的主播、有趣的内容感染时，人们会有更高的社会临场感，也更容易认同此主播、其他观众的观点和主播推送的产品。

2. 社会临场感的增强促进冲动消费的产生

根据调查分析，对于结果购买意愿来说，具有强烈购买意愿的消费者往往具有以下特点：他们喜欢同他人接触时的感受，并乐于参与到虚拟社会中，会认为虚拟空间中的其他人会在意别人的利益，并提出合理的建议，同时他们也把网络直播当成一种具有享乐性的事物看待，可以从中获得享受。

在相同环境下，面对有同样需求的产品，不同特质的消费者有不同的购买决策。有些受外部因素的影响较小，有些则更容易受到外部影响。而对于冲动消费，容易产生冲动消费的顾客的性格常常有相似之处，他们同样喜欢并乐于参与到直播间的虚拟社会中。消费者信任直播间的其他人，认为他们是诚实的、值得信赖的，因而也会赞同他们的意见。此外，他们也把观看直播当成享受、愉快的过程。

具有高购买意愿和冲动消费程度的观众也会具有更高的依存性，更依赖他人做出决定，也容易受他人的引导。相比之下，观众的冲动消费程度比购买意愿更受依存性影响。容易产生冲动消费的观众也更容易信任他人，并且容易在直播中获得享乐。

3. 信任口碑中介了社会临场感对冲动消费的作用

我们也发现不同消费者在同一直播间环境中产生的对主播和品牌的信任口碑程度不同。这一现象不仅与品牌和主播自身有关，而且也与消费者自身性格特征有关。依存性消费者更容易产生对主播、品牌和商品的信任并传播品牌形象。独立性高的消费者则更依赖自己的经验对主播、品牌和商品做出价值判断。这也与过往的研究结论相符合。信任口碑也和d组的关系强度有关，主播和观众关系越亲近，负面消息就会影响越小，而正面信息仍保持在相同水平上。此外，根据研究，直播中的信任还与其他因素有关，如消费者的文化背景等（Teo，2005）。

4. 享乐性中介了社会临场感对冲动消费的作用

和不同消费者面对信任口碑这一因素的反应不同这一现象相似，不同类型消费者的享乐性程度也不同。在直播间的环境里，依存性消费者往往更容易沉浸在这个虚拟空间里，感受到他人的真实存在，与其他观众和主播积极互动，而且受他人意见影响大，在这里面有着较高的社会临场感，也容易获得相对较高的享乐水平。对于高独立性的观众，他们有更高的独立决策能力，感知到虚拟空间真实性的水平也较低。但是这并不意味着独立性很强的消费者就不会有社会临场感，也不会受他人影响。更确切地说，他们更加谨慎，即使有购买意愿和冲动消费也是在更多综合自己和他人的看法基础上。而依存性高的消费者也并不是说没有自己的观点，完全依赖于他人。

5. 各因素之间的工作机制

如前所述，我们的研究中有以下几个因素：作为社会临场前因的感到与人接触的温暖，中介变量的信任口碑、享乐性，作为调节变量的关系强度以及作为结果的购买意愿和冲动消费。在结果中，至少并不是我们设计的全部问题都会影响到结果，但是根据数据，我们设计的结果e组和f组的所有方面都会或多或少受其他因素的影响。

感到与人接触的温暖（a9）社会临场的前因是前提，通过中介变量会影响到结果，也有可能会直接对结果产生影响。前因可以直接影响到结果（e1），但更多是通过中介变量来实现对结果的影响。中介变量有两组，信任口碑和享乐性。在社会临场感的基础上，我们引入了调节变量关系强度，借此分析出在存在关系强度作为变量时，购买意愿和冲动购买会有什么不同。因此，H1、H2、H3、H4均成立，并且存在着关系强度作为调节变量，主播、观众之间的关系纽带越强时，直播营销的冲动购买也越容易被触发。这也与先前的研究结论一致。但是，虽然假设中的4个问题均成立，但每一个因素之间的关系强弱却是不同的。

根据调查研究与分析，消费者作为社会人，在网络上也更喜欢社交的环境以及虚拟社会，而非冰冷的、没有任何交流的界面，他们更需要与人接触的温暖。在网络空间对社交的需要使人们有了对获得社会临场感的需求以及被社会临场感的动机。在此基础上，认为他人值得信赖（b2）、认为他人在乎自己利益（b3）和认为观看直播享受（c3）程度越高的消费者越有较高的购买意愿。在同一基础上，认为评价者大多数是诚实的（b1）、大多数评论者值得信赖（b2）以及观看直播享受（c3）和观看直播愉快（c4）程度越高也会带来越高的冲动购买强度。这一过程也是相互促进的，比如良好的口碑也可以反过来使消费者乐于再宣传，进一步扩大口碑（陈明亮、章晶晶，2008）。

至于作为关系强度的调节变量，尽管这两组结果的侧重点不同，但是面对关系强度的增强，无论是购买意愿还是冲动消费的程度都会得到增强。可见主播与观众建立稳固、亲近的关系会增强观众的社会临场感，进而促进自身良好形象的建立并增加产品销量。

相比之下，购买意愿与冲动消费受信任口碑和享乐性的影响程度并不完全相同，这体现了这两个方面结果的不同特质。相比之下，购买意愿受信任口碑影响更大，而冲动购买的影响因素更为多元化。可能是观众在做出购买决策时，虽然是冲动消费，但潜意识仍旧比较理性，当直播令自己感到愉快，也就是由此产生了更高的社会临场感水平时，更愿意购买。但是，购买意愿更多建立在信任和口碑的基础上，观众认为直播是可信任的以及拥有良好口碑的，就会有这种意愿，不需要考虑那么多。

（二）管理建议

在直播营销中，社会临场感对于其成效起着非常关键的作用。而如何通过提高社会临场感进而促进购买意愿和冲动购买，则可以通过提高消费者对品牌、主播的信任，口碑的传播以及在直播过程中的享乐性及关系强度的增强来实现。根据市场营销学中著名的4Ps理论（Place，Product，Promotion and Price），并综合社会临场感的影响因素，主播和商家可以提升在渠道、产品、促销、价格方面的竞争力。比如，商家可以创造独特的、不可复制的产品渠道，比如在直播间推出专享的产品或组合，这也是产品策略的一部分。对于产品，也要选择有竞争力的产品，不能因为在网络平台就放松要求。这些做法也是提高消费者信任和主播、品牌口碑的方法。针对消费者的享乐性需求，则可以通过适当的价格优势来加强。主播还要注意同观众之间关系的维护，在虚拟社会中也需要加强彼此之间的关系联结。

根据波特的五力模型，主播和商家也要明确自己的竞争优势在哪里，现在的竞争者是谁，谁又是潜在的竞争者，消费者的讨价还价能力与供应商的讨价还价能力，努力使自己的直播独特、不可复制，产品具有足够的吸引力。

消费者的人格特性也不容忽视，不同人格特性的消费者，其采取的策略也应该有所不同。消费者具有独立性和依存性两种特质。网络群体性事件本身以及涌现出的意见领袖都会对观众尤其是依存性较强的观众产生一定的影响。主播要注意观众蕴含的情绪，若有可能造成网络群体性事件，就要对积极的方面加以引导，对消极的方面进行预防（王天梅、范峥、孙宝文等，2017）。主播或商家可以根据自己的产品或直播特点确定目标观众的特点，进而在可靠性以及娱乐性方面有所侧重。根据观察学习模型（王秀昕、戴和忠、王玉等，2015），消费者也会通过观察学习模仿他人行为。平台也可以通过官方的推荐对消费者选择进行引导（龚振、赖子威、冯漪，2007）。对于依存度较高的消费者，可以对其进行引导，促进他们的学习。在此之下，消费者做出行为之后，也会不停地监视自己（self-monitoring），尽管这一特质的程度也是与消费者自身密切相关，但在消费者身上或多或少会体现出这一特质，因此可以在察觉观众积极的行为或态度之后加以引导，使其言行一致（肖崇好，2005）。主播还可以利用激励机制、互动性（享乐性）和输出高价值内容（信任口碑）的方式来获得消费者正面的情感态度。在正面的情感态度下，消费者也更容易产生冲动消费行为（姜佳奇，2019）。

网络平台（电商平台淘宝、京东以及直播平台抖音、斗鱼等）上的直播营销是一种营销新模式，社会临场感是一门发展只有几十年并且至今仍较为冷门的年轻学科。根据先前的研究，现场表演更会令人感到愉悦，而直播作为一种隔着屏幕的现场表演，也不例外。也正因如此，直播营销更应该在提升社会临场感方面努力，使之更像是“现场表演”。直播营销也促进了其他行业的发展，比如近年来人们非常关注的跨境电商等，也使人们的生活更加丰富。疫情期间，人们纷纷转入线上消费，直播营销不断逆势上扬，不断刷新消费纪录以及人们的传统认知。这期间，直播营销也捧红了许多主播，除了大主播不少中小商家也参与到直播中，不仅缓解了他们的经济压力，清理了库存，在严酷的经济形势下也为社会创造了就业岗位。尽管还存在着诸如销量造假、流量造假之类的问题，但不可否认的是直播营销正在蓬勃发展，而这一行业也正在不断得到规范。新媒体的信息传播打破了传统媒体传播的时间、空间局限性，信息传播的方式更为多元化，为商家提供了新的营销渠道和思路。社会临场感理论在直播营销中起着重要作用，消费者都需要在虚拟空间中获得与人接触的真实并且在意直播的可信度和品牌的口碑，这也与人们的购买意愿和冲动购买呈正相关。并且，与观众的关系营造也应该是主播工作的重要内容，良好的互动、稳固的关系以及忠诚的观众群体都可以促进直播效果。在这一方面，主播既可以通过增强专业能力来增强观众信任，也可以通过积极营造个人品牌，增加与观众的黏性，塑造积极口碑，来吸引观众。主播还需要甄别顾客的需求和产品的特点，并和顾客的性格特征结合起来，找到着力点。

参考文献

[1] 支海燕. 从“口红一哥”李佳琦的爆火看直播营销[J]. 大众文艺，2020（5）：132.

[2] 花建锋，师华肖，孙为政，等. 消费者结伴购物行为研究综述及未来研究方向的探索[J]. 西北工业大学学报（社会科学版），2016（1）：35-43.

[3] JOHN SHORT，EDERYN WILLIAMS，BRUCE CHRISTIE. The social psychology of telecommunications[J]. Telecommunication Policy，1977，1（2）:

175–176.

[4] RIK CRUTZEN，DIANNE CYR，HECTOR LARIOS，et al. Social presence and use of internet–delivered interventions：a multi–method approach[J]. PLoS One，2017，8（2）.

[5] DIANNE CYRA，KHALED HASSANEIN，MILENA HEAD，et al.The role of social presence in establishing loyalty in e–service environments[J]. Interacting with computers，2007，19（1）：43–56.

[6] 桑学峰. CSCL中的社会临场感研究[J]. 成人教育，2015（2）：34–37.

[7] 戴鑫，卢虹. 社会临场感在多领域的发展及营销研究借鉴[J]. 管理学报，2015（8）：1172–1183.

[8] CLOVER V T. Relative importance of impulse buying in retail stores[J]. Journal of marketing，1950，25（7）：66–70.

[9] WEST C J. Results of two years of study into impulse buying [J]. Journal of marketing，1951，15（1）：362–363.

[10] WEINBERG，et al. Impulsive consumer buying as a result of emotions[J]. Journal of business research，1982，10（1）：43–57.

[11] DHOLAKIA U M. Temptation and resistance：an integrated model of consumption impulse formation and enactment [J]. Psychology & Marketing，2000，17（11）：955–982.

[12] 李亚林. 消费者冲动性购后满意度研究[D]. 武汉：华中科技大学，2012.

[13] 熊高强. 冲动性网络购物消费者购买意愿影响因素研究[J]. 商业经济研究，2017（11）：35–38.

[14] BELK R W. Situational variables and consumer behavior[J]. Journal

of consumer research，1975（2）：157–164.

[15] 李华敏，崔瑜琴. 基于情境理论的消费者行为影响因素研究[J]. 商业研究，2010（3）：163–166.

[16] 龚潇潇，叶作亮，吴玉萍，等. 直播场景氛围线索对消费者冲动消费意愿的影响机制研究[J]. 管理学报，2019（6）：875–882.

[17] 郑兴. 电商直播互动类型对消费者冲动性购买意愿的研究[D]. 重庆：重庆工商大学，2019.

[18] CHAO LIU，FEIYAN LIU. The study of the effect of virtual brand community interaction on impulse buying：the moderating role of self–construal [J]. Open journal of business and management，2020（2）：414–427.

[19] 王婷，邓月. 网络直播时代背景下的网红直播电商模式的探析[J]. 现代经济信息，2017（15）：334.

[20] T TEO，J LIU. Consumer trust in e–commerce and importance of social presence in the United States，Singapore and China[J]. OMEGA，2005，35（1）：22–38.

[21] 陈明亮，章晶晶. 网络口碑再传播意愿影响因素的实证研究[J]. 浙江大学学报（人文社会科学版），2008（5）：127–135.

[22] 王天梅，范峥，孙宝文，等. 网络群体性事件从众意向的影响因素研究[J]. 管理学报，2017（11）：1708–1717.

[23] 王秀昕，戴和忠，王玉，等. 网络推荐及观察学习对消费者选择的影响——基于A/B Test的现场实验[J]. 浙江大学学报（理学版），2015（2）：238–245.

[24] 龚振，赖子威，冯漪. 观察学习概述及消费者观察学习模型建立[J]. 消费导刊，2007（6）：155–156.

[25] 肖崇好. 自我监控理论评价[J]. 心理科学，2005（4）：1010–

1013.

[26] 姜佳奇. 网红经济下直播对消费者购买决策的影响因素分析[D]. 北京：北京邮电大学，2019.

[27] HARUKA SHODA，MAYUMI ADACHI. Why live recording sounds better：a case study of Schumann's Träumerei[J]. Frontiers in psychology，2015（5）.

[28] 符翔翔. 新媒体环境下的商品营销研究——以李佳琦网络直播带货为例[J]. 新闻研究导刊，2020（3）：93-94.

珠三角地区网络购物行为差异研究

姜 坤

摘 要：消费驱动逐渐取代投资和出口成为我国经济增长的最主要动力，互联工具的不断普及及升级完善促使网络购物渐渐变成人们消费过程中不可或缺的一环。本文主要研究不同区域网络购物水平等的差异，为不同类型购物平台提出有针对性的产业布局思路。本文通过2017年和2018年淘宝和京东在百度上的部分搜索指数，对珠三角地区的网络购物的具体行为进行分析探索研究。通过实证分析可知，网络购物人数占比随互联网地区普及率、经济水平层次及收入差异、房价水平的不同而不同。不同区域人们购物的网站类型和互联端载体工具选择也在上述因素的作用下产生了差异。针对这些差异，本文对网络购物平台进行了有针对性的布局，对于如何提高购物平台的服务水平提出了相应的建议，为优化当地居民的网络购物体验提出了相应的解决方案。

关键词：网购行为；珠三角；区域差异

一、引言

（一）研究背景

珠三角地区作为改革开放的试验区，在政策红利的支持下，其经济在40多年间实现了长足的进步，取得了巨大的成就。目前已然成为中国三大经济区之一。相较于京津冀地区，珠三角地区协同发展程度较高，经济较为发达，但是仍然存在较多不可忽视的问题，例如，珠三角区域在区域内部经济发展方面存在着明显的不平衡问题，对珠三角区域的进一步协同发展产生了阻碍。考虑到珠三角地区在中国经济社会发展中的重要性地位，推动珠三角区域协同发展，不仅可以对珠三角经济的健康长远发展起到促进作用，更能推动中国经济活力的进一步释放。

然而经济发展不协同性不仅表现在宏观经济的不协调发展，而且各个区域的居民消费水平也不尽相同，这种区域消费水平的不一致性直接反馈于各地区的经济发展水平上。由于目前中国的内需仍然受到消费水平的影响，对微观个人层次的消费者消费水平的研究是非常有必要的。

（二）研究意义

1. 理论意义

区域内部经济发展存在的不平衡问题，必然会对区域内的居民消费行为产生影响；反过来，区域内的居民消费行为的群体性特征也会对区域发展产生反作用。在外需拉动疲软的情况下，消费因素逐渐在我国经济增长的“三驾马车”中占据主导地位，区域经济研究领域也逐渐提高了对区域内消费因素研究的重视程度。同时，居民的消费行为和消费方式与城市的交通以及商业布局存在相互作用，一方面，城市交通和商业布局制约着居民的消费行为和消费方式；另一方面，居民的消费行为和消费方式也是规划城市交通和商业布局时需要考虑的重要因素之一（杜小娟,2017）。如今中国经济处于新的历史阶段，在经济新常态的背景下，研究居民的消费行为，然后针对性地制定出合理的城市规划布局，可以促进当地经济协同发展，从而使当地经济能够实现长期的健康发展，进而推动当地经济结构的转型升级。在社会经济宏观层次，已有很多关于地区差异、区域经济收入水平等因素的分析，然而在消费者微观层次，针对消费者的购物选择偏好因素的研究还比较缺乏。

2. 实践意义

移动互联技术的不断发展促进了网络相关基础设施的成熟推进及相应的配套服务的完善。人们对线上经济的进一步了解刺激了线上经济的发展成熟。目前线上购物平台数量众多，如个人对个人的淘宝平台，商家对个人的京东商城与天猫网站，以及最近几年兴起的社交电商购物平台拼多多，我国网络购物呈现出蓬勃发展的态势。相较于传统的线下经济，在线购物将购物的中间媒介从物理空间转移到虚拟的网络空间，摆脱了传统的时间、空间的束缚。2019年6月，中国互联网信息中心数据显示，我国互联网普及率较上年出现了明显提升，互联网用户数量规模为8.54亿，手机已经成为人们上网的主要载体工具，手机网民人数为8.47亿，占全体网民人数的99.1%。其中，利用互联网进行购物的用户规模为6.39亿，占全体网民数的74.8%，越来越多的人倾向于线上购物，目前网络购物平台中，阿里和京东依然是网络购物的主力平台。本文的消费者研究数据来源于百度搜索指数，这些指数能够客观地反映消费者的消费行为，之后的实证分析能分析归纳出消费者的选择差异。本文研究的意义在于，通过微观视角来研究消费者的网络购物行为差异，为企业的营销提供新的思路以及依据，同时也为线上经济层次的协同发展提供参考。

二、网络购物行为区域差异理论及其研究设计

（一）网络购物行为理论

1. 网络购物行为定义

网络购物行为指的是用户脱离了传统线下购物的时空的限制，以互联网作为购物的中间媒介，在互联网构造的虚拟条件下，对商品的信息进行有目的性的浏览、搜索，并且进行对比，从而最终做出商品

购买决策的过程。网络购买主要分为如下环节：首先，消费者要明确自身需求；其次，消费者要根据自身需求进行有针对性的信息收集；再次，消费者基于多方面的综合考虑对潜在目标商品群体进行比较选择；复次，消费者根据自身思考的因素做出购买决策；最后，网络购物的消费者可以根据自身的消费体验与商家进行售后评价互动。

2. 网络购物行为理论研究

（1）理性行为理论（TRA）。1975年，菲什拜因和阿耶兹两人在不考虑个体存在自身感性的因素对个人的影响的情况下，提出了理性行为理论。认为人们在做出某项具体的行为前，会经过综合多重信息进行考虑的行为过程，认清自己的决策行为带来的价值和后续影响。理性理论强调的是人们能够通过对行为意向进行合理的推断从而决定个体发生的行为。而在个体进行最终行为意向时，个体对行为的态度以及主观准则又会在此过程中产生决定性作用。态度是指人们在进行某一具体行为过程中带有的不同的情感，对态度产生决定性因素的是人们对于行为导致的结果的重要性的预估程度。主观准则为个体对于他人期望自己采用新系统的感知程度，个体产生的信任他人的程度以及在此基础上产生的具体的动机水平共同对主观准则起到决定性作用。在这些因素的相互影响下，个体会表现出明显的行为倾向。

（2）计划行为理论（TRB）。后来，在理性行为理论的基础上，阿耶兹（1991）发现，人的行为在某种程度上并不是个人意愿的完全体现，而是处于其他变量的控制之下。因此，他对传统的理性模型进行了扩展，引入了“行为控制认知”概念。该理论强调，不仅仅是旧有模型中存在的变量因素态度以及主观准则会对个体行为的发生产生重要影响，个体的行为能力以及外部资源的限制等因素也会对个体行为产生影响。同时，他还认为行为意向的大小与决定行为意向的三个模型中的因素变量之间具有明显的正相关关系，因素变量越大，行为意向就越强。

（3）技术接受模型（TAM）。Davis（1989）在传统理论模型的基础上，结合新兴的信息技术，提出了一个新的有关消费行为的理论模型。该理论认为人们产生消费意向的决定性因素可能是因为某一物体能够满足消费者的真实需求，能够对消费者自身提供帮助，即消费者的感知有用性；也有可能是该物体相较于其他物体具有简单易用的便捷性优势，满足了消费者追求便利的心理，即感知的易用性。同时，传统理论模型中变量因素态度也是受到了感知的有用性和易用性的影响控制。综合上述材料，我们可以得出，在该理论模型中，变量因素感知的有用性和易用性会对个体的行为意向产生决定性的作用。

（二）区域消费差异理论

1. 区域消费差异的定义

区域消费差异指的是将某一具体地理区域，根据不同的要素标准划分成不同区域，同一区域的消费者在消费行为方面具有共性特征，不同区域的消费者在地区差异因素的影响下发生的消费行为则会产生明显的差异。

2. 区域消费行为差异的研究方法

（1）产品导向。市场调研公司长期以来根据产品消费类别和产品消费数量的差异来对区域消费差异进行研究。从产品角度出发，调查机构无法对所有商品种类和区域进行涵盖，所以为了使区域消费差异能够得到全面呈现，通常需要使用归纳的方法，立足于抽象的视角，来对不同区域的消费行为特征进行研究分析。

（2）消费者导向。① 乔尔·加罗北美九国论。乔尔·加罗（1981）

以人类学的田野研究方法作为研究区域差异的切入点，将文化相似性作为不同区域进行具体细分的标准。在研究过程中，乔尔·加罗首先假定现实社会中地理概念的美国并不存在，他认为北美的加拿大以及美国覆盖的地理区域范围都可以以文化相似性作为依据，划分成九个具体的区域概念，每个区域都可以凭借文化的相似性作为一个国家实体存在，每一个“国家”对世界进行认知时，都具有自身的独特性，乔尔·加罗称之为“北美九国”。② 卡勒的价值观研究方法。卡勒（1992）从价值观角度对“北美九国”理论进行了实证分析，发现统计结果并不具有显著性，所以在价值观层次，“北美九国”理论并不能准确诠释区域间存在的差异问题。但研究同时发现，美国宏观层次划分的地理区域之间，不同区域的群体却在各自的价值观导向上表现出明显的差异。卡勒认为，出现这种宏观层次方面区域价值观的差异是因为宏观区域内长期以来在经济、历史、文化等因素方面存在着显著的差异。

（三）影响网络购物行为区域差异的因素

现有文献资料表明，消费行为的差异主要与不同区域的消费价值观、经济发展水平、人均可支配收入等因素有明显的相关关系。

1. 收入水平影响区域消费差异

凯恩斯（1936）在绝对收入消费理论中，构造了消费与收入间的函数，他认为，消费随着收入的变化趋势进行同向变化。在国内，陈云、李丽忍和王洋（2014）研究表明，绝对收入理论在我国仍然有很广泛的适用性。而钟成林和巢文（2013）在对广西不同区域的居民收入和消费结构进行对应分析后，发现收入水平越高，消费结构越高级。

2. 价值观和消费感知影响区域消费差异

根据消费者理论，消费效用是消费者决定是否发生消费行为的最重要因素，而消费动机则与消费者的价值观和消费效力的感知有密切联系。王德胜和王冠琳（2013）研究认为，消费者往往通过感知的消费不对称程度来评估消费担心风险，从而影响网络购物行为。同时也有研究表明，消费者网络购物时对经验型或者体验型的偏好习惯会对消费者进行网络购物时的消费行为产生影响（何其帼、林海华，2006）。詹明君（2017）研究发现，用户往往因为对销量、品牌、价格等因素的侧重点不同，产生了不同类型的消费行为。王利（2009）研究发现，中国各地区的不同模式下的网络购物行为也呈现出明显的差异，通过欠发达城市和发达城市的同层次比较以及城市和农村的不同层次比较，发现经济发达城市的人们对于新生事物更具好奇心和包容心，网络购物这一新鲜行为更为普遍。王林杉和魏晓敏（2018）通过对中国不同区域网络购物行为的测度，得出区域差异导致了网络购物行为差异的结论。Lynch和Beck（2001）的实验研究表明，在控制了宏观层次的社会、文化和经济变量后，不同区域的国家在网络购物行为方面依然存在着严重差异。

3. 经济发展水平影响区域消费差异

根据政治经济学相关理论，消费是由生产决定的，受当地经济发展水平制约。蒲元林、王皓晔和刘世娟（2018）通过对四川省城镇居民消费水平建立模型得出结论：居民的消费水平和结构与地区经济发展水平存在明显的相关性。Farag（2006）和韩钰等（2011）的研究结论显示，网络消费在购物消费的占比中呈现出由发达区域向发展中区域依次降低的趋势，这种差异主要与不同区域的经济发展水平、居民生活水平以及当地的基础设施建设情况有关。刘湖和张家平（2016）对中国农村网上购物的实证分析表明，互联网的普及对中国农村的网络购物具有明显的促进作用，并且东部农村受到互联网普及的影响程度明显大于西部农村。

4. 房价的挤出效应影响区域消费差异

李江一（2018）通过对2011年和2013年两个时间段中国家庭具体的金融数据进行面板数据研究分析，发现人们通常会因为购房因素减少边际消费，进而增加挤出消费，在人们的收入和房价对比越悬殊的地区，偿还购房贷款对人们日常消费的挤出效应越严重。李维烨（2020）通过对2011年中国家庭金融调查微观数据的建模分析，得出了房价上涨会明显抑制家庭升级消费占总体消费的比例的结论。

总之，消费区域差异问题如今也越来越成为学术界关注的重点问题，越来越多的研究证据也直接证明，由于受到经济层次、消费观念以及人口年龄等多重因素的影响，各个区域的消费行为存在地区性差异。

（四）研究假设

1. 数据收集

2018年深圳、东莞以及广州发展水平比较如表1所示。

表 1　2018 年深圳、东莞以及广州发展水平比较

指标	深圳	东莞	广州
网民数/万人	1098.73	632.21	1117.83
互联网普及率/%	87.7	75.8	77.1
人口数/万人	1252.83	834.25	1449.84
城镇人口比重/%	99.74	89.86	86.14
城镇登记失业率/%	2.20	2.24	2.40
地区生产总产值/亿元	22 438.39	7582.12	21 503.15
人均GDP/元	183 127	91 329	150 678
城镇人均可支配收入/元	52 938	46 739	55 400
农村人均可支配收入/元	0	29 078	23 484
城镇居民平均工资/元	100 176	61 619	98 616

续表

指标	深圳	东莞	广州
居民人均可支配收入/元	52 938	45 451	50 702
居民人均消费支出/元	38 320	31 849	37 627
每百人固定宽带接入量/台	39.2	34.8	35.7
每百人移动互联接入量/部	194.9	178.6	178.8
房价水平（元/每平方米）	67 352	17 095	34 486
购买百平方米·年数	67.23	27.74	34.97

资料来源：统计局发布的《中国统计年鉴》和《广东省互联网行业报告》。

注：由于深圳城镇化率接近100%，故默认其全为城镇居民，所以农村人均可支配收入为0。

基于前文的相关问题研究以及现有的文献参考资料，我们可以推导得出互联网普及率、经济发展水平、消费观念、房贷压力、人口特征以及移动电话普及率对区域网络购物行为存在重要影响。为了更好地分析珠三角地区的区域网络购物差异问题，我们需要对上述因素进行统计分析。因此本文通过2018年度《中国统计年鉴》《中国互联网发展状况统计报告》的数据查询，以深圳、东莞以及广州这三个珠三角区域最具代表性的城市作为研究对象，整理得出了深圳、东莞和广州这三个城市的数据，以此为分析的数据基础。

2. 研究假设

H1：深圳、广州、东莞的网络购物人口比例依次下降。

网络购物是以互联网为基础的，上述文献资料表明，互联网普及率对区域网络购物行为具有明显的正向作用（刘湖、张家平，2016），而在消费价值观上，发展程度较高的城市的人们对于网络购物这一新兴购物模式更具好奇心和包容心（王利，2009），根据表1中的数据，在互联网普及率和城市经济发展水平方面，深圳、广州以及东莞呈现出依次下降的趋势，我们可以推导得出，参与网络购物行为的人口比例在深圳、广州以及东莞可能存在依次下降的趋势。

H2：深圳、广州、东莞使用计算机端的比例依次下降。

随着智能手机的不断升级以及移动互联手段的不断改进，再考虑价格和便捷性的因素，越来越多的人倾向于采用智能手机作为网购的工具。但深圳作为国际化大都市，办公室工作人群众多，与此同时，广州作为省会城市，政治教育资源集中，这两个地区的消费者更加容易接触计算机，与此形成对比的是，东莞作为制造业集中的城市，人们在日常生活中对智能手机的使用更加普遍。另外，利用智能手机进行网络购物虽然便捷，但受屏幕尺寸的限制，网络购物视觉效果不如计算机端网络购物，考虑到人们的购物行为受到消费感知因素的影响，我们可以推导得出：深圳、广州、东莞消费者在选择网络购物的载体工具时，对于计算机端的偏好程度会依次下降。

H3：深圳、广州、东莞对于商品品质要求依次提高。

淘宝采取的是个人对个人的消费模式，虽然商品种类较多，但未形成大规模的品牌效应，因而价格较低，适用于消费能力较低的人群。京东商城作为商家对个人的购物平台，拥有明显的品牌效应，同时京东商城拥有自己独立的物流仓储体系，因此消费者在京东商城的体验感更好，但与之伴随的是京东商城的同类产品价格往往高于同期淘宝的产品。人们的消费支出和实际收入之间存在稳定的函数关系，收入增减，消费也随之增减（凯恩斯，1936）。现阶段，三城市之间在居民平均可支配收入方面存在差异，虽然广州和深圳在居民人均收入和消费支出方面差异不大，没有两者与东莞的差距那么明显，但三者在房价压力方面存在明显差异，考虑到高房价会对居民的消费水平形成明显的挤出效应，深圳、广州、东莞的房价承受压力依次降低，我们可以推导得出：深圳、广州、东莞在网络购物平台类型的选择方面对于品质的要求程度依次上升。

三、研究设计

（一）数据选取标准

中国互联网络信息中心的数据显示，60%的用户在进行网络购物时会使用搜索工作，而百度搜索的渗透率为93.1%，占有绝对的搜索地位。基于上述数据，我们可以推导得出百度用户的搜索数据与网络购物消费者行为之间存在紧密联系。本研究通过百度指数来间接反映消费者的网络购物行为。为了保证数据的相对准确性，使用统一的关键字在不同区域进行相同时间阶段的采集。虽然淘宝中还包含了天猫商城这类商户对个人的类型，但本研究聚焦的2017年度和2018年度，阿里巴巴官方财报显示，淘宝网站业绩明显高于内部的天猫业绩，由于淘宝主要以价格低廉为主要特点，能明显地看出消费者的消费水平较低，符合本研究的要求，因此数据选取2017年和2018年两个年度的部分消费样本记录。

（二）变量设计

本文选取了深圳、广州和东莞三个城市，比较三地消费者在购物平台以及购物载体方式的选择上的差异，并利用百度指数来表现。以深圳、东莞和广州三城市、购物平台和使用工具为自变量，相关联的搜索指数为因变量。由于深圳、广州和东莞在人口数量上存在较大落差，对数据的应用多采用比率的研究方式。本文研究数据变量具体情况如表2所示。将两购物网站总体搜索指数的人口占比标记为*idx_rate*，利用智能手机和计算机搜索在总搜索中的占比分别用*rate_mb*和*rate_pc*表示，用*n_Site*来对两个购物网站进行区分，深圳、东莞和广州三城市用*n_Zone*进行区分。

表 2 变量情况

变量	含义	定义
n_Zone	区域	东莞标记为1，广州标记为2，深圳标记为3
idx_rate	搜索总人数在总人数中的占比	取值0~1
rate_mb	智能手机搜索在总搜索中的占比	取值0~1
rate_pc	计算机搜索在总搜索中的占比	取值0~1
n_Site	购物平台类型	京东1，淘宝2
idx_mb	智能手机搜索指数	非负数整数
idx_pc	计算机搜索指数	非负数整数
idx_all	全体搜索指数	非负数整数

（三）模型构造

为了检验本文的假设和分析，将*n_Site*、*n_Zone*作为自变量，将*idx_rate*、*idx_mb*、*rate_pc*作为因变量，构造方程来检验前述推断在统计上是否显著。构造了如下方程：

$$idx\_rate=\beta_{10}+\beta_{11}n\_Zone+\beta_{12}n\_Site\#n\_Zone+\varepsilon_1$$

$$rate\_mb=\beta_{20}+\beta_{21}n\_Zone+\beta_{22}n\_Site\#n\_Zone+\varepsilon_2$$

$$rate\_pc=\beta_{30}+\beta_{31}n\_Zone+\beta_{32}n\_Site\#n\_Zone+\varepsilon_3$$

注：#表示交互项，用来检验区域内部的差异点。

四、结果分析

（一）描述性结果分析

通过描述性结果分析（见表3）我们可以看出深圳、东莞和广州在人口占比（*idx_rate*）、移动端占比（*rate_mb*）以及计算机端占比（*rate_pc*）方面存在差异，但这些差异是否显著，以及相互间关系如何，我们要通过下文的多元方差分析和回归方程进行具体的研究。

表 3　描述性结果

区域n_Zone	变量	类型n_Site京东		类型n_Site淘宝	
		均值	标准差	均值	标准差
东莞1	*idx_mb*	2115.367	345.734	2904.167	141.893
	rate_mb	0.465	0.075	0.420	0.050
	idx_pc	2465.533	631.009	4082.233	750.570
	rate_pc	0.535	0.075	0.580	0.050
	idx_all	4580.900	714.259	6986.400	724.816
	idx_rate	0.055	0.009	0.084	0.009
广州2	*idx_mb*	6449.300	1152.576	8492.867	310.290
	rate_mb	0.389	0.065	0.342	0.043
	idx_pc	10176.500	1870.812	16642.033	2583.218
	rate_pc	0.611	0.065	0.658	0.043
	idx_all	16625.800	2333.705	25134.900	2435.103
	idx_rate	0.115	0.016	0.173	0.017
深圳3	*idx_mb*	5588.733	955.036	6815.983	347.092
	rate_mb	0.310	0.071	0.275	0.051
	idx_pc	12951.933	3774.666	18726.967	4382.742
	rate_pc	0.690	0.071	0.725	0.051
	idx_all	18540.667	4048.704	25542.200	4448.959
	idx_rate	0.148	0.032	0.204	0.036

（二）方差结果分析

由于$idx_all=idx_pc+idx_mb$且$rate_pc+rate_mb=1$，*idx_all*和*idx_rate*存在直接线性关系，本文只选择*idx_rate*和*rate_mb*作为因变量，主效应*n_Zone*用*Site＃n_Zone*进行调节，进行多元方差分析。分析结果如表4所示。

表 4　MANOVA 结果分析

效应		值	F	假设自由度	误差自由度	显著性
截距	P	0.994	13627.840	2.000	173.000	0.000
	W	0.006	13627.840	2.000	173.000	0.000
	L	157.547	13627.840	2.000	173.000	0.000
	R	157.547	13627.840	2.000	173.000	0.000
n–Zone	P	0.867	66.621	4.000	348.000	0.000
	W	0.182	116.028	4.000	346.000	0.000
	L	4.209	180.996	4.000	344.000	0.000
	R	4.143	360.474	2.000	174.000	0.000
n–site	P	0.556	108.453	2.000	173.000	0.000
	W	0.444	108.453	2.000	173.000	0.000
	L	1.254	108.453	2.000	173.000	0.000
	R	1.254	108.453	2.000	173.000	0.000
n–Zone # n–Site	P	0.123	5.717	4.000	348.000	0.000
	W	0.877	5.873	4.000	346.000	0.000
	L	0.140	6.028	4.000	344.000	0.000
	R	0.139	12.052	2.000	174.000	0.000

由数据分析结果可得，由于地区、网站类型，以及交互项的P值均小于0.001，全部呈现出显著性，我们可以得出深圳、东莞和广州三城市的总体比例、购物载体比例差异明显，同时，三城市不同购物网站的搜索人口的比例也有明显差异。

（三）回归结果分析

方差分析为深圳、东莞和广州三地的差异提供了一定的数据依据，但对三地具体的差异程度提供的帮助有限，为了更全面地研究三地的差异，令自变量为城市，用平台类型进行调节，并且城市和平台类型进行交互，将深圳、东莞以及广州的总体比例、购物载体比例作为因变量，用最小二乘法进行回归分析，得出的结果如表5所示。

表 5 OLS 回归方程分析

	(1)	(2)	(3)
	rate_mb	*rate_pc*	*idx_rate*
2.*n_Zone*	−0.077*** (0.016)	0.077*** (0.016)	0.060*** (0.006)
3.*n_Zone*	−0.155*** (0.016)	0.155*** (0.016)	0.093*** (0.006)
2.*n_Site*	−0.045*** (0.016)	0.045*** (0.016)	0.029*** (0.006)
2.*n_Zone*#2.*n_Site*	−0.002 (0.022)	0.002 (0.022)	0.030*** (0.008)
3.*n_Zone*#2.*n_Site*	0.010 (0.022)	−0.010 (0.022)	0.027*** (0.008)
常数	0.465*** (0.011)	0.535*** (0.011)	0.055*** (0.004)
N	180	180	180
R^2	0.547	0.547	0.844

注：* $p < 0.1$，** $p < 0.05$，***代表 $p < 0.01$。Zone n含义：1 东莞，2 广州，3 深圳。Site n含义：1 京东，2 淘宝。

结果分析：主体效应和调节效应三个回归都显著，交互效应总人口占比回归显著，拟合优度（R^2）过半，模型在较大程度上解释了因变量的变动。

由表5可知：

（1）在*idx_rate*的回归方程中广州的回归系数为0.060，同时，深圳的回归系数为为0.093，并且统计结果显著，这表明深圳和广州的搜索指数总数对总人口的占比大于东莞搜索指数总数对总人口的占比，同时深圳占比又要高于广州占比。

因此，深圳、广州、东莞三地的网络人口比例依次下降，H1成立。

（2）在*rate_mb*的回归方程中，广州所对应的回归系数为−0.077，同时深圳的回归系数为−0.155，并且回归显著，说明将深圳和广州以及东莞使用移动端进行搜索的人数占比进行比较时，东莞最高，其次是广州，深圳使用移动端进行搜索的比例最低。由于计算机端与移动端是互补关系，深圳使用计算机端进行搜索的人数占比最多，广州其次，东莞最低。

所以深圳、广州、东莞使用计算机端的比例依次下降，H2成立。

（3）在交互项2.*n_Zone*#2.*n_Site*和3.*n_Zone*#2.*n_Site*的回归方程中两者的*idx_rate*的回归系数分别为0.030和0.027，这表明广州和深圳对淘宝进行搜索的偏好是高于东莞的，但广州对于淘宝进行搜索的偏好高于深圳。

所以深圳、广州、东莞对于淘宝搜索偏好不是依次降低的关系，所以H3不成立。

五、结论及建议

（一）研究总结

本文研究数据建立在百度数据的基础上，通过对珠三角三个代表性城市深圳、东莞和广州进行分析，对比探讨三个城市中京东和淘宝两大购物平台的人口使用比例差异、平台类型差异与该地区人口搜索工具差异性来间接验证这三座城市网购方式的差异。本文基于三地之间网购人口的比例区别、上网工具选择差异及网站类型的偏好对数据模型进行分析，能得出三地居民网络购物行为存在典型性差异，考虑到三地经济水平及房价等相关因素的影响，我们可以对此进行以下总结：

（1）在深圳、广州、东莞，互联网普及率与网络购物人口比例具有显著的正相关关系。在该区域，网络基础设施越完善，人们对互联网的接触越频繁，对于网络购物这一新兴购物模式的接受参与程度越高。

（2）在深圳、广州、东莞，经济发展水平与计算机端购物比例具有显著的正相关关系。经济发展水平越高，人们接触计算机端的可能性越大，从而使用计算机购物的偏好越强。

（3）在深圳、广州、东莞，虽然不同地区的购物网站类型偏好存在明显的差异，但高房价对于线上购物消费品质的抑制作用并不突出。

（二）建议

当前内需消费已经成为拉动国民经济增长的重要动力之一，而网络购物模式已经成为当前购物模式中不可或缺的一部分。虽然深圳、东莞和广州之间网络购物消费存在明显的差异，但随着技术的不断发展，以及互联端的不断普及，三者的网络购物消费水平还有很大的上升空间。另外，根据本研究，虽然现在互联网经济蓬勃发展，但淘宝和京东的搜索指数却增长缓慢，考虑到京东和淘宝的年销售额，我们将这种原因归结于App软件的大规模应用。

综合现有的研究文献，想要进一步刺激网络购物，除了要提高互联网普及率，更重要的还是要解决经济发展问题。政府要制定合理、科学的政策来促进当地经济的长久健康发展，提高当地的经济水平层次。同时，政府还应该建立合理的收入分配制度，完善社会保障制度，使区域居民有能力消费，也敢于消费，从而促进珠三角区域经济的健康协调发展。

同时，对于购物平台而言，购物平台应该针对不同城市的购物偏好类型进行合理的布局和长远的规划。像京东这种商家对个人的购物类型，面对的主阵地是东莞这种经济发达且房贷压力较小的城市，其注重的相对还是质量问题，所以在这些地区，商家还是应该完善自己的物流体系和产品质量，确保消费者网络购物的满意度和消费质量。

而在经济相对不发达地区，以及部分房贷压力较高的城市，人们的主要网络购物平台还是以相对廉价的淘宝平台为主，他们相对敏感的还是商品的价格，所以在这些区域，在目前阶段购物平台在保证产品质量的同时还是要注意产品的价格优势，为消费者提供物美价廉的产品。

（三）局限性

虽然本文是建立在数据分析的基础上，并且有相关的文献作为支撑，但依旧有其局限性。首先，本文的数据虽然来源清晰，数据较为准确，但其样本容量较小，同时本文并没有选取整个珠三角地区城市，而是以深圳、东莞、广州这三个典型城市作为珠三角地区城市的代表进行研究，并不能完整反映整个珠三角地区长期以来的网络购物消费的趋势。其次，本文是通过百度搜索指数这一间接数据来进行验证分析，其准确性相较于通过网络平台内部的一手资料进行分析可能存在一定的偏差。最后，本文对深圳、东莞以及广州的经济差异因素未进行系统研究考虑，所以解释结果可能存在偏差。

参考文献

[1] 杜小娟，甄峰，JASON CAO. 南京市居民购物行为的影响因素和空间效应——基于四种商品的对比研究[J]. 地理研究，2017（5）：957–971.

[2] ICEK AJZEN. The theory of planned behavior[J]. Organizational behavior and human decision process，1991（50）：179–221.

[3] DAVIS F D. Perceived usefulness，perceived ease of use，and users acceptance of information technology[J]. MIS Quarterly，1989，13（3）：319.

[4] JOEL GARREAU. The nine nations of north americap[M]. NewWork：Avon，1981.

[5] LYNN R.KAHLE，RUIMING LIU，HARRY WARKING. Psychographic variation across united states geographic region[J]. Advances in consumer research，1992（19）.

[6] KEYNES J M. General theory of employment，interest and money[M]. Atlantic Books，2006.

[7] 陈云，李丽忍，王洋. 我国居民消费函数区域差异化的实证研究[J]. 中国集体经济，2015（10）：61–63.

[8] 钟成林，巢文. 城镇居民收入与消费结构对应分析——以广西为例[J]. 重庆与世界（学术版），2013（4）：4–7.

[9] 王德胜，王冠琳. 信息不对称条件下消费者网络购物的感知风险[J]. 经济管理，2013（1）：142–152.

[10] 何其帼，林海华. 网上购物行为影响因素实证研究[J]. 经济管理，2006（10）：44–49.

[11] 詹明君. 基于点击流数据的电子商务用户购物行为分析[D]. 广州：广东工业大学，2017.

[12] 王利. 我国网络购物群城市差异分析[J]. 网络财富，2009（17）：60–62.

[13] 王林杉，魏晓敏. 中国居民网络消费的区域差异测度及收敛性研究[J]. 数量经济技术经济研究，2018（7）：130–145.

[14] LYNCH P. D.，J. C. BECK. Profiles of internet buyers in 20 countries：evidence for region–specific strategies[J]. Journal of international business studies，2001（4）：725–748.

[15] 蒲元林，王皓晔，刘世娟. 影响四川省城镇居民消费水平的因素分析[J]. 内蒙古科技与经济，2018（13）：34–35.

[16] 韩钰，杜建会，郭鹏飞. 基于SPSS的中国网络团购市场发展趋

势及其区域差异研究[J]. 经济地理，2011（10）：1660–1665.

[17] 刘湖，张家平. 互联网对农村居民消费结构的影响与差异[J]. 财经科学，2016（4）：80–88.

[18] 李江一. “房奴效应”导致居民消费低迷了吗[J]. 经济学，2018（1）：14–21.

[19] 李维烨. 房价上涨对升级型消费的影响[J]. 中国市场，2020（5）：60–61.

新租赁经济下租赁平台特征对消费者信任的影响：情感体验的调节效应

马吉青

摘　要：伴随着共享经济的发展，当前新租赁经济的发展势头十分强劲，它在日常生活中起着不可替代的作用。然而，由于与传统购买模式不同，租赁交易过程中会有很多不确定性。在诸多因素中，信任因素已成为制约租赁经济发展的重要因素。因此，探讨新租赁经济下影响消费者信任的因素是十分必要的。

本文研究了租赁平台特征对消费者信任的影响，并进一步探讨了新租赁经济下情感体验对租赁平台特征与消费者信任之间关系的调节作用。通过问卷星收集数据，一共收到170份样本。本文对提出的假设进行了验证。结果表明：①包括平台规模、平台口碑、平台交互设计和平台安全保障在内的租赁平台特征以及消费者情感体验都对消费者信任产生正向影响作用，即租赁平台的规模、口碑、交互设计、安全保障和消费者情感体验越好，消费者对该租赁平台也就越信任。②情感体验对消费者信任与租赁平台特征之间的关系起正向调节作用，即情感体验对消费者信任与包括平台规模、平台口碑、平台交互设计和平台安全保障在内的租赁平台特征具有显著的正向调节作用，情感体验越好，平台规模、平台口碑、平台交互设计和平台安全保障与消费者信任之间的关系越强；反之则反是。本研究在理论上补充和完善了新租赁经济下消费者信任影响因素的研究，并进一步探讨了对租赁平台特征与消费者信任起到调节作用的因素，从而为新租赁经济下的营销理论以及信任理论做出了重要理论贡献。在实践方面，也为国内租赁平台的发展提出应注重情感体验、增强消费者的信任度、吸引更多的目标群体、促进租赁经济的进一步发展等建议。

关键词：租赁经济；情感体验；消费者信任

一、绪论

（一）研究背景及问题提出

1. 研究背景

由2018年《新租赁经济报告》的数据可知，2018年租赁经济交易额比2017年增长了1.38万亿元。随着越来越多的消费者参与到租赁经济中，数万亿级的租赁市场正在被抢占。并且5G时代的到来，进一步推动了数码家电这类租赁商品的发展。

新租赁经济是一种新型经济模式，它依赖于共享经济的发展。共享经济的发展为新租赁经济开了一个好头。而随着新生代的成长，租赁消费的主要群体有着个性化的消费观念，迎合新的消费群体便成为开拓市场的重点。而且这一类消费群体追求高品质的生活和消费个性化，在这样的市场环境下，租赁经济更加容易被接受，基于共享经济的租赁经济便成了满足新一代消费群体的又一关键选择。与传统形式的购买和付款方式不同，租赁方式的最大特点是使用而不是拥有。消费者只是为使用权付费，而不为剩余价值付费。因此，租赁方式降低了价格相对较高商品的消费门槛，使用户能够跟上这类产品更新换代的频率，最典型的是3C产品。租赁还为低频商品提供了新的消费选择，如消费者可以在短时间内租赁一些不常用的商品。

从租赁市场的发展来看，面临的最大问题是市场的开拓费用。由于消费者对新租赁模式的理解几乎还停留在传统的租赁模式上，认为要交定金才能进行租赁，很多消费者因为定金问题而放弃交易。但信誉保障就可以解决这类问题，可以消除用户对于定金的资金风险。但这对商户的要求大大提高，如风险控制能力、融资能力、供应链能力等；此外，在租赁行业市场内，由于缺乏大规模的租赁平台，很难形成标准化的租赁服务。由于缺乏统一的租赁标准，交易双方在租赁交易过程中很容易产生交易纠纷，使得租赁平台更难获得消费者的信任。因此，如何在新的租赁经济中提高消费者的信任度，成为社科领域中需持续关注的问题。

2. 研究理论背景及问题提出

在对消费者信任有关的理论研究当中，国内的专家学者从不同的领域对此进行了大量研究。例如，谢雪梅、石娇娇（2016）在住房共享领域中提出，共享平台和结构体系、共享主体的个人特征以及消费者自身都会对消费者信任的形成产生影响；尹昊（2017）以滴滴平台为对象，探究了平台系统和社会影响两个方面如何影响消费者信任；马磐昊（2017）重点研究了短租市场中房东的个人属性和房东的口碑对房屋销售量的影响；胡承蓉（2017）从住房共享、信任倾向等方面研究了在共享经济中有哪些因素会对消费者信任产生影响，并通过选取社会认同度、口碑、感知相似度等因素进行检验；王红丽、陈茁（2017）以汽车共享为研究对象，研究了信任对汽车预约意愿的影响；王德春（2019）在共享经济下二手交易平台的信任机制的实证研究中，以卖家个体、分享平台、二手物品、买家个体、环境因素为变量，检验了调节变量感知风险对消费者信任的影响。

在新租赁经济研究中，很多的研究都是关于新租赁经济的发展策略等方面。如季风（2019）的《浅谈新租赁经济的发展策略》中，提出新租赁经济的发展需要加强信誉体系建设，加快产业整合。彭亚（2019）等在共享经济下的新租赁经济的蜕变中提出对新租赁经济的发展需要不断提升信任保障。而对于在新租赁经济下消费者信任形成的有关方面的实证研究还较少。因此，本研究将以新租赁经济为背景，研究租赁平台特征对消费者信任的影响。此外，已有研究文献中很少关注租赁平台特征影响消费者信任的边界条件，因此本文的研究问题是选取情感体验为调节变量，来探讨情感体验对消费者信任与租赁平台特征之间关系的调节效应。

（二）研究目的与意义

1. 研究目的

新租赁经济模式成为近年来发展较为快速的一种经济形态，但与国外相比，新租赁经济在我国的发展还较为缓慢。国内对租赁经济的相关研究多数停留在其发展现状以及经营模式等方面，缺乏运用实证分析方法来确定影响租赁经济下消费者信任的关键因素。因此，本文通过阅读关于信任的相关理论，运用实证分析的方法，建立了租赁平台特征对消费者信任影响因素的理论模型，并探讨了情感体验对平台与消费者信任的调节作用，希望能为租赁平台获取消费者信任提供一些帮助。

2. 研究意义

（1）理论意义

第一，对于新租赁经济来说，在租赁交易中最为重要的因素就是信任，消费者对租赁平台的信任程度，关系到平台商与消费者之间的交易能否顺利进行。

第二，未来新租赁经济的困境。彭亚等（2019）通过分析共享经济下新租赁经济的转型，得出租赁经济将为信用体系、消费者体验、互联网金融乃至社会关系带来重大变化。同时，租赁经济还可以在一定程度上缓解消费升级的紧迫局面。

第三，现有的文献资料大多是对租赁经济的商业模式的分析研究，而对消费者信任方面的实证研究较少。鉴于以往学者的研究，本文以谢雪梅（2016）的传统信任理论为基础，结合租赁平台实际情况，以租赁经济为背景，通过实证分析来研究新租赁经济下租赁平台特征对消费者信任的影响，并建立了租赁平台特征与消费者信任之间的信任影响模型。

在租赁平台特征对消费者信任影响的基础上，加入调节变量（情感体验），研究情感体验对租赁平台特征与消费者信任关系之间的影响。建立以情感体验为调节变量的调节作用模型。

（2）实践意义

第一，大众的消费需求在不断升级，消费理念也在发生转变。资源大量闲置，不能转化为经济效益，发挥其剩余价值的问题日益突出，而新租赁经济恰好解决了这一困境，减少了资源的浪费，提高了资源的利用率，促进了绿色产业发展。

第二，对于建设新的信用体系起到了促进作用。新租赁经济的进一步发展，就是要加快政府、企业和消费者之间的信任建设，在社会信用体系中营造良好的诚信氛围。

第三，租赁平台的出现整合了各方资源，为企业提供了出路，满足了消费者的实际需求。既能促使消费者跟上商品升级的步伐，又能促进商品的升级换代。本文以“一嗨租车”为对象，探讨了租赁经济中消费者信任的影响因素。本研究有利于租赁行业加快相关标准的制定，提升服务规范，促进我国新租赁经济的发展，同时为消费者和租赁平台之间建立良好的信任关系提供更好的解决方案，让租赁平台得到更好的发展。

（三）研究方法

1. 文献分析法

笔者通过查阅一定的文献资料，对新租赁经济领域相关研究的现状有了深入的了解。本文结合国内租赁业的发展，着重探讨了“情感体验”的核心概念，并且通过文献综述梳理了影响租赁经济消费者信任的因素，探讨情感体验的调节作用。

2. 问卷调查法

在此次研究调查中选择了具有租赁经验的人作为调查对象，采用问卷量表软件。问卷通过朋友圈、微信群聊等渠道进行在线发布，这样做使得数据回收更加方便快捷。

3. 统计分析法

用SPSS 25进行信度分析、回归分析、效度检验、调节效应、描述性统计检验、因子分析、探索性因子分析等。

二、文献综述

（一）租赁经济

租赁经济的释义是出租方将租赁商品的使用权出租给租赁人，租赁人通过付出一定的经济报酬获取对该物品的使用权，而非所有权。新租赁经济得以发展，是依托互联网，并通过信誉免押方式，使得购物门槛降低（季风，2019）。

租赁经济在古代就已经存在。简单来说，就是出租方出租给租赁方某种物品，租赁方只有使用权而没有所有权。通过对商品所有者的研究可以看出，租赁经济下，租赁方获取报酬的方式主要是投入资源、批量生产（周中良，2019）。

租赁经济下，对企业运营成本、企业解决押金能力和企业经济能力进行了限制，导致传统租赁无法大规模生产，因而未能得到更加广泛的应用，但这种经济形态却具有久远的历史。与传统经济相比，新租赁经济的免押金方式，不仅可以降低消费者的经济顾虑，还能提高消费者购买力，并且有利于社会信誉体系的进一步完善（季风，2019）。

（二）租赁经济下相关研究综述

对于新租赁经济，国内学者也从不同的角度进行了研究。王嘉琪（2018）分别从定义、资产模式、商业模式和资源分配四个方面对共享经济和租赁经济进行了比较；张愫愫（2018）从定义和关系上区分共享经济和租赁经济，并阐述了两者的矛盾之处；季风（2019）基于新租赁经济现有的问题，提出加快产业整合、加强多元化企业合作、加强安全突袭建设和构建协同治理体系的意见；王莹（2015）从租赁经济的优势和风险出发，为租赁经济在我国的进一步发展提出多方面建议，包括政府、租赁行业、信誉建设、法律建设等方面。国内对租赁经济的研究多数集中在租赁经济的概念阐述，以及发展策略方面，而对在租赁经济下如何获取消费者信任，从而进一步推动租赁经济发展这类实证研究较少。

（三）信任相关文献综述

1. 对信任的定义

在生活当中，信任起着至关重要的作用，人们对信任的关注度也越来越高。但是，对于信任的维度和信任的相关定义却各有不同。因此，学术界对于信任还没有一个较为统一的定义。

（1）关于信任在心理学中的定义，由Deutsh于1958年提出。他研究了事件信任，认为信任意味着未来预期的某件事的发生，并会采取相应行动。如果这件事没有发生，那么带来的损失将大于最初的预测。Charles F. Sabel（1993）对信任的定义是：在和别人相处的过程中，一方没有故意地去利用另一方的弱点的程度。

（2）管理学中对信任的概念解释。在管理学领域，信任涉及的更多方面是组织和个人之间的关系。这种关系可以有效促进组织成员间的互相了解，从而提高工作效率。Driscoll（1978）从员工的角度出发，认为组织决策者的行为有利于组织员工，这就是信任。Mayer和Schoorman（1995）对信任的定义是，在没有监控的前提下，对另一方的期许，并且愿意接受另一方的行为结果。Hwang等（1999）对信任做了非常简单的定义，他认为信任是个人和组织之间合作的可能性。

（3）信任在市场营销中的定义。买卖双方在交易市场上的关系很大程度上取决于信任程度。Hawes等（1998）指出，环境的不确定性和危险性是信任的前提条件。Swan和Bowers（1999）将营销中的信任划分为情感信任以及对于产品方面的认知信任。情感信任意味着销售人员在感知上是安全的，而认知信任则意味着销售人员的产品在效用上是存在合理竞争的。Evans（2002）认为，信任意味着在交易过程中消费者相信卖方会将其利益放在重要位置，不会故意造成损失。

2. 传统经济下消费者信任的相关研究综述

传统经济下消费者信任问题得到学者们的大量关注。周中良（2019）指出，人与人之间的信任是促进共享经济和租赁经济发展的重要因素；李沁芳等（2007）认为制度信任因素是电子商务客户信任的主要影响因素；陶芝兰等（2006）的研究表明，传统社会在进入现代社会的过程中，其信任模式也开始从人际关系转变为制度信任。谢雪梅、石娇娇（2016）对共享经济中消费者信任影响因素的研究表明，消费者的个人特性以及平台制度都会对消费者信任产生影响。随着科技的进步，在互联网络快速发展的今天，租赁交易方式已经融入人们的日常生活当中。新租赁经济的发展离不开消费者群体对租赁平台和租赁服务的信任度和认可度，因此，为了能够让交易继续进行下去，必须获得消费者信任。所以在新租赁经济下，研究消费者信任的有关课题已成为该领域的热点。

（四）情感体验相关研究综述

体验的概念于1982年被引入营销领域中，Holbrook和Hirschman（1982）提出的这一概念使体验成为该领域研究的又一重要课题。

对于体验的定义非常繁杂，而且体验的维度划分也存在着不一样的界定。比如Gilmore等（1998）将消费者体验分为娱乐、教育、逃避和审美；Schmitt（1999）则将体验划分为行动（behavior）、思考（think）、感知（perceive）、关联（relation）和情感（feel）等五个方面；Brakus等（2009）将其划分为情感（feel）、感官（sense）、知性（intellectuality）以及行为（behavior）。影响消费者行为的重要动机就是情感。情绪是消费行为的主要动机这一观点的提出者是赫希曼和霍尔布鲁克（1982）。大多数人的消费行为都是为了享乐，主要体现在消费者从服务体验中期待幸福的意义上。消费体验是一种情感在体验中的持续性过程。Groenroos（2008）认为消费者感兴趣的是消费过程中的体验，而并非消费产品本身。

现在有很多学者开始探究消费者的信任和体验的关系。根据乔敦（2001）的研究，体验产生的信任是体验“流动”的重要价值之一；贺爱忠等（2010）研究指出，消费者在体验过相关的网络平台后，可能会产生信任和情感两种反应。

信任是由消费者通过对产品的体验产生的，该观点已得到学者们的认可。在Dayal（1999）建立的信任模型中，他认为信任是在逐步体验的过程中建立起来的，在此过程中，通过互动的方式，逐步建立起消费者和营销者之间的信任关系。

在情感体验方面，早期的量表是由伊扎德（1997）提出的十种情感。后期，Rychalski和Hudson（2016）通过对伊扎德（1997）的量表进行改进，提出了两种积极的情感——快乐和解脱，以及四种消极情感——压力、沮丧、愤怒和无力。薄立桐（2014）研究了在情感体验调节下，消费者对于价值的感知影响和对产品差别化的影响。刘志超、韩秀秀（2015）进一步研究表明，不得当行为会对消费者情感体验和消费者功能体验产生影响。因此，本文将选择情感体验作为调节变量，探讨情感体验对租赁平台特征与消费者信任关系的调节效应。

三、研究模型与假设提出

（一）研究模型

现如今，随着网络互联技术的发展，新租赁经济也得以快速发展。消费者信任成为推动新租赁经济进一步发展的关键因素。然而网络租赁平台的开放性、隐蔽性等特点使得租赁经济背景下的消费者信任与以往交易过程中的信任有着很大不同，这种差异体现在判别方式、地域、信任对象等方面。

本文以租赁平台特征为自变量，以消费者信任为因变量，以情感体验为调节变量，主要研究租赁平台特征对消费者信任的影响以及情感体验对上述关系的调节效应。

通过上述分析，得出本文的研究模型及假设见图1。

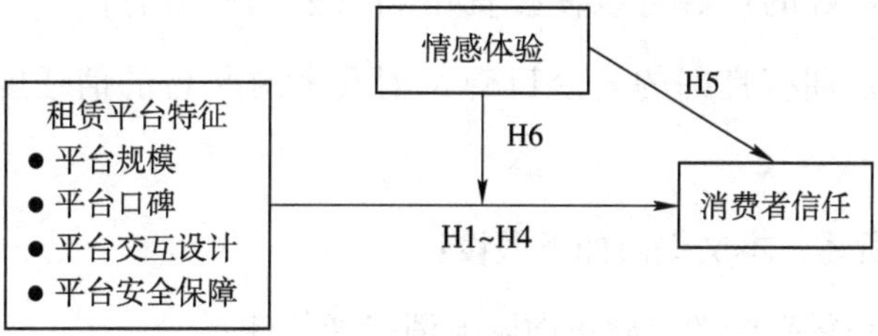

图1　本文的研究模型及假设

（二）研究假设的提出

1. 租赁平台特征与消费者信任

本文研究的因变量是新租赁经济下的消费者信任。现如今，学界普遍认同的信任的定义主要是由Mayer（1995）提出的，其主要是对交易双方互动和交易环境进行研究。租赁平台有四个方面的特征，即规模、口碑、交互设计以及安全保障。下面分析研究每个方面的特征对消费者信任的影响。

（1）平台规模和消费者信任。2019年我国网民人数规模为8.54亿，网络用户群体成为新租赁经济的潜在消费群体。新租赁经济类型多样，租赁平台规模大小也存在差异。大企业一般意味着拥有更好的服务体系、更好的监管体系、更多的资源和更多的用户群体。租赁交易平台越大，潜在买家越多，商品数量和商品种类也越多，消费者找到自己喜欢的商品的概率也随之增加。

综上所述，本文提出如下假设：

H1：租赁平台的规模正向影响消费者信任。

（2）平台口碑和消费者信任。口碑是指企业通过消费者、媒体和相关组织对其进行的评价、推荐和检验而形成的一般性社会评价。这说明社会上大多数人对企业都有一个共同的认识，这也是品牌概念在营销中的组成部分之一。企业口碑是指消费者对购买的企业产品或服务过程感到满意的评价。刘晓丽（2013）及其对基金的研究表明，良好的口碑可以使投资市场对公司股票有信心。另外，租赁交易平台拥有良好的公众口碑，消费者对平台的信任度也会大大提高。

综上所述，本文提出如下假设：

H2：租赁平台的口碑正向影响消费者信任。

（3）平台交互设计和消费者信任。平台交互设计意义源自TAM模型，包括两个方面：一方面是感知易用性，指用户对于从一个函数开始查找信息简单容易的感觉。另一方面是感知有用性，指用户认为网站的功能和内容能够帮助他们实现目标的感觉。Sillence等（2006）提出网站的用户体验会对网络信任产生影响。租赁交易的整个流程的设计对消费者的情感体验有着很大的影响。例如，难以搜索到想要的商品、与平台客服交流困难等问题的出现会让消费者情绪低落，影响租赁交易和消费者对平台信任的形成。因此，为顾客打造一个便利、简洁的交互平台有利于让消费者感到快乐，从而完成交易，消费者在一定程度上也会对平台产生依赖和信任。

综上所述，本文提出如下假设：

H3：租赁平台的交互设计正向影响消费者信任。

（4）平台安全保障和消费者信任。消费者信任不是来自交易对象的某些值得信任的特征，而是来自与交易主体无关的中立、客观的交易系统、安全措施、安全策略等，Driscoll（1978）还认为，当消费者无法判断和核实贸易伙伴和商品的信息时，他们可以通过公共信任转移获得消费者信任。如今手机支付的发展为租赁平台的支付安全提供了强有力的保障。当租赁交易平台的结构和体系能够严格保护个人财产、个人隐私等时，人们在平台上互动的信任感和安全感就能得到显著提升。

综上所述，本文提出如下假设：

H4：租赁平台安全保障正向影响消费者信任。

2. 情感体验对消费者信任的影响假设

对于消费者信任中情感体验影响的研究，Chaudhuri（2001）认为体验的重要价值就在于获得消费者信任。消费者在平台上的良好体验将直接影响他们对平台的信任。如果平台功能相同，消费者则会选择情感体验良好的一方，并因此信任平台。而在消费者与租赁平台的交互中，消费者对租赁平台的熟悉度和认知度也会随之提升，在使用过程中也会产生对租赁平台的相关情感体验，从而产生对租赁平台的信任。所以对于租赁平台的情感体验会影响消费者的信任。

综上所述，本文提出如下假设：

H5：情感体验正向影响消费者信任。

3. 调节效应假设分析

情感体验对信任的影响，体现在当消费者对于某件产品，或者某个平台产生了情感时，会推荐给周围的人使用，进行重复购买，从而对其产生信任。消费者通过客观的租赁平台特征来建立对平台的信任时，也会考虑自己的主观情感体验。从消费者信任影响的角度看，特别有平台口碑和规模、安全保障、交互设计等因素的影响，一旦消费者遇到了对其情感体验不好的情况或者达不到预期目标时，就会降低对平台的使用概率，而且还降低其信任度。在Chaudhuri（2001）等研究中提到体验所产生的价值就在于信任。因此，情感体验良好时，平台规模高、口碑好、交互设计及安全保障较高等平台特征更有助于提高消费者信任。相反，若使用租赁产品的过程中，消费者情感体验不好，那么即使平台规模高、口碑好、交互设计及安全保障较高，也很难在更大程度上提高消费者信任。所以尽管消费者信任受到客观平台特征的影响，但消费者主观情感体验的质量会对平台特征与消费者信任之间的关系产生积极的调节作用。

综上所述，本文提出如下假设：

H6：情感体验对租赁平台特征与消费者信任具有调节作用。情感体验越好，租赁平台特征与消费者信任关系越强；反之，租赁平台特征与消费者信任的关系越弱。

H6a：情感体验对租赁平台规模与消费者信任具有调节作用。情感体验越好，租赁平台规模与消费者信任关系越强；反之，租赁平台规模与消费者信任的关系越弱。

H6b：情感体验对租赁平台口碑与消费者信任具有调节作用。情感体验越好，租赁平台口碑与消费者信任关系越强；反之，租赁平台口碑与消费者信任的关系越弱。

H6c：情感体验对租赁平台交互设计与消费者信任具有调节作用。情感体验越好，租赁平台交互设计与消费者信任关系越强；反之，租赁平台交互设计与消费者信任的关系越弱。

H6d：情感体验对租赁平台安全保障与消费者信任具有调节作用。情感体验越好，租赁平台安全保障与消费者信任关系越强；反之，租赁平台安全保障与消费者信任的关系越弱。

四、研究设计

（一）研究样本与数据收集

1. 研究样本

根据2019年发布的《中国互联网发展统计报告》，中国有6.39亿人参与了网购，其中12~39岁人群占比高达67.8%。因此，被调查者的年龄主要设定在18~40岁，群体主要集中在工作者或大学生。接触租赁服务的大多是大学生或参加工作的人，因为参加工作的人有一定的经济能力，大学生喜欢尝试新事物；这两个群体对知识的学习速度也较快，对新事物的接受度相对较高，他们往往更愿意尝试一些新事物。国外学者如Owyang（2013）也认为年轻人更愿意通过研究参与合作消费。因此，本研究对这些群体进行调查是有意义的。

2. 数据收集

设计问卷要首先以成熟量表为立足点，并根据研究内容对问卷进行调整。其次依据同学、朋友、导师、其他专业领域人员的意见对问卷进行修改。最后在明确本次调查目的的前提下，进行线上投放。

租赁交易主要通过移动互联网终端进行，据国家信息中心统计，截至2018年年底，中国上网比例达到98.7%。因此，本问卷通过问卷星在线发布。本次共发放200份问卷，回收170份，回收率达到85%。

样本描述性分析结果见表1，在性别方面，男性占55.29%，女性占44.71%。在年龄方面，以18~25岁为主，占84.12%；在学历方面，本科生占84.12%，这符合中国网民教育中高教育的特点。在月平均可支配金额方面，其可支配金额低于1500元的占51.76%，高于4000元的占9.41%，这说明国人人均可支配收入相对较低。在职业方面，学生占75.88%，根据他们的年龄和教育背景，他们大多数是大学生，国企/事业单位人员占12.94%，私企职员占4.12%。

表1 样本描述性分析结果

	类别	频数	百分比/%
性别	男	94	55.29
	女	76	44.71
年龄	18岁以下	2	1.18
	18~25岁	143	84.12
	26~30岁	19	11.18
	31~40岁	3	1.76
	40岁以上	3	1.76
学历	高中及以下	7	4.12
	大专	8	4.71
	本科	143	84.12
	硕士	10	5.88
	博士及以上	2	1.18

续表

	类别	频数	百分比/%
月平均可支配金额	1500元以下	88	51.76
	1500~2500元	50	29.41
	2500~4000元	16	9.41
	4000元以上	16	9.41
职业	全日制学生	129	75.88
	国企/事业单位人员	22	12.94
	私企职员	7	4.12
	自由职业者	12	7.06

综上所述，本次调查的样本主要是年轻的学生和可支配收入较低的员工。样本数据在多个维度上相对均衡，避免了以往针对在校学生的研究中单一的整体数据问题。年轻、学生和低收入意味着这类被调查者具有新潮、对价格敏感的特点，更符合租赁经济中租赁市场潜在用户的特征，具有很强的研究属性。

（二）变量测量与问卷设计

通过阅读文献资料，本文的研究运用了成熟的网络购物和信任理论来衡量相关变量，具体如表2所示。

表 2　研究变量测量题项及量表来源

研究变量		量表来源
自变量——租赁平台特征	平台规模	山传海、梁军（2000）； Fukuyama.F（2003）
	平台口碑	Pavlou和Gefen（2004）； Sultan（2005）
	平台交互设计	William和Koufares（2002）； Pavlou和Gefen（2004）； Koufaris和Hampton-sosa（2004）
	平台安全保障	Hoffman（1999）； Belanger（2000）； Mary和Sherry（2006）； Jake（2006）

续表

研究变量	量表来源
调节变量——情感体验	Rychalski A，S Hudson（2016）； Izard（1997）
因变量——消费者信任	Koufard和Hantonsosa（2004）； Mcknight（2002）； Gefen（2003）

租赁平台对消费者信任影响的问卷调查由三部分组成：第一部分通过单一选择描述个人信息。第二部分是影响消费者信任的四个维度，包括平台规模、平台口碑、平台互动设计和平台安全保障，每个维度包含三个小度量。第三部分是调节变量的测量，使用Rychalski A.和S.Hudson（2016）的量表来测量愤怒、抑郁、压力和幸福度。

问卷采用李克特7级量表，受调查者根据自身实际情况进行选择，并用1~7表示“非常认同”到“非常不认同”。最后通过二维码发放到微信群进行数据采集。

（三）量表的信度与效度

1. 信度分析

信度分析是为了验证问卷题项的可信度，被测题项之间是否有良好的相关性、是否存在矛盾等。其中，使用较为普遍的是克隆巴赫系数法。本文同样选择克隆巴赫系数来分析题项可靠性。对于Cronbach α系数值，最好高于0.8；对于分量表的信度系数，最好高于0.7。本文的信度检验结果如表3所示。

表3 信度检验结果

潜变量	题项数	Cronbach α
平台规模	3	0.915
平台口碑	3	0.910
平台交互设计	3	0.906

续表

潜变量	题项数	Cronbach α
平台安全保障	3	0.914
情感体验	4	0.932
消费者信任	3	0.919
合计	19	0.929

本文研究模型变量中，包括自变量（平台规模、平台口碑、平台交互设计、平台安全保障）、调节因素（情感体验）和因变量（消费者信任）的克隆巴赫系数都高于0.8的标准，此问卷的总体克隆巴赫系数为0.929，达到标准，因此本文的问卷可信度高。

2. 效度分析

所谓的效度检查，就是验证问卷的有效性，即评价设计问题项目的妥当性以及研究者的有效性。效度包含两部分内容，即内容效度、结构效度。在内容效度方面，本文采用成熟的验证过的量表为基础进行修改，所以本文问卷内容效度是合格的。

结构效度检验：主要是巴特利特球形检验以及KMO测试。KMO的值越接近1，表明变量间的联系越好。若KMO低于0.7，则不适合做因子分析。同时，巴特利特球形检验需要达到一个显著水平。本研究的探索性因子分析结果见表4所示效度检验结果，由表4可知，KMO的值为0.938，自由度为171，Bartlett球形检验在0.000的水平上显著，因此符合探索性因子分析的条件。

表4　效度检验结果

KMO 和 Bartlett 的检验		
KMO值		0.938
Bartlett 球形度检验	近似卡方	3350.034
	df	171
	p 值	0.000

（四）数据分析方法

本文对于收集到的数据通过SPSS进行分析，具体体现在以下几个方面：

（1）描述性统计分析。先进行频率分析，然后对异常值进行测试，并根据标准差分析差异。

（2）可靠性分析。用于测量样本结果是否可信，即结果是否真实。本文共提出19个尺度问题，分为6个维度。

（3）有效性分析。首先，测试KMO值和克隆巴赫值是否可以用于有效性分析；其次，进行探索性因子分析，提取共同因子，比较与预期相符的因素数。

（4）相关分析是指变量间的关联度。首先看是否存在关系，如果有*号，表明有关系，否则表明没有关系。其次判断相关性的正负，如果相关系数大于0，则为正相关；否则，为负相关。

（5）回归分析是研究租赁平台的特征对消费者信任的影响。因此，回归分析应在一定的基础上进行。一般来说，它分为三个步骤：首先，对模型拟合情况和模型共线性问题进行分析，并检测模型是否通过F检验。其次，分析独立变量的意义，它代表了影响关系。最后，判断自变量与因变量之间的关系，如果B的值大于0，则为正相关；如果B的值小于0，则为负相关。

（6）调节效应分析。主要是分析两个变量的关系是否会受到调节变量的影响。首先，建立自变量回归方程；其次，建立自变量和因变量的回归方程；最后，建立自变量、因变量、调控变量的回归方程。并且对数据进行中心化处理，然后导出自变量（平台特征）与调节变量（情感体验）的乘积项。查看结果时，首先要看在过程中，从第二部分到第三部分的F值是否有显著变化。其次是看第三部分交互项是否显著，如果显著，则具有调节作用；否则，没有调节作用。

五、数据分析结果及讨论

（一）描述性统计分析结果及讨论

本文采用SPSS 25软件进行分析，结果如表5所示。

表5　调查人群特征

潜变量	题项	N	均值	标准偏差	潜变量均值
平台规模	D9	170	4.64	1.229	4.690
	D10	170	4.70	1.181	
	D11	170	4.73	1.225	
平台口碑	D12	170	4.64	1.258	4.636
	D13	170	4.65	1.208	
	D14	170	4.62	1.254	
平台交互设计	D15	170	4.68	1.165	4.650
	D16	170	4.61	1.218	
	D17	170	4.66	1.202	
平台安全保障	D18	170	4.69	1.183	4.720
	D19	170	4.61	1.188	
	D20	170	4.86	1.186	
情感体验	D21	170	4.52	1.157	4.280
	D22	170	4.44	1.141	
	D23	170	4.14	1.227	
	D24	170	4.02	1.354	
消费者信任	D25	170	4.82	1.124	4.686
	D26	170	4.60	1.095	
	D27	170	4.64	1.335	

本文对信任主导因素的研究模型在被调查者中平均得分为4分，购买者的个人信任倾向以及平台规模、平台口碑、平台交互设计、平台安全保障得分均达到4.5分以上，分别为4.68分、4.69分、4.636分、4.65

分和4.72分，表明受访者对本文选择的影响因素的信任度较强，认可度较高。此外，受访者的情感体验平均得分为4.28分，消费者信任平均得分为4.686分，表明虽然受访者对租赁交易的情感体验略感担忧，但仍愿意进行网上租赁交易。

（二）相关分析结果与讨论

本文通过皮尔逊系数来检验相关关系，如表6所示。

表6　平台特征各维度相关分析结果

	平均值	标准差	平台规模	平台口碑	平台交互设计	平台安全保障	情感体验	消费者信任
平台规模	4.688	1.148	1					
平台口碑	4.635	1.188	0.827**	1				
平台交互设计	4.647	1.116	0.771**	0.826**	1			
平台安全保障	4.722	1.084	0.645**	0.704**	0.809**	1		
情感体验	4.282	0.968	0.561**	0.583**	0.591**	0.595**	1	
消费者信任	4.684	1.001	0.645**	0.654**	0.705**	0.737**	0.628**	1

注：*$p<0.05$，**代表$p<0.01$。

由表7可知，利用相关分析分别去研究消费者信任和平台规模、平台口碑、平台交互设计、平台安全保障、情感体验共5项之间的相关关系，可以看出皮尔逊系数值分别为0.645、0.654、0.705、0.737、0.628。并且都呈现出0.01水平的显著。这表明租赁平台规模、平台口碑、平台交互设计、平台安全保障和情感体验都正向影响消费者信任。

（三）假设检验结果及讨论

1. 平台规模对消费者信任的回归分析

从表7中可以看出，自变量为平台规模，因变量为消费者信任。模型的R^2值为0.461，说明平台规模可以解释消费者信任46.1%的变化原因。该模型通过了*F*检验（*F*=119.568，*p*=0.000<0.05），这意味着平台的规模一定会影响消费者的信任度。平台规模回归系数值为0.562，表明平台规模正向影响消费者信任。H1成立。

表 7　线性回归分析结果

	非标准化系数		标准化系数	*t*	*p*	VIF	R^2	调整R^2	*F*
	B	标准误差	*Beta*						
常数	2.050	0.248	—	8.263	0.000**	—	0.461	0.412	*F*（1，168）=119.568，*p*=0.000
平台规模	0.562	0.051	0.645	10.935	0.000**	1.000			

注：因变量为消费者信任。D-W值为2.078。**代表*p*<0.01。

2. 平台口碑对消费者信任的回归分析

由表8可知，模型R^2值为0.428，说明平台口碑可以解释消费者信任42.8%的变化原因。*F*检验（*F*=125.767，*p*=0.000<0.05）也通过检验，也就是说，平台口碑一定会对消费者信任产生影响。平台口碑的回归系数为0.551，说明平台口碑正向影响消费者信任。H2成立。

表 8　线性回归分析结果

	非标准化系数		标准化系数	*t*	*p*	VIF	R^2	调整R^2	*F*
	B	标准误差	*Beta*						
常数	2.130	0.235	—	9.060	0.000**	—	0.428	0.425	*F*（1，168）=125.767，*p*=0.000
平台口碑	0.551	0.049	0.654	11.215	0.000**	1.000			

注：因变量为消费者信任。D-W值为2.067。**代表*p*<0.01。

3. 平台交互设计对消费者信任的回归分析

由表9可知，模型R^2值为0.497，说明平台交互设计可以阐释消费者信任49.7%的变化原因。*F*检验（*F*=166.306，*p*=0.000<0.05）也通过检验。平台交互设计的回归系数值为0.632，说明平台交互设计正向影响

消费者信任。H3成立。

表9 线性回归分析结果

	非标准化系数		标准化系数	t	p	VIF	R^2	调整R^2	F
	B	标准误差	$Beta$						
常数	1.745	0.234	—	7.447	0.000**	—	0.497	0.494	F（1，168）=166.306，p=0.000
平台交互设计	0.632	0.049	0.705	12.896	0.000**	1.000			

注：因变量为消费者信任。D-W值为2.083。**代表$p<0.01$。

4. 平台安全保障对消费者信任的回归分析

从表10中可以看出，模型的R^2值为0.543，说明平台安全性可以阐释消费者信任54.3%的变化原因。在模型的F检验中，模型通过F检验（F=199.554，p=0.000<0.05），且回归系数为0.680，说明平台安全保障对消费者信任有正向影响。H4成立。

表10 线性回归分析结果

	非标准化系数		标准化系数	t	p	VIF	R^2	调整R^2	F
	B	标准误差	$Beta$						
常数	1.473	0.233	—	6.319	0.000**	—	0.543	0.540	F（1，168）=199.554，p=0.000
平台安全保障	0.680	0.048	0.737	14.126	0.000**	1.000			

注：因变量为消费者信任。D-W值为1.991。**代表$p<0.01$。

5. 情感体验对消费者信任的回归分析

从表11中可以看出，模型的R^2值为0.394，说明情感体验可以阐释消费者信任度39.4%的变化原因。在进行F检验时，发现模型通过了F检验（F=109.264，p=0.000<0.05），表明情感体验对消费者信任有一定的影响，并且回归系数为0.649，表明情感体验正向影响消费者信任。

H5成立。

表 11　线性回归分析结果

	非标准化系数		标准化系数	t	p	VIF	R^2	调整R^2	F
	B	标准误差	$Beta$						
常数	1.905	0.273	—	6.992	0.000**	—	0.394	0.390	F（1，168）=109.264，p=0.000
情感体验	0.649	0.062	0.628	10.453	0.000**	1.000			

注：因变量为消费者信任。

D-W值为2.113。

**代表$p<0.01$。

6. 情感体验的调节效应结果与讨论

调节变量分析中，中心化处理的变量分别是自变量和调节变量。调节效应分为三个层次，第一模块层只有独立变量（租赁平台的特性），第二层在第一层基础上增加一个调节变量，即情感体验，第三层在第二层基础上增加交互项，即自变量和调节变量的乘积。

调节变量的分析可以通过两种方法查看：第一种是看第二层到第三层F值的变化是否显著；第二种是看第三层次模型中交互项的显著性。本文采用第二种方法，并对平台各个特征与情感体验交互项的显著性进行整理，结果如表12所示。

（1）平台规模与情感体验的交互项呈现出显著性（t=3.317，p=0.001<0.05），意味着平台规模在对消费者信任产生影响时，调节变量（情感体验）在不同水平下对平台规模与消费者信任之间关系的影响幅度存在显著性差异。同时B为正值，所以情感体验对租赁平台规模与消费者信任具有正向调节作用。假设H6a成立。

表 12 调节效应分析结果

	模型3								
	B	标准误差	t	p	R^2	调整R^2	F值	$\triangle R^2$	$\triangle F$值
平台规模×情感体验	0.101	0.030	3.317	0.001**	0.549	0.541	F（3166）=67.325，p=0.000	0.030	F（1166）=11.004，P=0.001
平台口碑×情感体验	0.075	0.030	2.551	0.012*	0.538	0.530	F（3166）=64.447，p=0.000	0.018	F（1166）=6.509，p=0.012
平台交互设计×情感体验	0.09	0.031	2.945	0.004**	0.587	0.580	F（3166）=78.755，p=0.000	0.022	F（1166）=8.675.p=0.004
平台安全保障×情感体验	0.088	0.029	2.978	0.003**	0.619	0.612	F（3166）=89.801，p=0.000	0.020	F（1166）=8.869，p=0.003

注：*代表$p<0.05$，**代表$p<0.01$。

（2）平台口碑与情感体验的交互项呈现出显著性（t=2.551，p=0.012<0.05），意味着平台口碑在对消费者信任产生影响时，调节变量（情感体验）在不同水平下对平台口碑与消费者信任之间关系的影响幅度存在显著性差异。同时B值为正值，所以情感体验对租赁平台口碑与消费者信任具有正向调节作用。H6b成立。

（3）平台交互设计与情感体验的交互项呈现出显著性（t=2.945，p=0.004<0.05），意味着平台交互设计在对消费者信任产生影响时，调节变量（情感体验）在不同水平下对平台交互设计与消费者信任之间的关系影响幅度具有显著性差异。同时B值为正值，所以情感体验对租赁平台交互设计与消费者信任具有正向调节作用。H6c成立。

（4）平台安全保障与情感体验的交互项呈现出显著性（t=2.978，p=0.003<0.05），意味着平台安全保障在对消费者信任产生影响时，调

节变量（情感体验）在不同水平下对平台安全保障与消费者信任之间关系的影响幅度具有显著性差异。同时B值为正值，所以情感体验对租赁平台安全保障与消费者信任具有正向调节作用。H6d成立。

因此，本文建立的情感体验对租赁平台特征与消费者信任具有调节作用的H6成立。

7. 假设检验结果汇总

假设检验结果如表13所示。

表 13　假设检验结果

编号	假设内容	检验结果
H1	租赁平台规模正向影响消费者信任	成立
H2	租赁平台口碑正向影响消费者信任	成立
H3	租赁平台交互设计正向影响消费者信任	成立
H4	租赁平台安全保障正向影响消费者信任	成立
H5	情感体验正向影响消费者信任	成立
H6	情感体验对租赁平台特征与消费者信任具有调节作用	成立
H6a	情感体验对平台规模与消费者信任具有调节作用	成立
H6b	情感体验对平台口碑与消费者信任具有调节作用	成立
H6c	情感体验对平台交互设计与消费者信任具有调节作用	成立
H6d	情感体验对平台安全保障与消费者信任具有调节作用	成立

六、研究结论及启示

（一）研究结论

本文基于国内租赁经济现状，分析并提出了相关研究问题：租赁经济条件下租赁平台特征对消费者信任的影响，以及情感体验对租赁平台特征与消费者信任的调节效应。通过文献回顾，本文在已有研究成果的基础上，构建了以租赁平台规模、租赁平台口碑、租赁平台交互设计、租赁平台安全保障为自变量，情感体验为调节变量，消费者信任为因变量的平台规模模型。然后对问卷收集的数据进行分析，并对相关假设进行了验证。本文得出以下结论：

（1）本文在传统信任理论、租赁经济等相关研究成果的基础上，根据租赁平台的特点，探究了租赁平台特征对消费者信任的影响。通过对各个特征的分析验证，结果表明，租赁平台规模、平台口碑、平台交互设计和平台安全保障都对消费者信任产生正向影响。

（2）情感体验正向影响消费者信任。随着我国社会的进一步发展，我国人民的消费需求不再只是物质层面的需要，而是更多的精神需求。作为一种新的租赁经济，其目标受众具有很强的自我表达属性，消费者的情感体验对消费活动有着非常重要的影响。这意味着，租赁平台不仅要考虑租赁交易的经济属性，还要关注消费者在租赁平台上的情感体验。

（3）情感体验在租赁平台特征与消费者信任之间的关系中起着重要的调节作用。本文借助SPSS分析软件，从租赁平台特征和消费者信任度两个方面分析了情感体验的影响因素。通过对因变量（租赁平台特征）和调节变量（情感体验）的集中处理，对平台特征和情感体验的交互处理进行调整和分析，结果表明，情感体验对租赁平台各特征和消费者信任关系具有正向调节作用。情感体验越好，两者间的关系越强；反之则反是。

（二）理论贡献与实践启示

1. 理论贡献

新租赁经济作为近年来的一种热门经济形态，其发展速度远低于国外。我国对租赁经济的研究大多集中在商业模式的发展上，缺乏实证研究来确定相关的影响因素。其实对于租赁经济来说，信任是发展租赁交易的重要因素，消费者对租赁平台的信任关系到租赁交易能否顺利进行。本文在理论贡献方面得出以下结论：

（1）国内外对于新租赁经济相关研究比较活跃，发表的相关文章也积累了一定的数量，本文主要研究新租赁经济下租赁平台特征对消费者信任的影响，这样在借鉴前人研究的基础上深化了关于新租赁经济下消费者信任影响因素问题的研究。

（2）本文在现有信任理论的基础上，建立了租赁平台特征与消费者信任之间的影响因素模型，对于新租赁经济下如何提高消费者信任做出了进一步理论思考。研究得出，租赁平台规模、租赁平台口碑、租赁平台交互设计和租赁平台安全保障能够正向影响消费者信任。

（3）在以平台特征对消费者信任的影响的基础上加入了调节变量（情感体验）对平台特征与消费者信任之间的影响分析，研究得出，在平台特征影响消费者信任的条件下，加入情感体验会对两者之间的关系产生调节作用，拓展了新租赁经济下平台特征影响消费者信任的边界条件。情感体验越好，平台特征对消费者信任的影响就越大。情感体验越不好，平台特征对消费者信任的影响越弱。

2. 实践启示

如今，线上购物逐渐渗透到人们的生活中，租赁经济的出现既满足了人们日益增长的消费需求，也迎合了消费者新的消费观念。越来越多的租赁平台应运而生。这种新的营销模式的出现打乱了市场原有的秩序。因此，租赁平台要想生存发展下去，就必须赢得消费者的信任。基于本文研究结论，提出以下建议：

第一，对于建构租赁平台方面的相关建议。

（1）扩大平台规模。现如今，消费者多是从规模较大的平台进行租赁交易，对于规模较小的平台则会产生各方面的担忧，如产品质量、商品售后等，所以租赁平台的发展需要跟大公司进行合作，可以有效规避风险，获得更多的资金来扩大平台规模，提升消费者信任。

（2）塑造平台口碑。良好的口碑会吸引更多的消费者，消费者会根据平台口碑进行选择，因此好的口碑会积累更多的人气，从而获得更多消费者的信任。租赁平台要想获得更多消费者，则必须提升口碑，对产品质量、售后服务等进行改进，让消费者认同平台，让消费者宣传平台。

（3）打造良好的交互环境。租赁平台不仅仅是一个交易平台，更是经营者和消费者的交流平台，消费者会根据其他租户的留言来选择产品，也会在平台上面表达对商品的满意度、情感体验等。消费者与平台之间交流的流畅度也会影响消费者是否会租赁该商品。所以打造良好的交互环境，提升平台App的可操作性，提升消费者对平台交互设计的情感体验，这样会更好地获得消费者的信赖。

（4）提高平台安全保障能力。在如今的信息化时代，消费者更加注重对个人的隐私保护。平台必须建设安全的消费者信息保护机制，以此来获得用户的信赖。其实对消费者个人信息的保护实质上是在为平台的发展打下坚实的基础，良好的保障机制会进一步激发消费者的信赖度。所以，平台必须提高安全保障能力，获取消费者信任。

第二，对于提升消费者情感体验的建议。提高消费者情感体验对于获得消费者信任十分重要。由文中得出的结论可知，情感体验在直接作用消费者信任的同时，对消费者信任与租赁平台特征之间的关系具有调节作用。因此，平台不仅要对自身规模、口碑、交互设计、安全保障进行提升，还要注重消费者情感体验的提升，让消费者在消费的过程中始终处于快乐满足的享受状态，从而提升消费者情感体验。

（三）研究局限与展望

1. 研究局限

本文通过文献综述、数据收集和实证研究分析已经取得了一些研究成果，但还是存在不足之处，主要体现在以下几个方面：

（1）研究样本方面，本文在进行问卷调查时，尽力避免样本过于集中的情况，虽然没有出现问卷全都来自同学的这种问题，但涉及人群仍然不够全面。调查是通过微信社交软件发放的，难以保证受访者填写态度是认真的。问卷收集来自西安、青海、宁夏、四川等地，因此样本的代表性和普遍性不够强。

（2）在数据收集方面，本文数据收集方法为问卷调查法，得到的数据具有一定的代表性，但很难解释变量之间的因果关系。虽然通过理论分析梳理了变量之间的因果关系，但是未来还需要采用纵向数据收集或者实验研究法进一步对本研究理论模型进行因果验证。

（3）研究对象方面，本文中的消费者信任是指对平台的单方面的信任。实际上在租赁交易中信任是相互作用的。本文的研究只是涉及了消费者对租赁平台的信任，而忽略了租赁平台对消费者的信任问题。特别是现如今的P2P模式，身份面临着随时转换，所以在研究对象方面考虑不够全面，未来研究需要进一步完善。

（4）研究变量方面，本文仅以调节变量（情感体验）为研究变量，缺少对影响消费者信任的中间介质的研究。

2. 研究展望

基于文中不足之处，后续的研究可从以下几个方面开展：

（1）改进样本甄选方式。尽量选择多个群体调查，使得受访人群分布更加均衡；或改变调查方式，提高数据质量。

（2）采用多种数据收集和处理方法展开相关研究，例如通过实验方式对消费者信任影响因素进行研究。

（3）应注重研究对象的转变，充分考虑租赁主体不同，研究如何提高租赁平台对卖家的信任，影响租赁平台卖家信任的因素有哪些，充分考虑当下社会环境中卖家和买家的身份互换。这将会是一个新的路径。

（4）继续对影响消费者信任的中间介质进行研究。租赁交易行为是一个持续性活动，除了首次交易的情感体验对于信任的影响外，租赁的频率是否也会对信任产生影响、某一租赁平台的交易经历是否会影响与其他租赁平台交易的信任等，这些都是新颖的课题，有待进一步研究。

参考文献

[1] 国务院办公厅关于加强个人诚信体系建设的指导意见[J]. 中国汽配市场，2017（1）：74–76.

[2] 谢雪梅，石娇娇. 共享经济下消费者信任形成机制的实证研究[J]. 技术经济，2016，35（10）：122–127.

[3] 尹昊. 共享经济下消费者对第三方出行平台信任的影响因素及作用机理研究[D]. 哈尔滨：哈尔滨工业大学，2017.

[4] 马磐昊. 基于信任理论的在线短租市场房源销量影响因素研究[D]. 武汉：武汉大学，2017.

[5] 胡承蓉. 共享经济中消费信任的影响因素研究[D]. 北京：北京邮电大学，2017.

[6] 王红丽，陈茁. 共享经济中信任对约车出行意愿的影响机制——基于案例研究的定量分析[J]. 管理案例研究与评论，2017，10（6）：616–632.

[7] 王德春. 分享经济中二手交易平台信任机制的实证研究[D]. 北京：北京邮电大学，2019.

[8] 季风. 浅谈新租赁经济的发展策略[J]. 现代商业，2019（1）.

[9] 彭亚，胥乃玮，杨小娜，等. 共享经济下的新租赁经济的蜕变[J]. 广西质量监督导报，2019（2）：126.

[10] 周中良. 租赁经济与共享经济的研究[J]. 消费导刊，2019（14）.

[11] 王嘉琪. 共享经济与租赁经济的界别与区分[J]. 山西财经大学，2018（1）：37–42.

[12] 张愫愫. 共享经济——受益于"互联网+"的租赁行为[J]. 中国战略性新兴产业，2018（16）.

[13] 王莹. 租赁经济在我国的发展建议[J]. 现代商贸工业，2015（4）.

[14] DEUTSCH M. Trust and suspicion[J]. Journal of conflict resolution，1958，2（4）：265–279.

[15] SABEL C F. Studied trust：Building new forms of cooperation in a volatile economy[J]. Relations，1993，46（9）：1133–1170.

[16] DRISCOLL J W. Trust and participation in organizational decision making as predictors of satisfaction[J]. Academy of mangement journal，1978，21（1）：44–56.

[17] MAYER R C，DAVIS J H，SCHOORMAN F D. An integrative model of organizational trust[J]. Academy of management review，1995，20（3）：709–734.

[18] HWANG P，BURGER W R. Apprehension and tempatation：the forces against cooperation[J]. Journal of conflict resolution，1999，43（1）：117–130.

[19] HAWES J M，RICHG A. Selling and management in action：the

constructs of sales coaching supervisory feedback，role modeling and teust[J]. Journal of personal selling&sales mangement，1998，18（1）：53-63.

[20] SWAN J E，BOWERS M R，RICHARDSON L D. Customer trust in the salesperson：an integrative review and mate-analysis of the enpirical literature[J]. Journal of business research，1999，44（2）：93-107.

[21] EVANS D S. The new trustbusters[J]. Ssrn electronic journal，2002（81）：14-20.

[22] 李雪萌，吴然.共享经济下信任机制的建立[J]. 新闻研究导刊，2016，7（11）：59.

[23] 李沁芳. 电子商务用户信任影响因素建模及实证研究[D]. 上海：同济大学，2007.

[24] 陶芝兰，王欢.信任模式的历史变迁——从人际信任到制度信任[J]. 北京邮电大学学报（社会科学版），2006（2）：20-23.

[25] HOLBROOK，MORRIS B，ELIZABETH C. HIRSCHMAN. The experiential aspect of consumption：consumer fantasies；feelings，and fun[J]. Journal of consumer research，1982，9（2）：132-140.

[26] GILMORE J H，PINEII J. Welcome to the experience economy[J]. Harvard business review，1998（4）：97-105.

[27] SCHMITT B. Experiential marketing[J]. Journal of marketing Management，1999（1）：53-67.

[28] B H SCHMITT，L ZARANTONELLO，J J BRAKUS. Brand Ex perience：what is it? how is it measured? does it affect loyalty? [J]. Journal of marketing，2009（2）：52-68.

[29] GROENROOS C. Service logic revisited：who creates value? and who co-creates? [J]. European business review，2008，20（4）：298-314.

[30] CHAUDHURI A，HOLBROOL M B. The chain of effects from brand trust and brand affect to brand performance：the role of brand loyalty[J]. Journal of marketing，2001（4）：81–93.

[31] 贺爱忠，龚婉琛. 网络购物体验对顾客行为倾向的作用机理与模型初探[J]. 华东经济管理，2010（3）：112–116.

[32] DAYAL S，LANDESBERG H，ZEISSER M. How to build trust on line[J]. Journal of marketing management，1999（3）：64–69.

[33] RUSSELL VANHAMME. The link between surprise and satisfaction：an exploratory research on how best to measure surprise[J]. Journal of marketing management，2000，16（6）：565–582.

[34] RYCHALSKI A，S. HUDSON. Asymmetric effects of customer emotions on satisfaction and loyalty in a utilitarian service context[J]. Journal of business research，2016（6）：356–473.

[35] 薄立桐. 顾客参与对产品差异性和顾客感知价值的影响研究——情感体验的中介作用[D]. 沈阳：东北大学，2014.

[36] 刘志超，韩秀秀.其他顾客的不当行为对顾客情感体验和功能体验的影响研究[J]. 市场研究，2015（4）：17–20.

[37] MAYER R C，DAVIS J H，SCHOORMAN F D. An integrative model of organizational trust[J]. Academy of management review，1995，20（3）：709–734.

[38] 刘晓丽. 在线口碑对基金销售量的影响研究[D]. 哈尔滨：哈尔滨工业大学，2013.

[39] SILLENCE E，BRIGGS P，HARRIS P，et al. A framework for understanding trust factors in web-based bealth advice[J]. International journal of human computer studies，2006，64（8）：697–713.

[40] CNNIC. 中国共享经济发展年度报告（2019）[R]. 中国互联网信息中心，2019.

[41] OWYANG J，TRAN C，SILVA C. The Collaborative Economy[R]. A Market Definition Report，Altimeter Grouo，2013.

商品的在线场景化展示对消费者购买意愿的影响
——基于心理模拟的中介作用

王　慧

摘　要：移动互联网技术的发展，使得“在线”成为人们生活的主要形态，也让企业的营销面临着更加复杂的信息环境。本文基于心理模拟相关的理论，研究了商品的在线场景化展示对消费者购买意愿的影响及其内在作用机制。通过两个实验的研究发现：商品的在线场景化展示方式会显著提高消费者的购买意愿，其作用机制在于场景化的展示会唤起消费者的场景回忆，进而激起消费者心理模拟活动，促使消费者购买意愿的提高；心理模拟在该影响路径中的中介作用受到产品涉入度的调节，即只有高产品涉入度的商品进行在线场景化展示时才会使消费者开展更深层次的心理模拟，进而促进消费者购买意愿的提高，而低产品涉入度的商品进行展示时则不会对消费者带来显著影响。

关键词：场景化展示；心理模拟；产品涉入度；购买意愿

一、引言

（一）研究背景及意义

1. 研究背景

经济技术的进步带来了人们日常生活习惯的改变，使得人们的注意力从线下转至线上，在线网络购物也在快速的发展中走向成熟。企业也紧随网络购物这一现象，更加注重在线商品的展示和营销，商品信息呈现方式的不同也在不同程度上影响着消费者接收到的信息内容和程度，从而影响到消费者最终的购买决策（喻昕、许正良、郭雯君，2017）。考虑到网络购物消费者感官体验的缺失，部分商家通过“场景化展示”的方式来弥补这一不足，有别于简单地呈现商品的外观，场景化展示将商品置于一定的情景之中，通过相匹配的场景衬托，更好地将商品的相关信息传达给消费者。例如，近两年发展迅猛的汉服品牌“十三余”，通过微博、淘宝发布模特在园林、宅院、汉服节等相应场景下的汉服穿搭视频，让消费者对商品有了直观的感受并在心理上体验到汉服的美好；AL购物中心通过线上、线下相结合的场景化营销，让消费者有了不一样的购物体验。诸如此类的商品营销方式，其实就是当商品在相应的使用场景下展示时，这种场景会触发消费者的感知，引起消费者在内心的模仿性行为，从而唤起消费者曾有过的相似经历或进行商品使用的想象，引发消费者的共鸣并增强其“使用感”，最终增强其购买意愿。因此，场景化展示作为商品的一种展示方式会影响到消费者的购买决策过程，最终影响其购买行为。

目前，国内外有很多从消费者信息处理模式视角来探讨商品的在线展示方式对消费者购买意愿影响程度的研究，包括商品图片的呈现顺序、仪式化、生动性等，但是对于商品在线场景化展示影响消费者购买意愿的研究却鲜有。也有部分学者基于“场景营销”的概念展开研究，但多是着眼于线下商品的场景化展示，从传播学的角度强调传播效果的增强，强调“物—我”连接的实现，从而释放出商品的记忆属性（王娜娜，2019）；或是着眼于技术方面，强调通过移动设备、大数据、传感器等帮助企业构建出实时场景，从而影响消费者的购买决策（罗伯特·斯考伯、谢尔·伊斯雷尔，2015）。然而，随着移动技术的发展以及商品市场的成熟，场景化的展示方式已经成为很多企业激发消费者购买行为的突破口。因此，对商品的在线场景化展示是否会影响消费者的购买意愿与其内在作用机制的研究是很有必要的，这可以丰富目前的研究领域并帮助企业做出营销决策。

心理模拟理论提出，通过对一些事件或者一系列事件的模仿心理表征，可以在很大程度上增强一个人思想与行动之间的联系。消费者在做出未来消费决策时，会通过收集到的信息来想象使用新产品或服务时的场景和感受，在内心模拟产品体验，这一行为最终会增加消费者发生真实购买行为的可能性。简而言之，心理模拟能够通过一定的机制影响消费者，从而增强商家与消费者之间的营销沟通，最终促使营销成功。在如今广泛采用的网购即在线购物中，由于消费者无法直接接触产品，通过心理模拟这一行为在一定程度上体验产品使用感的现象就更加频繁，这种替代性的产品体验感在一定程度上帮助消费者做出最终的购买决策。商品在线展示方式的不同，会在不同程度上影响消费者的感官体验。而商品在线场景化的展示，可以在很大程度上向消费者展示产品的直接功能性等，增强消费者对产品信息的接收，从而影响消费者选择不同的心理模拟方式，最终影响消费者的购买决策。本文将基于心理模拟的相关理论，检验商品的在线场景化展示是否会增强消费者的购买意愿，心理模拟是否在这一影响机制中发挥中介效应，以及产品涉入度是否会调节该效应。

2. 研究意义

阅读相关文献发现，以往的研究多是从商品图片的呈现顺序或仪式化的展示等方面来探讨商品在线展示方式的不同对消费者购买意愿的影响，鲜有将场景化的展示纳入研究范畴的，本文在一定程度上填补了这一空缺，丰富了商品的不同展示方式影响消费者购买意愿的相关理论，也丰富了从产品角度出发的相关营销理论。同时，本文着眼于在线商品，采用问卷形式的实验研究方法进行假设论证，对“场景化”与营销之间的关系也有了更进一步的研究与证实。同时将心理模拟作为中介变量引入，扩展了其在营销领域的使用，也为其以后相关的研究提供了一个新视角。因此，本文的研究在理论方面具有一定的贡献意义。

本文基于网上在线购买这一行为，研究商品在线场景化展示对消费者购买意愿的影响，将相关的研究理论与现实的营销状况相结合，既符合现在消费者的实际常态，又对企业的营销具有一定的启发作用，也为企业的产品展示策略提供了一个方向。基于该研究，对企业提出建设性的意见，引导企业在进行在线商品的推广时，要注重商品功能等的场景化表现，从而提高商品相关信息的传递效率，增强消费者的购买意愿。因此，本文的研究在实践方面对企业营销具有一定的贡献意义。

（二）研究方法

本文主要采用文献研究法、实验研究法和统计分析法。

首先，通过对现在市场上营销现象的观察和感知，发现问题，提出研究的方向。再研读国内外在线场景化展示与营销的相关文章，影响消费者在线购买意愿的因素以及心理模拟的相关理论，梳理好相关的知识和资料，得出本文的理论模型：商品的在线场景化展示对消费者购买意愿的影响，基于心理模拟的中介作用以及产品涉入度的调节作用。

其次，基于所研究的问题需要收集相关数据，本文采用实验研究方法。在网络上随机选取被试者，根据商品的在线展示方式有无场景化的特点，将被试者分配到不同的实验组中填写问卷，收集数据，然后观察在不同的商品在线化展示方式下其对消费者购买意愿变化的影响。

最后，回收实验问卷，将收集到的数据进行编码，采用SPSS软件对数据进行整理和分析。

二、相关理论基础与研究假设

（一）相关理论基础

1. 场景与场景化展示

社会中的人作为生活在各种各样场景中的角色，言语动作都会受到所处场景的影响。

人的生活方式、消费理由和体验情景都受到场景的影响，在不同的场景下人的表现也会不同，从而达到人与场景的共鸣与统一（金定海，2016）。在学术领域，也有学者注意到，人的消费行为和购买习惯都会受到“人、物、场”所构成的场景的影响。人、物、场等要素进行不同的组合，会构造出含义、氛围不同的生活场景，使得置于某一场景下的商品具有了一定的象征意义和更强的表现力。这也意味着，消费者在购买商品时其实也在消费着特定的情景和氛围，扩大和延伸了商品的“使用价值”（邢建平，1996）。在网络购物情境下，消费者的购买决策也会受到线上商店服务场景氛围的影响，有效的线上商店场景设计会吸引消费者做出购买行为（于萍，2019）。本文也将聚焦于研究在线商品的场景化展示对消费者购买意愿的影响及其作用机制。

“场景”的概念源于影视文学领域，包括场所、景物等硬要素以及气氛、环境等软要素两部分。戈尔曼提出的“前台后台理论”是场景主义的起源和发展，而后梅罗维茨将场景主义和媒介主义的特点相结合，同时引入了“信息获取模式”，首次提出由媒介信息所构成的感觉性场景，会对消费者的行为和心理环境氛围造成影响。随着经济和技术的发展，进入移动互联网时代以后，斯考伯和伊斯雷尔又对媒介场景理论进行了补充和改进，提出了“场景时代”和“场景五力”相关理论。“场景”被引进消费者行为学和营销学领域后，也有诸多学者对营销领域的“场景”概念进行了定义，但并未有统一的定义。通过研读梳理已有的相关文献，本文提炼出包含商品在内构成场景的三个特点。首先，场景中一定包含了人这一主体，由人的言行举止主导，与周围的所有元素发生交织与联系，从而形成了一个具有客观实在性、象征性和生产性的实体系统，即场景（谢振宇、林徐，2016）。这一实体系统会让它所面对的消费者受到场景建设者的引导，产生被预设了的心理情感和回忆，情感上的共鸣再促使消费者更进一步地接收和理解场景中的信息（郜书锴，2015）。其次，本文所研究的场景，是基于具体的生活画面所构建出来的。它是某一特定环境下，人为了满足需求开展的一系列任务活动所构成的具体生活画面（沈贻祎、俞春放、高华，2012），这种场景与人的生活习惯和日常行为相关，同时还包含与人的心理状态相匹配的情景氛围特征（彭兰，2015）。最后，场景能创造价值，会提供满足消费者欲望、响应其需求的相关信息（谭天，2015）。换句话说，场景其实是信息的一种表现方式，不同场景下会提供给消费者相应的信息，引导和帮助消费者完成任务活动。从而，场景所包含的信息也就发挥了其价值，让消费者对该场景下的商品感知到有用性，并且一定程度上提高其满意度和重购意向。因此，本文综合各位学者对场景相关特征的研究，并基于商品在线展示的前提，将商品的在线场景化展示定义为：以人的日常生活情景为基础延伸出来的，从人作为主体参与其中连接各要素，并通过该连接展示商品主要信息的在线化展示方式（图片、视频等形式），并且这种展示方式会通过提供有效信息产生价值。

场景化的概念受到重视后，国内外学者也展开了相关的研究，近年来，对移动互联网下的营销学范畴的场景化研究也有了更多的探讨。在消费者行为学领域，对场景化的研究多是聚焦于它在不同行业中的实践作用，偏重于探讨企业进行场景化展示的技术要求和策略，例如“场景五力”提到的移动设备、社交媒体、大数据、传感器和定位系统对移动场景化的硬件支持，具有较强的应用价值。也有部分学者从理论方面阐述，基于与传统营销模式的对比，构建出了营销对象分别为“内容”“场景”“意义”的三层次场景化营销层次模型，突出场景化特点和价值的同时，还为市场细分的依据提供了更多的参考面。有电子商务情景下的实证研究表明，网站的有效场景化设计和营销会对顾客的在线体验造成影响，进而积极作用于顾客的满意度和忠诚度。同时，Logman（2008）指出场景化的展示是企业创新营销策略和改进产品的价值来源，场景化的展示能够更好地分析、识别和响应消费者的需求，是动态变化的营销环境下有效的应对策略。

综上所述，虽然对场景化展示已有相关的研究，但多是应用型的案例分析和简单的理论阐述，少有对相关的理论进一步的研究，且鲜有学者探讨场景化展示下消费者的心理发展路径。因此，本文将通过文献梳理和相关的实验，对商品的在线场景化展示与消费者购买意愿之间的关系进行研究，同时揭示其内含的心理机制。

2. 心理模拟理论

心理模拟指的是人们对于一些事件或者一系列事件的模仿性心理表征，通过唤起消费者的个人经历和想象来使其理解产品，并对其消费行为形成影响。心理模拟的对象可以分为四种：对过去已经发生过的事件的再现、对未来可能发生的事件场景的演练、对真实经历过的事件和自己假设的事件的混合想象，以及对没有真实脚本的假想场景的构建即幻想。根据变量维度的划分，心理模拟被划分为过程模拟和结果模拟。过程模拟指的是消费者的模拟聚焦于如何实现目标的具体过程和步骤，也就是消费者思考购买的过程细节。在消费者决策中，过程模拟会降低消费者购买某一商品的成本不确定性。结果模拟指的是消费者的模拟聚焦于做出某一动作达到目标后可能带来的结果，也就是消费者在购买某一商品后会带来什么价值。结果模拟会降低消费者思考的与潜在利益相关的不确定性，并且在更大程度上增进其购买意愿。

心理模拟过程涵盖了与任务活动相关的紧密信息，这会帮助人们在特定的环境下快速有效地解决问题。因为心理模拟会激发人内心的自我调节活动，让思想与行动产生联系。对于心理模拟的相关研究多是聚焦于它在认知科学领域的作用，心理模拟尤其是结果模拟会帮助人们聚集动机，最终做出真实有效的动作。而过程模拟由于其计划性，在完成复杂任务时会发挥更大的作用。例如减肥行动，或有效的酗酒控制和学生成绩的提高。社会心理学领域关于心理模拟的研究也表明，人们进行心理模拟活动时，其态度、行为意图和实际行为都会受到影响，最终改变做出的真实行为和结果。

特别地，将广告领域纳入研究范围后，对心理模拟与广告之间关系的研究表明，以过程为中心的模拟会在一定程度上增强人们对广告中产品的购买意图。因为心理模拟可以让消费者整合在场景中看到的信息，相较于其他表达方式来接触同样的商品信息，心理模拟使得这些信息在一定程度上变得更加真实。同时，商品的场景化展示会唤起消费者的场景回忆，也就意味着消费者对商品的相关信息进行自我相关的可视化，在视觉上和头脑中模拟使用该商品的场景，能够更清晰地观察到商品的功能，同时也突破了网络购物无法体验的局限性，场景化展示产生了替代性体验，促使消费者对商品做出更加正面的评价。

所以，本研究将基于心理模拟会调节消费者情绪和影响其行动结果的视角，探讨商品的在线场景化展示是否会加深消费者对商品的心理模拟程度，增强其产品体验感，进而影响其购买意愿。

（二）研究假设

1. 场景化展示与购买意愿

网络情景下的购买行为做不到对商品的完全了解和真实接触，这不仅产生了相关的信任危机，还使得消费者丧失了购物体验的乐趣。而商品场景化的展示，让消费者能够更好地感知产品，同时增强其场景体验，带来与线下购物类似的购物体验感。网络购物情景下的产品展示方式主要分为两种：纯白背景下展示和相应的场景背景下展示（Maier和Dost，2018）。相较于其他的产品展示方式，场景化展示包含的元素诸多，由于其具有复杂性且更有记忆点，会更好地触发消费者的在线感官认知，引起类似的场景回忆，进而提高消费者愉悦情绪并进入消费体验的状态，让消费者对商品建立正面感知，产生更大的兴趣和关注。同时给消费者提供更多的附加信息，帮助其做出消费决策（Andrews等，2015）。

有学者指出，企业在商品不同的场景化展示下使用不同的营销术语，其本质就是与消费者之间开展的场景化沟通，这让消费者更快速地建立品牌识别，购买时做出偏向该品牌的决策。研究表明，尤其是对于特定情境下使用的产品，场景化的展示会比其他的展示方式对消费者的购买意愿产生更大的即时增强效果。阿多诺在文化工业理论中也提到，消费者自身所拥有的经验会使场景与受众的情感之间产生独特的连接性，从而引起消费者的感情共鸣，使购买氛围更加真实，进而激发消费者的购买欲望。场景化展示所包含的信息在潜移默化地影响消费者的消费文化和消费行为定型，也就是说，正确的场景化展示是一种有效的信息沟通，在为消费者带来应景的场景化体验时，还会帮助建立消费者偏好并且引导其购买决策，同时还提供给企业预测用户消费偏好和购买行为的信息，为企业获取新用户和建立场景认知提供支持。

场景的“空间”属性使得它具有了生产性和可创造性，也就是说，人们会基于某一场景，根据自己的经验和知识进行思考、加工和重构，在原有的场景上进行更新改变或搭建新的场景。比如放在客厅空间里的餐桌，我们会不由自主地联想到在这张餐桌上吃饭的场景。这就使得企业在为产品的销售搭建了相应的场景后，令产品的展现具有了动态性，消费者不仅能够开展消费实践，还能够收获情感体验。这就是场景化的展示给消费者带来的在场感，当信息内容与受众的心理达成一致时，外场感就会转化为内场感，从而产生互动性，最终增强其购买意向。因此，提出如下假设：

H1：商品的在线场景化展示对消费者的购买意愿具有显著的正向作用。

2. 心理模拟的中介作用

消费者在决定未来的消费决策时，会通过自传式的预期和对未来的消费愿景，想象自己面对商品时的行为状态，这一过程中就涉及心理模拟活动。已有研究表明，心理模拟会增强人们对要做出的目标行为的价值判定，而且心理模拟中的结果聚焦会使得目标结果更加突出，过程聚焦则会使得实现目标的步骤更加详细，从而让其看起来更真实，最终提高人们的行为动机。也就是说，心理模拟会增加事件的真值，即提高模拟事件发生的概率。同时，模拟假说中动作模拟、感知模拟和预知三个假设表明，心理模拟所产生的知觉活动与实操时产生的活动是十分类似的，行为实验的研究也证实了这一点，即模拟动作与实际动作之间有很多的相似之处，例如所花费的时间。并且在操作实验对象对假设事件进行模拟的相关实验研究中，反复证明了心理模拟会使得事件看起来更加真实，甚至促使消费者做出真实的行为。也就是说，心理模拟能够增加消费者的想象体验，带来高程度的替代体验效果，使消费者更好地感知到商品的有效性，并且在组织回忆相关经验的过程中，唤起特定的情绪和冲动，最终做出购买行为。有学者研究发现，心理模拟可以调节不同时间距离下人们偏好不一致的问题，通过心理模拟的控制机制，使得消费者的购买意愿在不同的时间距离下也保持一致。

信息的本质是具有情境性的，所以商品的在线场景化展示会增强商品信息的真实性和表面效度。同时，心理模拟的本质也具有情境性，它是通过情节式、叙事性的结构，以因果的方式将行动与结果连接起来，当所面对的商品展示场景不同时，触发的场景回忆也就意味着消费者通过心理模拟从记忆中抽取出了不同的范例和联想，此时，当商品场景化的展示引起的心理模拟与消费者经历过的行动相匹配时，该商品就会对消费者产生更大的说服力。格雷戈里和他的同事们做了一项实验，让实验对象想象拥有有线电视的好处，在内心模拟购买之后会带来的乐趣和便捷性，结果有线电视的订阅量得到了大幅度的提高，所以说心理模拟会影响营销沟通，对营销成功有积极的作用。主要地，心理模拟使得消费者更容易将自己与商品联系起来，从而对广告和商品产生更加积极的态度，并且更好地建立起品牌与延伸出的想象性使用之间的连接，该连接具有足够的说服力，会增强消费者的感知契合度，诱发购买行为。因此，提出如下假设：

H2：心理模拟在商品的在线场景化展示与消费者购买意愿的关系中起中介作用。

3. 产品涉入度的调节作用

产品涉入度的概念源于“自我涉入”理论，是指某一产品对于消费者的重要程度，或者说某产品与消费者的生活、自我身份及需求偏好的相关程度。按照消费者对产品的感知程度和重视程度及关联程度的高低，可以将产品分为高涉入度产品和低涉入度产品。高涉入度产品对于消费者而言往往更加重要，与消费者的关联程度也更高；低涉入度产品则相对而言没有那么重要，与消费者本人及生活的关联程度也没有那么高。因此，对于高涉入度的产品，消费者在进行购买时往往会收集更多的信息，根据商品的核心属性特征做出购买决策；而对于低涉入度产品，则不会投入过多的精力和认知资源，多是根据商品相关的外围线索做出购买决策。产品涉入度作为一个度量消费者与商品之间关联程度的重要变量，几乎对消费者所有与购买行为相关的活动都有影响。已有研究表明，产品涉入度是影响心理模拟效果的可能性因素，涉入程度不同的产品会影响消费者心理模拟的过程深度和详细度。因此，提出如下假设：

H3：产品涉入度在商品的在线场景化展示对消费者心理模拟影响的关系中起到调节作用，并且进一步影响消费者的购买意愿。具体而言，相较于低涉入度的商品，高涉入度商品的在线场景化展示会让消费者进行更详细的心理模拟，并进一步增加其购买意愿。

综上所述，本文的研究模型如图1所示。

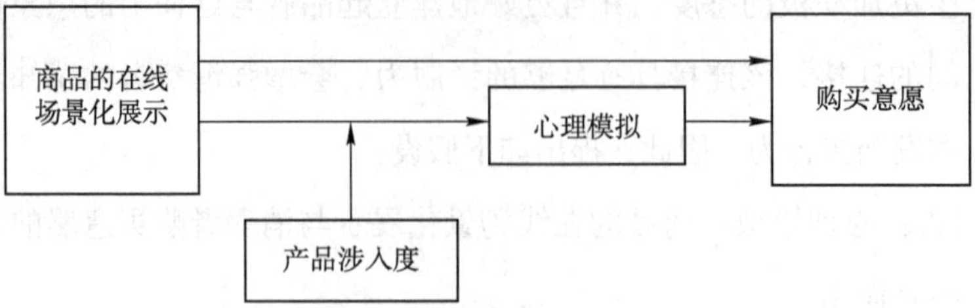

图 1　本文的研究模型

三、实验与分析

（一）实验一

本实验的主要目的是检测商品的在线场景化展示与消费者的购买意愿之间的关系，以及心理模拟作用是否在其中发挥中介作用，即检验H1和H2。

1. 实验设计

本实验通过问卷星发布问卷的形式，召集了60名被试者参与该实验，通过审核实验对象回答的有效性，最终筛选出了52份有效的实验样本数据。其中，女性被试者31人（60%），男性被试者21人（40%），所有参加实验的对象平均年龄为21.3岁。本实验是只含有一个自变量的简单组间因子设计，实验流程为：向被试者发布实验问卷，将其随机分为两组：A组（场景化展示下的商品）、B组（无场景化展示下的商品），由于是网络问卷填写，所以在一定程度上保证了各被试者都是独立完成的实验内容。在实验问卷中，首先表明是在进行学术研究的实验数据收集，然后在前情中给出所有被试者一个情景材料，假设他们正在像日常一样进行网络购物，此时看到了一款相机（前情材料中对其特征和基本性能进行了描述），让被试者基于前情材料认真阅读的情况下填写实验问卷，问卷中依次为心理模拟相关的题项、购买意愿题项，以及人口统计变量的题项。其中心理模拟的测量主要是让被试者根据情景材料进行思考，用200字左右描述出自己在购买这款相机时思考到的细节以及可能的购买后果，通过一个文字描述题来表现，之后再根据计分点对其进行编码。购买意愿量表主要包含了七个题项，其中包含了测量被试态度的三个题项，所有题项均采用李克特7点计分（1=非常不同意，7=非常同意）。

2. 实验结果

首先，检验商品的在线场景化展示（有vs.无）对消费者购买意愿的影响。使用SPSS软件进行数据分析，结果如表1所示。独立样本t检验的结果为：$M_{有}$=5.07，$M_{无}$=4.47，t=4.955，p<0.05，Cohen's d=1.37。该结果表明，在线场景化展示下的商品，相较于没有场景化展示的商品会让消费者表现出更高的购买意愿，该结果支持了H1。

表1　有无场景化展示对消费者购买意愿影响的描述统计

	场景化展示	*N*	平均数	标准偏差
购买意愿	有	26	5.0692	0.514 41
	无	26	4.4654	0.348 65

其次，分析商品的在线场景化展示对被试者心理模拟的影响。对数据进行ANOVA分析，结果如表2所示，相较于没有场景化展示的商品，有在线场景化展示的商品会让消费者进行更深层次的心理模拟，尤其是开展过程模拟[$M_{有}$=5.92，$M_{无}$=4.27，F（1，50）=34.89，p<0.05，η^2=0.41]。

表2　有无场景化展示对消费者心理模拟影响的 ANOVA 分析

	N	平均数	标准偏差	标准误差	平均值的95%信赖区间	
					下限	上限
有	26	5.9231	0.844 89	0.16570	5.5818	6.2643
无	26	4.2692	1.150 92	0.22571	3.8044	4.7341
总计	52	5.0962	1.302 48	0.18062	4.7335	5.4588

最后，参考Zhao等提出的中介效应分析程序及原理，运用Bootstrap方法对心理模拟的中介效应进行检验，样本量选择5000。数据分析结果如表3所示，在95%置信区间下，心理模拟中介效应检验的结果中不包含0（LLCI=0.15，ULCI=0.56）。在控制了心理模拟这一中介变量后，区间内的检验结果为（LLCI=−0.21，ULCI=0.31），其中包含了0，

表明商品的在线场景化展示对消费者购买意愿的影响则不再显著。因此，该实验证明了心理模拟在商品的场景化展示与消费者购买意愿的关系中起到中介作用，H2得到有效支持。

表 3　心理模拟在场景化展示与购买意愿关系中的中介效应 Bootstrap 检验

效应	效应值	标准差	区间下限	区间上限
总效应	0.37	0.56	–0.21	0.31
心理模拟中介效应	0.08	0.31	0.15	0.56

3. 实验一讨论

H1和H2在实验一中均得到了有效验证，数据检验结果表明，商品的在线场景化展示会有效地增强消费者的购买意愿；另外，商品的在线场景化展示会增强消费者的心理模拟程度，尤其是过程模拟，进而提高消费者的购买意愿偏好，即心理模拟在商品的在线场景化展示对消费者购买意愿的影响中发挥了中介作用。

（二）实验二

本实验的主要目的是检验产品涉入度是否在商品在线场景化展示对心理模拟作用的过程中发挥调节作用，并且进一步影响消费者的购买意愿，即检验H3。

1. 实验设计

在本实验中，加入了产品涉入度这一变量，并且采用了不同类型的产品进行实验，更好地检验心理模拟作用的条件。通过问卷星发布实验问卷的形式，召集了119名被试者参与该实验，通过审核实验对象回答的有效性，最终筛选出了116份有效的实验样本数据。其中，女性被试者66人（56%），男性被试者50人（44%），所有参加实验的对象平均年龄为21.8岁。本实验采用2（商品在线场景化展示：有vs.无）×2（产品涉入度：高vs.低）的组间因子设计，实验流程为：向被试者发布实验问卷，将其随机分为四组：A组（有场景化展示，高涉入度产品）、B组（无场景化展示，高涉入度产品）、C组（有场景化展示，低涉入度产品）、D组（无场景化展示，低涉入度产品），各组的被试者均独立完成实验内容。在实验问卷中，首先表明是在进行学术研究的实验数据收集，然后在前情中给出被试者一个情景材料，告知被试者正在像往常一样进行网购，以及面对的商品的相关信息。其中，给A、B组呈现的是笔记本电脑的相关信息，给C、D组呈现的是糖果的相关信息；另外，给A、C组呈现的是有场景化展示的商品相关材料，给B、D组呈现的是无场景化展示的相关材料。最后，让被试者在充分浏览了给出的先导材料后，再根据自己的真实反映依次回答心理模拟的文字描述题、购买意愿量表和人口统计变量的题项。

2. 实验结果

在检验产品涉入度的调节作用时，采用SPSS软件，以商品的场景化展示（有vs.无）、产品涉入度（高vs.低）以及二者的交互项为自变量，以心理模拟为因变量进行双因素ANOVA分析。数据分析结果表明，商品的在线场景化展示的主效应显著[F（1，112）=6.97，$p<0.05$，$\eta^2=0.06$]，产品涉入度的主效应显著[F（1，112）=16.03，$p<0.05$，$\eta^2=0.12$]，并且它们的交互效应也显著[F（1，112）=4.16，$p<0.05$，$\eta^2=0.05$]，也就说明产品涉入度在商品的在线场景化展示对心理模拟的影响中发挥了调节作用。详细情况如图2所示，在高涉入度产品即笔记本电脑的实验组中，商品的在线场景化展示会让消费者产生更详细的心理模拟活动，即对其产生显著影响（$M_{有}=4.37$，$M_{无}=3.84$，$p<0.05$）；而在低涉入度产品即糖果的实验组中，商品的在线场景化展示对消费者心理模拟活动的影响不显著（$M_{有}=3.86$，$M_{无}=3.72$，$p>0.01$）。为了更好地验证其调节作用，再对商品的在线场景化展示与产品涉入度影响消费者购买意愿进行双因素ANOVA分析，结果显示二者的交互效应也显著[F（1，112）=4.07，p<0.05]。因此，H3得到验证。

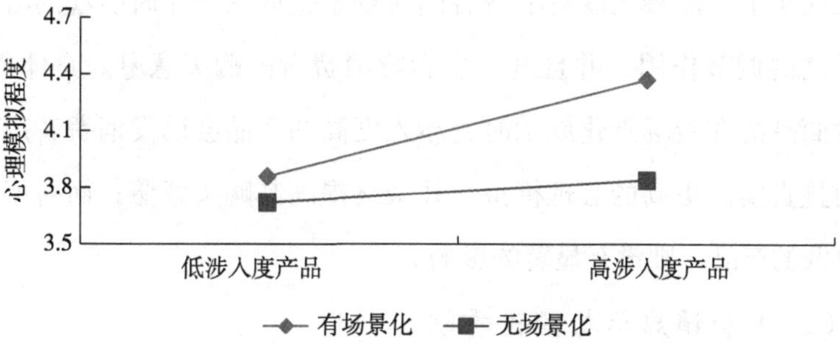

图 2　产品涉入度与场景化展示对心理模拟的交互作用

3. 实验二讨论

H3在实验二中得到了有效验证，数据检验结果表明，产品涉入度会在商品的在线场景化展示对消费者心理模拟活动的影响中发挥调节作用。具体而言，面对高涉入度的产品，商品的在线场景化会引起消费者更加详细、深入的心理模拟，并且进一步提高了消费者的购买意愿；而面对产品涉入度较低的商品时，则没有显著效应。因此该实验表明，心理模拟的中介作用会在一定程度上受到产品涉入度调节作用的影响。

四、结论与讨论

（一）研究结论

移动化设备的普及，结合互联网技术的发展，为人们带来了场景化的时代，当场景化的商品展示契合了消费者的心理需求时，企业的营销行为就会在很大程度上获得成功。本文基于心理模拟相关理论展开探讨，研究了商品的在线场景化展示与消费者购买意愿的关系及其心理机制。通过两个对比实验发现，商品的在线场景化展示方式会显著提高消费者的购买意愿，并且心理模拟在其中发挥中介作用。也就是说，商品在场景化的形式下展出时，会刺激消费者进行更详细真实的心理模拟，并进一步提升消费者的购买意愿。同时，本文还通过实验二证实了产品涉入度对消费者面对场景化展示产品时引起的心理模拟活动的调节作用，并且进一步影响消费者的购买意愿。具体而言，面对商品的在线场景化展示时，涉入度高的产品会诱发消费者产生更全面且真实度更高的心理模拟，并最终提高其购买意愿；而对于涉入度较低的产品，则没有显著的影响。

（二）营销启示与理论贡献

进入移动化与碎片化的生活时代以后，企业的营销压力无疑是越来越大的，本文通过两个实验研究证明，商品的在线场景化展示方式会增强消费者的购买意愿。恰当适配的场景化展示使得消费者在浏览商品时更有环境氛围，并且记忆更多的信息，这就为企业在线上投放商品的形式提供了一个建设性的方向。也就是说，企业投放线上商品时，要学会从日常生活场景中汲取信息，并注重与商品的功能特性结合起来，从而更好地传达给消费者产品信息，引起消费者的共鸣并促使其做出购买行为。

在理论贡献方面，本文丰富了商品的不同展示方式影响消费者购买意愿的相关理论，证实了场景化的商品展示方式对购买意愿的正向影响。同时，通过实证研究的方法验证了场景化展示在消费者行为领域的积极作用，是对以往该领域内少有学者进行“场景化”与消费行为之间关系开展实证研究的突破，更加证实了“场景化”在营销领域发挥的作用。另外，将心理模拟作为中介变量引入，丰富了心理模拟在不同领域的使用和研究。

（三）研究不足与展望

本研究仍然存在许多不足之处，具体体现在以下方面。

首先，场景作为一个影视戏剧领域的概念，引入营销学范畴后虽然被部分学者所研究，但是并未有人对其做出统一、明确科学的概念定义，尚不是一个学术性很强的课题。并且，本文对于场景化展示特征的提炼和引用是糅合了各个学者的看法的，也并没得到明确的研究划定，还是较为模糊的描述。

其次，心理模拟作为中介变量被引入，本文只关注了其带来的积极作用，而忽视了消极作用。例如，消费者在看到场景化展示的商品进行心理模拟时，可能唤起的是与产品相关的不好记忆，或者说是对压力事件的重复模拟，这便不利于消费者产生购买动机，对营销效果没有任何帮助。

最后，基于心理模拟可能带来的不良影响，在未来的研究中可以探讨何种情况下的心理模拟会对消费者的有效行动形成阻碍作用。

参考文献

[1] 喻昕，许正良，郭雯君. 在线商户商品信息呈现对消费者行为意愿影响的研究——基于社会临场感理论的模型构建[J]. 情报理论与实践，2017（10）：80–84.

[2] 王娜娜. 企业博物馆的场景化传播研究[D]. 上海：上海师范大学，2019.

[3] 罗伯特·斯考伯，谢尔·伊斯雷尔. 即将到来的场景时代[M]. 北京：北京联合出版社，2015：198–200.

[4] TAYLOR SHELLEY E，INNA D，RIVKIN，DAVID A，ARMOR，et al. Harnessing the imagination，mental simulation，self–regulation and coping[J]. The american psychologist，1998，53（4）：429–439.

[5] 金定海. 以故事与场景的方式重构营销[J]. 声屏世界·广告人，

2016（12）：37–38.

[6] 邢建平.场景消费与市场营销[J]. 中央财政金融学院学报，1996（10）：18–19.

[7] 于萍. 移动互联网环境下的场景营销：研究述评与展望[J]. 外国经济与管理，2019（5）：3–16.

[8] 谢振宇，林徐. 场聚化营销中的场景构建及其信息作用机制探析[J]. 东南传播，2016（7）：146–149.

[9] 郜书锴. 场景理论：开启移动传播的新思维[J]. 新闻界，2015（17）：44–48.

[10] 沈贻祎，俞春放，高华，等. 影视剧创作[M]. 杭州：浙江大学出版社，2012：162.

[11] 彭兰.场景：移动时代媒体的新要素[J]. 新闻记者，2015（3）：20–27.

[12] 谭天.从渠道争夺到终端制胜，从受众场景到用户场景——传统媒体融合转型的关键[J]. 新闻记者，2015（4）：15–20.

[13] PANDIT H J，O'RIORDAN A. A model for contextual data sharing in smartphone applications[J]. International journal of pervasive computing and communications，2016，12（3）：310–331.

[14] LEE T M，JUN J K. Contextual perceived value：investigating the role of contextual marketing for customer relationship management in a mobile commerce context[J]. Business process management journal，2007，13（6）：798–814.

[15] CARSON D，ENRIGHT M，TREGEAR A，et al. Contextual marketing[A]//Proceedings of the 7th Annual Research Symposium on the Marketing–Entrepreneurship Interface[C]. Oxford：Oxford Brookes University，

2002.

[16] LUO X M，SEYEDIAN M. Contextual marketing and customer-orientation strategy for e-commerce：an empirical analysis[J]. International journal of electronic commerce，2003，8（2）：95–118.

[17] LOGMAN M. Contextual intelligence and flexibility：Understanding today's marketing environment[J]. Marketing Intelligence & Planning，2008，26（5）：508–520.

[18] TAYLOR S E，SCHNEIDER S K. Coping and the simulation of events[J]. Social cognition，1989，7（2）：174–194.

[19] 张泳. 标准竞争市场中的消费者购买决策研究：不确定性及基于心理模拟的沟通策略[J]. 暨南学报（哲学社会科学版），2016（11）：90–102.

[20] 韩德昌，王艳芝. 心理模拟：一种有效预防冲动购买行为的方法[J]. 南开管理评论，2012，15（1）：142–150.

[21] JENNIFER EDSON ESCALAS，MARY FRANCES LUCE. Understanding the effects of process-focused versus outcome-focused thought in response to advertising[J]. Journal of consumer research，2004，31（2）：274–285.

[22] DARREN W.DAHL，STEVE HOEFFLER. Visualizing the self：Exploring the potential benefits and drawbacks for new product evaluation[J]. The journal of product innovation management，2004，21（4）：259–267.

[23] GUITART I A，HERVET G. The impact of contextual television ads on online conversions：an application in the insurance industry[J]. International journal of research in marketing，2017，34（2）：480–498.

[24] KIM H，LENNON S J. E-atmosphere，emotional，cognitive，and behavioral responses[J]. Journal of fashion marketing and management：an

international journal，2010，14（3）：412–428.

[25] DEACON J H，HARRIS J. Contextual marketing：A conceptualisation of the meaning and operation of a language for marketing in context[J]. Journal of research in marketing and entrepreneurship，2011，13（2）：146–160.

[26] DOUGLAS S P，CRAIG C S. Convergence and divergence：Developing a semiglobal marketing strategy[J]. Journal of international marketing，2011，19（1）：82–101.

[27] MAIER E，DOST F. The positive effect of contextual image backgrounds on fluency and liking[J]. Journal of retailing and consumer services，2018（40）：109–116.

[28] ANDREWS M，LUO X M，FANG Z，et al. Mobile ad effectiveness：Hyper–contextual targeting with crowdedness[J]. Marketing science，2015，35（2）：218–233.

[29] VERHOEF P C，STEPHEN A T，KANNAN P K，et al. Consumer connectivity in a complex，technology–enabled，and mobile–oriented world with smart products[J]. Journal of interactive marketing，2017（40）：1–8.

[30] 邬镇宁. 场景化营销的传播应用探析：构建场景[J]. 广告大观理论版，2017（5）.

[31] BETTMAN，JAMES R. Fellow's award speech the decision maker who came in from the cold[J]. Advances in Consumer Research，1992（20）：7–11.

[32] LIEN B PHAM，SHELLEY E TAYLOR. From thought to action：effects of process–versus outcome–based mental simulations on performance[J]. The society for personality and social psychology，1999，25（2）：250–260.

[33] GERMUND HESSLOW. Conscious thought as simulation of behaviour

and perception[J]. Trends in cognitive sciences，2002，6（6）：242–247.

[34] MIN ZHAO，GAL ZAUBERMAN，STEVE HOEFFLER. Mental simulation and preference consistency over time：the role of process–versus outcome–focused thoughts[J]. Journal of marketing research，2007，44（3）：379–388.

[35] LARRY，GREGORY W，ROBERT B. CIALDINI，KATHLEEN M. CARPENTER. Self–relevant scenarios as mediators of likelihood estimates and compliance：does imagining make it so？[J]. Journal of personality and social psychology，1982，43（1）：89–99.

[36] SHERI BRIDGES，KEVIN LANE KELLER，SANJAY SOOD. Communication strategies for brand extensions：enhancing perceived fit by establishing explanatory links[J]. Journal of advertising，2014（4）：37–41.

[37] ZAICHKOWSKY J L. Measuring the involvement construct[J]. Journal of consumer research，1985，12（3）：341–352.

[38] 朱华伟，黄印. 品牌形象的定位一定要顺从消费者的心理图式吗——产品涉入度与产品类型的交互作用[J]. 营销科学学报，2016，12（1）：70–88.

[39] 王淑曼. 食品可追溯体系对消费者购买意愿的影响研究——涉入度的调节作用[D]. 开封：河南大学，2019.

[40] 陈瑞，郑毓煌，刘文静. 中介效应分析：原理、程序、Bootstrap方法及其应用[J]. 营销科学学报，2013，8（4）：120–135.

附录

附录A　实验一材料——调查问卷

您好！非常感谢您百忙之中用五分钟时间来参加本次实验。本实验数据仅用于学术研究目的，不会泄露您的任何隐私，请放心作答。题目的选项与内容无对错之分，请不要猜测或者迎合实验目的，请根据自己真实的第一反应独立作答。再次感谢您的合作！

情景一：场景化展示商品

假设您正在像平常一样进行网购，此时浏览到一款品牌名为Z的相机，使用时的图片如上。该品牌相机有效像素、感光度等都很高，装备了宽屏触摸屏，操作也方便，具有双重防抖功能，而且有灰、银、白、黑等多种颜色，性能好，性价比高。此时，假设您的资金是充足的，请您想象并思考，您是否会购买此产品，购买的详细过程以及购买后的结果。例如：购买哪一个型号、选择什么快递、是否要询问家人意见等；购买该相机后是否会用、自己会不会满意等问题。

情景二：无场景化展示商品

假设您正在像平常一样进行网购，此时浏览到一款品牌名为Z的相机。该品牌相机有效像素、感光度等都很高，装备了宽屏触摸屏，操作也方便，具有双重防抖功能，而且有灰、银、白、黑等多种颜色，性能好，性价比高。此时，假设您的资金是充足的，请您想象并思考，您是否会购买此产品，购买的详细过程以及购买后的结果。例如：购买哪一个型号、选择什么快递、是否要询问家人意见等；购买该相机后是否会用、自己会不会满意等问题。

基于以上情景，请回答下列问题。

1. 请结合以上的情景和思考，将您购买过程中会考虑的问题及可能的购买结果写下来，200字左右。[填空题]*

____

____

____

____

____

____

2. 我非常喜欢该品牌相机 [单选题] *

非常不同意　○1　○2　○3　○4　○5　○6　○7　非常同意

3. 我对该品牌相机很满意 [单选题] *

非常不同意　○1　○2　○3　○4　○5　○6　○7　非常同意

4. 我对该品牌相机很有好感 [单选题] *

非常不同意　○1　○2　○3　○4　○5　○6　○7　非常同意

5. 我会打算选择购买该品牌相机 [单选题] *

非常不同意　○1　○2　○3　○4　○5　○6　○7　非常同意

6. 我会考虑购买该品牌相机 [单选题] *

非常不同意　○1　○2　○3　○4　○5　○6　○7　非常同意

7. 我希望选择购买该品牌相机 [单选题] *

非常不同意　○1　○2　○3　○4　○5　○6　○7　非常同意

8. 我计划选择该品牌相机 [单选题] *

非常不同意 ○1 ○2 ○3 ○4 ○5 ○6 ○7 非常同意

个人信息部分：

9. 你的性别 [单选题] *

○男 ○女

10. 你的年龄 [单选题] *

○20岁以下 ○20~30岁

○30~40岁 ○40岁以上

11. 你的学历 [单选题] *

○本科以下 ○本科

○硕士 ○博士及以上

12. 你的月生活费 [单选题] *

○1000元以下 ○1000~2000元

○2000~3000元 ○3000元以上

附录B 实验二材料——调查问卷

您好！非常感谢您百忙之中用五分钟时间来参加本次实验。本实验数据仅用于学术研究目的，不会泄露您的任何隐私，请放心作答。题目的选项与内容无对错之分，请不要猜测或者迎合实验目的，请根据自己真实的第一反应独立作答。再次感谢您的合作！

情景一：有场景化展示与高涉入度产品

假设您正在像平常一样进行网购，此时浏览到了一款品牌名为X的笔记本电脑，图片如上。该笔记本电脑外观简洁轻薄，宽屏幕设计，同时配备了双核处理器、独立显卡、高运行内存、知名品牌的主板芯片等。此时，假设您的资金是充足的，请您想象并思考，您是否会购买此产品，购买的详细过程以及购买后的结果。例如：选择什么颜色、选择什么快递、是否要询问朋友意见等；购买该笔记本电脑是否会好用、自己会不会满意等问题。

情景二：无场景化展示与高涉入度产品

假设您正在像平常一样进行网购，此时浏览到了一款品牌名为X的笔记本电脑。该笔记本电脑外观简洁轻薄，宽屏幕设计，同时配备了双核处理器、独立显卡、高运行内存、知名品牌的主板芯片等。此时，假设您的资金是充足的，请您想象并思考，您是否会购买此产品，购买的详细过程以及购买后的结果。例如：选择什么颜色、选择什么快递、是否要询问朋友意见等；购买该笔记本电脑是否觉得好用、自己会不会满意等问题。

基于以上情景，请回答下列问题。

1. 请结合以上的情景和思考，将您购买过程中会考虑的问题及可能的购买结果写下来，200字左右。[填空题] *

____

____

____

____

____

____

2. 我非常喜欢该笔记本电脑 [单选题] *

非常不同意 ○1 ○2 ○3 ○4 ○5 ○6 ○7 非常同意

3. 我对该笔记本电脑很满意 [单选题] *

非常不同意 ○1 ○2 ○3 ○4 ○5 ○6 ○7 非常同意

4. 我对该笔记本电脑很有好感 [单选题] *

非常不同意 ○1 ○2 ○3 ○4 ○5 ○6 ○7 非常同意

5. 我会打算选择购买该笔记本电脑 [单选题] *

非常不同意 ○1 ○2 ○3 ○4 ○5 ○6 ○7 非常同意

6. 我会考虑购买该笔记本电脑 [单选题] *

非常不同意 ○1 ○2 ○3 ○4 ○5 ○6 ○7 非常同意

7. 我希望选择购买该笔记本电脑 [单选题] *

非常不同意 ○1 ○2 ○3 ○4 ○5 ○6 ○7 非常同意

8. 我计划选择该笔记本电脑 [单选题] *

非常不同意 ○1 ○2 ○3 ○4 ○5 ○6 ○7 非常同意

情景三：有场景化展示与低涉入度产品

假设您正在像平常一样进行网购，此时浏览到了一款品牌名为Y的糖果，图片如上。该款糖果外形诱人，味道酸酸甜甜，既有软糖也有硬糖，不含添加剂，香甜而不腻。此时，假设您的资金是充足的，请您想象并思考，您是否会购买此产品，购买的详细过程以及购买后的结果。例如：购买多少、选择什么快递、是否要询问家人意见等；购买该款糖果后是否会好吃、自己会不会满意等问题。

情景四：无场景化展示与低涉入度产品

假设您正在像平常一样进行网购，此时浏览到了一款品牌名为Y的糖果。该款糖果外形诱人，味道酸酸甜甜，既有软糖也有硬糖，不含添加剂，香甜而不腻。此时，假设您的资金是充足的，请您想象并思考，您是否会购买此产品，购买的详细过程以及购买后的结果。例如，购买多少、选择什么快递、是否要询问家人意见等；购买该款糖果后是否会好吃、自己会不会满意等问题。

基于以上情景，请回答下列问题。

1. 请结合以上的情景和思考，将您购买过程中会考虑的问题及可能的购买结果写下来，200字左右。[填空题] *

____

____

____

____

____

2. 我非常喜欢该款糖果 [单选题] *

非常不同意　○1　○2　○3　○4　○5　○6　○7　非常同意

3. 我对该款糖果很满意 [单选题] *

非常不同意　○1　○2　○3　○4　○5　○6　○7　非常同意

4. 我对该款糖果很有好感 [单选题] *

非常不同意　○1　○2　○3　○4　○5　○6　○7　非常同意

5. 我会打算选择购买该款糖果 [单选题] *

非常不同意　○1　○2　○3　○4　○5　○6　○7　非常同意

6. 我会考虑购买该款糖果 [单选题] *

非常不同意　○1　○2　○3　○4　○5　○6　○7　非常同意

7. 我希望选择购买该款糖果 [单选题] *

非常不同意　○1　○2　○3　○4　○5　○6　○7　非常同意

8. 我计划选择该款糖果 [单选题] *

非常不同意　○1　○2　○3　○4　○5　○6　○7　非常同意

直播情境下主播的语言特征对消费者购买意愿的影响研究

张　研

摘　要：近年来，随着当今社会经济的迅速发展，消费者对产品的要求也日益提高，体验式营销逐渐被重视，听觉营销也逐渐走入学者们的研究视野。随着科技的发展与进步，网络视频直播不断发展，直播购物的方式也随之产生。在直播场景下，主播与消费者的双向互动产生了一个能使用户沉浸其中的混合化场景，不同的主播有着不同的直播方式，而主播的语言特征会对消费者的购买意愿产生一定的影响。本篇文章将从听觉营销的角度，运用文献研究以及实证分析的方法，对直播过程中主播语言的口语化、标签化、生动性、感染力四个方面对于消费者购买意愿的影响进行研究。

关键词：听觉营销；直播带货；消费者购买意愿；主播语言特征

一、引言

（一）研究背景

近年来，消费者对所购买产品的要求不断提高，伴随着科技的发展与进步，网络视频直播不断发展，直播购物的方式也随之产生，在直播场景下，主播与消费者的双向互动产生了一个能使用户沉浸其中的混合化场景，不同的主播有着不同的直播方式，而主播的标志性语言也会对消费者的购买意愿产生一定的影响，因此主播在直播过程中如何更好地运用自己的语言来促进消费者的购买也成了一个值得研究的问题。

（二）研究内容、方法及意义

本文通过对不同主播在直播过程中的语言特征进行分析，得出语言特征上的共性特点，并以共性特点与消费者购买意愿的相关性为假设进行分析，利用文献分析法总结相关信息，利用问卷调查法收集相关数据并得出结论，根据结论对主播在直播过程中的语言使用提出相关建议，从而提高消费者在直播过程中的购买意愿，带动消费者的购买力。

（三）研究的创新点

本文主要就主播在直播过程中的语言特征对消费者的影响进行研究分析，在研究对象和视角上均有一定的创新。直播是一种新兴的购物方式，现有的相关研究分析较少，且主要集中于直播的营销方式以及案例分析方面，而本文将直播带货这一热点问题作为研究背景，并且将主播的语言特征对消费者的影响进行量化研究分析，做到了在研究对象以及研究视角上的创新。

二、文献综述

新媒体环境下，信息的传播冲破了过去传统媒介在传播上所带有的时空局限性，产生了越来越多的传播方式，新的营销渠道和思路成为了企业的选择。同时消费者在购物的过程中不断希望提高自身参与度，感官营销也在这种情况下诞生了。企业利用人体五感进行体验式营销，增加购买欲望。根据研究发现，听觉的作用占比达到了40%以上，在直播这种新型购物方式上，主播所使用的标志性语言作为听觉营销方式的一种表现方式，也对消费者的购买意愿产生了重要影响。

（一）听觉营销概念概述

听觉是一种非常直接的感官方式，人们在接触某个产品或某个品牌时，传递的声音会给人较为直接且深刻的记忆点，甚至产生对产品的品牌联想，因此，在产品的营销过程中，听觉的作用是不可忽略的。

听觉营销，就是通过声音的传递增加消费者与品牌方之间的交流，建立二者之间的紧密联系。

（二）直播情境下的听觉体验与识别

对于在网络购物中感知的有用性，于坤章认为其有提升消费者购买力的作用。直播过程中，每个主播都是不同的个体，性格、习惯、方式也有着很大的不同，因此消费者听到的产品介绍、对产品购买的呼吁也千差万别，消费者在观看直播的过程中，会对消费者的购买行为产生一定影响的有三方面因素：一是认知，即对产品的物理属性的了解；二是情感，即对产品的购买过程中听到主播语言后的情绪与感受；三是信仰，即对其推荐的产品所传递的其他价值的理解。在这三个方面的因素共同发挥作用的情况下，协同效应发生作用，互相影响、互相增强，最终促使消费者去购买产品。消费者在进入主播的直播间前，对其销售的产品以及品牌有自己的初始印象，如何让消费者在进入直播间后就可以心情愉悦并且有想购买的欲望是主播所面对的主要问题，在解决这个问题的过程中，主播选择用属于自己特征的语言去影响消费者便是很有效的手段之一，通过听觉的影响激发消费者产生共鸣以及对产品的属性、价值的认同，进而促进消费者的购买欲望。

（三）当前研究现状分析

这是一个科技和互联网飞速发展的时代，互联网有着越来越高的商业价值，直播行业也随之产生并且取得了快速的发展。站在各自不同的角度上，专家学者们就直播对于消费者的影响进行了研究。李忠美（2016）的研究表明，在成交转化率的提升上，直播有着重要的作用，在以下三个方面的表现尤为明显：一是消费者在直播过程中对产品属性的感知；二是将自己的直播购物体验分享给他人；三是主播在直播间内通过各种方式来把控销售节奏，从而为消费者营造一个良好的购物氛围。吴冰、周燕楠（2018）经过研究发现直播情境下，主播的个人特征能够明显地表现出来，这种特质对用户的使用意愿产生正向影响。鸣啸和武峰（2018）的研究发现，直播带货能够提高消费者的购买欲望，促使其产生购买行为，因而直播带货对消费者的购买意愿有积极的作用。周盈（2018）的研究表明，在每个人都能做直播的时代，企业有了方法和渠道，可以与消费者进行实时互动，了解消费者的想法，从而使更多的消费者能够向企业的忠诚用户转化，也使企业的销售业绩与营销能力得到提升。蒋鹿宁（2018）经过研究发现，主播在直播间内与用户进行的沟通与交流，是在直播中双方互动的重要表现，同时也是一种关键性表现。李爽和陈亚荣（2018）将直播情境下的人际互动分为了三个方面，分别是对象、内容与特征，并发现消费者在体验过程中，会一直观看直播，在直播内购买自己心仪的产品，甚至是向他人推荐去观看该主播的直播，或者是向他人推荐去购买主播所推荐的产品。董方（2019）对直播过程中影响消费者产生购买意愿的因素进行了研究分析，结果表明，价格、商品、社交以及平台四个方面的体验会促进消费者产生信任感，在这种信任感的影响与驱使下，消费者提升了自己购买产品的意愿。不仅国内学者对直播进行了研究，许多国外的学者也同样进行了研究，结果表明消费者参与度越高的广告渠道，能够越好地促进消费者产生感知愉悦性与情感依赖，进而促使消费者产生购买欲望，完成购买行为。在虚拟现实中，用户通过VR体验，使用户的感知更具有生动性与感染力，提升了用户的满足感和购物愉悦感。同时研究表明，直播的互动性促进了消费者使用感受的提升。

从另一方面来看，在现有研究中，所涉及的部分大多停留在网络直播这种营销方式的定性分析上，但将主播语言的标志性进行定量分析的文献十分稀少。对于直播带货的研究，也应该更多地将直播带货过程的特点进行量化研究，对消费者对于直播间的建议与反馈部分也应进行一定的数据收集，从而为直播间带货这种新型的营销方式提供更多建议。同时在现有的期刊文献中，直播应遵守的原则与法律法规的关系方面的研究占有较高的比重，农产品、书画艺术品走进直播间的研究也在日益增多，疫情期间的直播带货研究也有较多的篇幅。总而言之，在直播带货这种方式的研究上，我们仍然处于起步阶段，系统化的研究十分缺少，研究体系也尚未形成，我们期待未来对直播的研究可以多加完善。

三、不同主播在直播过程中的语言特征

（一）主播语言的选择

主播在直播过程中的语言选择有其特征。以某知名主播为例，提到该主播，大多数人就会想到“OMG”“所有女生，买它”这种标志性语言，他在直播过程中，以“所有女生”作为统称词，目标群体明确，非常能吸引女性消费者群体的注意力，同时，他还会亲切地称呼直播间观众为“美眉们”，提升了女生的亲切感，也使他本人更

具有亲和力。在直播过程中，该主播形容产品的好处前经常会加上“OMG”的标志性语言，这种带有十分强烈的情绪感的句子，往往更能够迅速激发消费者对其推广产品的购买欲望，这是一种十分具有感染力的语言。除此之外，“自用款”“最低价”也是该主播在直播过程中的常用语言。在强调价格优势时，他会将产品平日的价格与直播间的价格列在一起进行对比，使得消费者更加直接地感受到直播间内产品的价格优势，同时，他也会强调自己已经用了××件，是自己出差在外必带的产品，以此来增加消费者对产品的信任度，减少购买疑虑，从而增加产品的销量。“最后××套”“抢完了就没了”，他经常会用这样的语言来引导和控制直播间的销售节奏，在直播过程中随时更新产品的库存，为观众营造抢货的紧张感。在他的直播过程中，他全程大多保持着较快的语速、较大的音量、较高的音调以及一种激情满满的状态，用这样一种状态说着具有他个人特征的语言，直播间的销量必定是非常可观的。

（二）主播语言的共性特征

主播不同的语言特征也存在一定的共性，具体可以总结为以下四点：

1. 口语化

主播在直播过程中，与观众的交流是非常重要的一项工作，在这样的情况下，主播都会选择较为口语化的语言，浅显易懂，不仅如此，口语化的语言也可以使观众迅速了解主播想要表达的意思，了解产品的特性，减少在直播过程中因主播的语言而产生的误会与问题，在提升主播亲和力的同时，在一定程度上也提高了购物的效率。

2. 标签化

随着直播带货的发展，越来越多的企业选择用这种方式去销售自己的产品，也有越来越多的人从事直播购物的职业，同时观众可以选择的主播和直播间也越来越多，因而主播语言的标签化也显得越来越重要。标签化同时也是主播风格的一个重要体现，可以使观众迅速了解主播的带货特点，根据自己的购物需求去选择合适的直播间进行购物。

3. 生动性

不同主播的语言也有着生动性较强的共性特点。主播在直播的过程中，对产品的生动性描述可以使得观众的脑海中产生画面联想，由于直播的销售方式的局限性，观众不能面对面地与产品接触，在这样的情况下，主播语言的生动性描述可以提高消费者对产品的感知与认同。

4. 感染力

主播标志性语言的感染力也是不可缺少的。在直播的情境下，富有感染力的语言可以营造一个很好的购物氛围，并且主播会将自己对产品的感受融入语言介绍中，使得观众产生与主播相同的思想感情，并且可以使观众精神振奋，沉浸于直播过程中而忘记了时间，引发消费者对直播进行持续关注，这在很大程度上提高了消费者产生购买行为的可能。

四、主播的语言特征对消费者购买意愿影响的实证研究

（一）问卷设计

本次研究的调查对象为观看直播的消费者，从而使得调查结果更加客观。为了更好地区分并锁定调查对象，在问卷的基本情况调查部分设置了辨别题，提取符合要求的调查对象，以提高数据的可靠性。同时本次问卷将采用线上发放的方式完成。

根据前文对主播语言特征的总结，本次研究的调查问卷主要测量的变量为主播语言的口语化、标签化、生动性、感染力、消费者购买意愿，并提出了主播语言的口语化、标签化、生动性、感染力分别与消费者的购买意愿具有显著性正向影响的四个假设。

通过查阅相关文献发现，匈牙利心理学家Mihaly Csikszentmihalyi（1975）提出了心流体验的概念：人们可以全身心投入自己喜欢的事情中，在这个过程中可以减少对周围环境影响的感知，忘却了时间的概念，更不会去计较回报，其包含的维度有感知控制、专注、好奇、愉悦、内在兴趣等，消费者在观看直播的过程中，主播与消费者处于互动状态，会产生心流感应。在现代关系营销中，消费者的信任度也是十分重要的，而且在直播过程中，主播无论是任务导向型的还是非任务导向型的，都要使消费者更好地感知产品，建立起对主播的信任度，尽力去达到一个购物愉悦的状态。根据以上文献回顾以及前文的分析并结合实际情况，对主播语言的口语化、标签化、生动性、感染力、消费者购买意愿设计了（A1~A4）、（B1~B4）、（C1~C4）、（D1~D4）、（E1~E4）的测量问项（具体见附录调查问卷），并采用李克特五点量表进行计分，分数越高代表认同度越高；反之则反是。

（二）数据分析

通过发放问卷的调查，得出的数据分析以及结论如下。

1. 人口学变量分析

本次共发放214份样本，其中有9份样本不看网络直播，作为无效样本进行剔除，最终有效样本为205份，有效样本调查对象基本信息如表1所示。

表 1　有效样本调查对象基本信息

人口学变量	分类	频率	百分比/%
性别	男	43	21
	女	162	79
年龄	18岁以下	44	21.5
	18~25岁	74	36.1
	26~30岁	57	27.8
	31~35岁	17	8.3
	35岁以上	13	6.3
学历	高中及以下	64	31.2
	专科	22	10.7
	本科	103	50.2
	研究生及以上	16	7.8
每月可支配收入	3000元以下	89	43.4
	3000~5000元	49	23.9
	5000~8000元	48	23.4
	8000元以上	19	9.3
直播类型	化妆教程	36	17.6
	穿搭教程	43	21
	海外购物直播	5	2.4
	游戏直播	54	26.3
	烹饪教程	7	3.4
	歌舞直播	56	27.3
	其他	4	2
看直播时间	1小时以内	117	57.1
	1~3小时	70	34.1
	4~6小时	14	6.8
	6小时以上	4	2

2. 变量描述性统计

由表2所知，本次问卷的各题项中，偏度统计量和峰度统计量绝对值的最大值符合要求，可以认为本次数据基本服从正态分布，能够在后期进行回归分析。

表 2　变量描述性统计

维度	题项	样本量	最小值	最大值	平均值	标准差	偏度	峰度
口语化	A1	205	1	5	3.27	1.355	–0.341	–1.069
	A2	205	1	5	3.41	1.283	–0.477	–0.861
	A3	205	1	5	3.40	1.282	–0.473	–0.840
	A4	205	1	5	3.42	1.287	–0.457	–0.902
标签化	B1	205	1	5	3.19	1.346	–0.254	–1.113
	B2	205	1	5	3.30	1.274	–0.398	–0.847
	B3	205	1	5	3.23	1.391	–0.327	–1.138
	B4	205	1	5	3.29	1.343	–0.404	–1.022
生动性	C1	205	1	5	3.34	1.361	–0.405	–1.032
	C2	205	1	5	3.31	1.328	–0.416	–1.026
	C3	205	1	5	3.21	1.326	–0.274	–1.052
	C4	205	1	5	3.27	1.376	–0.289	–1.169
感染力	D1	205	1	5	3.26	1.367	–0.314	–1.136
	D2	205	1	5	3.22	1.353	–0.319	–1.086
	D3	205	1	5	3.31	1.310	–0.383	–0.910
	D4	205	1	5	3.32	1.401	–0.440	–1.069
购买意愿	E1	205	1	5	3.08	1.463	–0.080	–1.373
	E2	205	1	5	3.05	1.434	–0.056	–1.325
	E3	205	1	5	3.13	1.463	–0.127	–1.372

3. 信度分析

本次研究主要使用Cronbach α系数，各个维度的信度值以及各个维度下题项的CITC值结果如表3所示，均在要求范围内，说明本次问卷信度良好，通过了信度检验。

表 3　题项的 CITC 值结果

维度	题项	CITC	项目删除后的 Cronbach's Alpha	Cronbach's Alpha
口语化	A1	0.679	0.753	0.818
	A2	0.598	0.791	
	A3	0.657	0.764	
	A4	0.626	0.778	
标签化	B1	0.738	0.816	0.864
	B2	0.694	0.834	
	B3	0.668	0.845	
	B4	0.752	0.810	
生动性	C1	0.614	0.740	0.795
	C2	0.648	0.723	
	C3	0.588	0.753	
	C4	0.574	0.760	
感染力	D1	0.550	0.736	0.775
	D2	0.618	0.700	
	D3	0.617	0.702	
	D4	0.531	0.746	
购买意愿	E1	0.791	0.863	0.899
	E2	0.836	0.824	
	E3	0.772	0.878	

4. 效度检验

如表4所示，本次问卷量表部分的19个题项 Bartlett 球形检验 c^2值为1855.373，KMO值为0.830，问卷所反映的信息有一定的重叠性，偏相关性较强，需要进行因子分析。

表 4　KMO 和 Bartlett 球形检验

KMO取样适切性量数		0.830
Bartlett的球形度检验	上次读取的卡方	1855.373
	自由度	171
	显著性	0.000

按照特征值大于1的方式抽取五个公共因子进行因子分析，累计解释方差为68.048%，解释量在50%以上，符合标准，其结果如表5所示。

表5　总方差解释

初始特征值				提取载荷平方和			旋转载荷平方和		
组件	总计	方差百分比	累计百分比	总计	方差百分比	累计百分比	总计	方差百分比	累计百分比
1	6.445	33.922	33.922	6.445	33.922	33.922	2.857	15.038	15.038
2	1.876	9.874	43.796	1.876	9.874	43.796	2.647	13.932	28.970
3	1.694	8.916	52.712	1.694	8.916	52.712	2.592	13.644	42.615
4	1.483	7.806	60.517	1.483	7.806	60.517	2.448	12.882	55.496
5	1.431	7.530	68.048	1.431	7.530	68.048	2.385	12.551	68.048
6	0.820	4.313	72.361						
7	0.696	3.663	76.024						
8	0.678	3.567	79.591						
9	0.542	2.851	82.442						
10	0.533	2.804	85.246						
11	0.467	2.457	87.703						
12	0.427	2.249	89.953						
13	0.372	1.955	91.908						
14	0.351	1.847	93.755						
15	0.325	1.712	95.467						
16	0.262	1.377	96.843						
17	0.230	1.213	98.056						
18	0.223	1.176	99.232						
19	0.146	0.768	100.000						

注：提取方法为主成分分析法。

指标正交旋转后，结果如表6所示，根据因子聚合情况能够看到，第一公因子主要与B1~B4等题项相关，所以第一公因子为标签化因子。第二公因子主要与A1~A4等题项相关，所以第二公因子为口语化因子。

第三公因子主要与C1~C4等题项相关，所以第三公因子为生动性因子。第四公因子主要与E1~E3等题项相关，所以第四公因子为购买意愿因子。第五公因子主要与D1~D4等题项相关，所以第五公因子为预感染力因子。抽提的5个因子所包含的19个测量题项的因子载荷都大于0.5，问卷维度量表部分具有较高的结构效度。

表6　旋转后的成分矩阵

	组件				
	1	2	3	4	5
A1	0.047	0.812	0.079	0.155	0.126
A2	0.139	0.724	0.144	0.151	0.105
A3	0.169	0.781	0.094	0.112	0.102
A4	0.136	0.754	0.128	0.068	0.150
B1	0.820	0.147	0.125	0.127	0.138
B2	0.822	0.076	0.020	0.172	0.097
B3	0.741	0.195	0.240	0.070	0.133
B4	0.825	0.116	0.066	0.135	0.197
C1	0.137	0.124	0.722	0.140	0.118
C2	0.093	0.114	0.797	0.133	0.074
C3	0.035	0.136	0.738	0.118	0.164
C4	0.115	0.060	0.743	0.101	0.129
D1	0.075	0.104	0.217	0.023	0.739
D2	0.174	0.132	0.150	0.084	0.757
D3	0.152	0.183	0.186	0.131	0.723
D4	0.163	0.093	0.037	0.323	0.678
E1	0.127	0.178	0.164	0.851	0.183
E2	0.193	0.172	0.174	0.851	0.166
E3	0.179	0.158	0.216	0.822	0.120

注：提取方法为主成分分析法。旋转方法为Kaiser标准化最大方差法。旋转在5次迭代后已收敛。

5. 相关性分析

相关分析表示变量之间关系密切程度，结果如表7所示，购买意愿与口语化、标签化、生动性、感染力的相关性系数分别为0.397、0.397、0.401、0.424，并且相关性系数的显著性均为0.000，小于0.05，说明相关性系数具有显著性，即购买意愿与口语化、标签化、生动性、感染力之间均为显著性正相关关系。

表7 相关性

		购买意愿	口语化	标签化	生动性	感染力
购买意愿	Pearson 相关性	1	0.397**	0.397**	0.401**	0.424**
	显著性（双尾）		0.000	0.000	0.000	0.000
	N	205	205	205	205	205
口语化	Pearson 相关性	0.397**	1	0.361**	0.329**	0.376**
	显著性（双尾）	0.000		0.000	0.000	0.000
	N	205	205	205	205	205
标签化	Pearson 相关性	0.397**	0.361**	1	0.313**	0.406**
	显著性（双尾）	0.000	0.000		0.000	0.000
	N	205	205	205	205	205
生动性	Pearson 相关性	0.401**	0.329**	0.313**	1	0.376**
	显著性（双尾）	0.000	0.000	0.000		0.000
	N	205	205	205	205	205
感染力	Pearson 相关性	0.424**	0.376**	0.406**	0.376**	1
	显著性（双尾）	0.000	0.000	0.000	0.000	
	N	205	205	205	205	205

注：**代表在置信度（双测）为0.01时，相关性是显著的。

6. 回归分析

本文为了研究主播的语言特征对消费者购买意愿的影响程度，以口语化、标签化、生动性、感染力为自变量，以购买意愿为因变量，构建回归方程模型（见表8）。

表8　模型摘要

模型	R	R^2	调整后R^2	标准估算的错误
1	0.562[a]	0.315	0.302	1.10751

注：a代表预测变量：（常量）、感染力、生动性、口语化、标签化。

表8展示了模型的拟合度指标，表示自变量对因变量的解释程度有30.2%，拟合度较好。

表9　ANOVA[a]

模型		平方和	自由度	均方	F	显著性
1	回归	112.998	4	28.249	23.031	0.000[b]
	残差	245.315	200	1.227		
	总计	358.312	204			

注：a代表因变量：购买意愿。b代表预测变量：（常量）、感染力、生动性、口语化、标签化。

由表9可知，模型的F统计量为23.031，显著性小于0.05，该模型具有显著性，有统计和解释意义。

表10　系数[a]

		非标准化系数		标准系数			共线性统计	
模型		B	标准错误	贝塔	t	显著性	容许	VIF
1	（常量）	−0.096	0.341		−0.280	0.780		
	口语化	0.237	0.084	0.187	2.828	0.005	0.780	1.282
	标签化	0.215	0.078	0.183	2.748	0.007	0.768	1.302
	生动性	0.258	0.082	0.206	3.154	0.002	0.801	1.249
	感染力	0.254	0.086	0.201	2.943	0.004	0.731	1.367

注：a代表因变量：购买意愿。

如表10所示，变量的VIF值均小于5，无多重共线性问题。口语化、标签化、生动性、感染力的显著性均小于0.05。

根据回归系数表，得出以下回归方程模型：

$$购买意愿=-0.096+0.237\times口语化+0.215\times标签化+0.258\times生动性+0.254\times感染力$$

根据上述对问卷所得数据的分析，可以得出以下结论：在直播情境下，主播语言的口语化对消费者的购买意愿具有显著性正向影响；主播语言的标签化对消费者的购买意愿具有显著性正向影响；主播语言的生动性对消费者的购买意愿具有显著性正向影响；主播语言的感染力对消费者的购买意愿具有显著性正向影响。而且在显著性0.05水平下，所有路径的P值均小于0.5。

五、建议与展望

（一）对直播购物的建议

通过上述的研究分析，不难发现，主播语言的标志性特征对消费者购买意愿有着显著性正向影响，主播可以在长期直播的过程中积累经验，找到属于自己的标志性语言，注重与消费者之间的互动，关注消费者的动向，保证在消费者观看直播的过程中有身临其境的购物体验，把控销售节奏，使直播间保持着良好的购物氛围。同时也要重视自己对消费者的影响力，利用极具生动性以及感染力的语言，使消费者与主播保持一个良好的黏合度与信任度，促使消费者对主播所推荐的产品产生认同感，并努力使消费者对主播的直播间产生一定的情感依赖，从而提高消费者在直播过程中的购买意愿。

（二）未来发展与展望

在本文的研究过程中，存在着一定的局限性与不足，具体表现为：主播标志性语言的共性特征总结不够全面，还存在着其他方面的特点，而且不同的性别与年龄段也会对消费者在直播过程中的购买意愿有一定的影响，在以后的研究分析中应注意对这方面的研究。

直播带货作为近几年新兴的购物方式，其法律法规还在逐步完善的过程中，主播应注意自己语言的合法性，遵守相关的法律法规，尽量避免虚假营销等法律方面问题的产生。在直播未来的发展过程中，对消费者的售后反馈与使用情况的追踪也是直播购物需要注重的一个方面。现在不仅是人们常用的日用品可以采用直播的方式进行销售，越来越多的农产品与书画艺术类产品也加入了直播购物中，面对销售不同的产品，主播的直播话术与互动方式也会在未来有着更多方面的发展与进步空间，直播购物也将以它自身的优势成为更多的人所离不开的购物方式。

参考文献

[1] 杨亦鸣. 自媒体时代的网络营销[J]. 记者摇篮，2018（7）：104–105.

[2] 莱德哈娜・科瑞斯纳. 感官营销[M]. 北京：东方出版社，2011.

[3] 戴雨声. 听觉艺术带来的利润——音乐营销现状分析[J]. 出国与就业（就业版），2010（20）：81–82.

[4] 陈皓琪. 电商终端物流配送模式比较与创新 [J]. 合作经济与科技，2018（13）：128–130.

[5] SPENCE. Correspondences：A tutorial review[J]. Attention perception & psychophysics，2011，73（4）：971– 995.

[6] 李忠美. 电商视频直播有效提升成交转化率分析[J]. 合作经济与科技，2016（22）：82–83.

[7] 周盈. 全民直播时代移动直播平台的广告价值研究[J]. 出版广角，2018（22）：66–68.

[8] 蒋鹿宁. 新媒体语境下的网络互动直播社交研究[J]. 新媒体研

究，2018，4（18）：15–16.

[9] 李爽，陈亚荣. 网络直播环境下人际互动对用户行为意愿的影响研究 [J]. 中国市场，2018（7）：18–20.

[10] CHIH–CHENG LU，ING–LONG WU，WEI–HUNG HSIAO. Developing customer product loyalty through mobile advertising：affective and cognitive perspectives[J]. International journal of information management，2019（47）.

[11] DAEHWAN KIM，YONG JAE KO. The impact of virtual reality（VR）technology on sport spectators' flow experience and satisfaction[J]. Computers in human behavior，2019（93）.

[12] 韩经纶，韦福祥.顾客满意与顾客忠诚互动关系研究[J]. 南开管理评论，2001，4（6）：8–10.

[13] 李欣，蒋键. 企业自助式移动营销平台及其营销模式探析[J]. 商业经济，2018（6）：61–63.

[14] 敖鹏. 网红为什么这样红？——基于网红现象的解读和思考[J]. 当代传播，2016（4）：40–44.

[15] ADELAAR T，CHANG S，LANCENDORFER K M. Effects of media formats on emotions and impulse buying intent[J]. Journal of information Technology，2003，18（4）：247–266.

[16] CHEN C C，LIN，Y C. What drives live–stream usage intention? the perspectives of flow，entertainment，social interaction，and endorsement[J]. Telematics and informatics，2018，35（1）：293–303.

[17] HILVERT–BRUCE Z，NEILL J T，SJÖBLOM M，et al. Social motivations of live–streaming viewer engagement on twitch[J]. Computers in human behavior，2018（84）：58–67.

附录

关于直播情境下主播的语言特征对消费者购买意愿的影响调查问卷

各位先生/女士：

您好，因撰写毕业论文实证研究的需要，需要调查直播情境下主播的语言特征对消费者购买意愿的影响，希望您能够抽出自己部分宝贵时间，帮忙完成此次调查。本次问卷为意愿感知问答，无对错之分。本次问卷调查所收集的信息仅用于学术研究，将绝对保密，感谢您的支持与配合。

一、个人基本情况调查

1. 请问您的性别是（　　）。

A. 男　　B. 女

2. 请问您的年龄是（　　）。

A. 18岁以下　　B. 18~25岁

C. 26~30岁　　D. 31~35岁

E. 35岁以上

3. 请问您的学历是（　　）。

A. 高中及以下　　B. 专科

C. 本科　　D. 研究生及以上

4. 请问您目前的每月可支配收入是（　　）。

A. 3000元以下　　B. 3000~5000元

C. 5000~8000元　　D. 8000元以上

5. 请问您平时看直播吗（　　）。

A. 看　　B. 不看

6. 请问您主要观看什么类型的直播（　　）。

A. 化妆教程　　B. 穿搭教程

C. 海外购物直播　　D. 游戏直播

E. 烹饪教程　　F. 歌舞直播

G. 其他

7. 请问您每次花多少时间看直播（　　）。

A. 1小时以内　　B. 1~3小时

C. 4~6小时　　D. 6小时以上

二、关于主播的语言特征对消费者购买意愿调查

（请您判断是否认同以下说法，选择最能代表您意见的选项，下列选项分别表示：1.非常不同意；2.不太同意；3.一般同意；4.比较同意；5.非常同意。）

	编号	对以下说法您的满意程度是	非常不同意	不太同意	一般同意	比较同意	非常同意
口语化	A1	我觉得主播的语言比较生活化，例如“美炸”“一切都是刚刚好的感觉”	1	2	3	4	5
	A2	我觉得主播的语言能够做到亲切生动、通俗易懂	1	2	3	4	5
	A3	我觉得主播的语言能够简单地将商品解释清楚，而非过于文艺，或者是过于严谨的语言	1	2	3	4	5
	A4	我觉得主播的语言在我们日常购买商品的过程中也会经常听到	1	2	3	4	5
标签化	B1	我觉得主播的语言将事件标签化从而激发了受众的好奇心	1	2	3	4	5
	B2	我觉得主播的语言能够带上主播个人身份的鲜明色彩，如“天哪这是什么神仙颜色！”	1	2	3	4	5
	B3	我觉得主播的语言能够作为其区分于其他主播的重要标签	1	2	3	4	5
	B4	我能够通过标签化的主播语言很快定位到该主播	1	2	3	4	5

续表

	编号	对以下说法您的满意程度是	非常不同意	不太同意	一般同意	比较同意	非常同意
生动性	C1	我觉得主播的语言能营造出了一种特别的氛围，让人瞬间心动	1	2	3	4	5
	C2	我觉得主播的语言具有生动、夸张的特征	1	2	3	4	5
	C3	我觉得主播的语言描述通常会立刻让人脑海中出现画面	1	2	3	4	5
	C4	我觉得主播的语言能切合人的生理感知、心理感知和情感感知	1	2	3	4	5
感染力	D1	我觉得主播的语言能短时间内让观众接收更多商品信息	1	2	3	4	5
	D2	我觉得主播能将自己的感受融入自己的语言当中，让语言富于感染力	1	2	3	4	5
	D3	我觉得主播的语言能引起别人产生相同思想感情	1	2	3	4	5
	D4	我觉得主播的语言使人精神振奋，甚至陶醉其中而忘了时间	1	2	3	4	5
购买意愿	E1	主播不同的语言特征让我很有购买欲望	1	2	3	4	5
	E2	我愿意将有自己语言特征的主播推荐给周围朋友	1	2	3	4	5
	E3	我愿意一直购买有我喜欢的语言风格的主播推荐的商品	1	2	3	4	5
	E4	只要是有我喜欢的语言特征的主播推荐的商品，无论多贵我都会购买	1	2	3	4	5

第二篇　数字营销策略

量化自我视角游戏化对用户参与和消费需求的影响机制研究

陈　尧

摘　要： 量化自我在商业实践中具有很高的价值，但针对量化自我的营销类研究主要集中在心理机制等理论层面，鲜少涉及消费等领域，对于其作用机制、影响因素等内部机制的探索相对缺乏，未能有效解决现行产品在保留用户和流量变现方面的问题。

基于上述不足，本文引入游戏化的概念，探讨游戏的元素与交互设计对量化自我行为持续性的影响情况，研究游戏化思维对量化自我相关产品或服务、维持用户使用和激发消费需求方面的积极作用。研究发现游戏化在维持量化用户的持续参与和强化用户的消费意愿强度方面都有显著作用，且量化活动的成效反馈对于用户消费意愿强度存在显著影响，但量化成效对用户参与意愿未表现出显著影响。此外，本文还对参与动机对用户持续参与量化活动及在量化活动中的消费意愿的影响进行探究，受中介变量影响，相关假设未得到充分验证。

关键词： 量化自我；游戏化；用户参与；消费者需求

一、引言

（一）研究背景及意义

1. 研究背景

随着大数据、云计算的发展，收集数据、分析数据、利用数据成了各类组织以及个人决策的重要依据。后续物联网、可穿戴技术的迅猛发展，使数据逐渐从模糊的、泛化的转向个性化，数据的易得性和针对性得到了进一步增强，因此，除了外部组织，个体本身也开始收集自身数据，定量观测自身生理、心理、行为活动等情况。其中量化自我是加深对个体认识的一种基本模式。它监测特定对象一定时间范围内的特定需求数据，包括但不限于运动情况、生理数据、工作效率等数据，并将采集的信息上传到专业网站或云端进行分析，从而为个体或组织提供决策依据。

在发展中，量化自我相关理念与技术被广泛应用于教育、健康管理、运动、医疗等领域，并孕育出大量提供量化自我服务的专门组织或产品。同时，量化自我活动以个体为对象、数据为核心，根据数据类型的不同，数据的监测、采集、传输、分析、反馈既可以简单到通过普通的智能手机和用户配合直接实现，也能复杂到将每个环节单独开发成一项产业，整个过程充满想象力与创造性，为其应用于商业领域提供了广阔的发展空间和强劲的动力。目前，这一景象已能窥见一斑。

游戏化同样是市场的新宠，通过游戏化体验重新定义的意义、打破审美疲乏、激活用户是营销与管理的新思路。

2. 研究意义

对于商业来说，量化自我相关产业仍是蓬勃发展中的蓝海区，其前景固然可观，但产品的运营仍存在很多问题。激发需求、挖掘需求乃至创造需求是商业关注的重点，如何将消费者牢牢绑在产品与服务上，如何实现服务向收益的转化，是相关产业持续发展亟待解决的问题。

目前学术界对于量化自我的研究多着眼于工业设计，鲜少涉及消费等领域，而市场营销领域学者的探索也主要集中在心理机制等理论层面，少有关注应用层面的研究。游戏化与量化自我在内在的驱动逻辑上一脉相承，但游戏化在驱动力上却远比单纯的量化自我多元且强劲，因此将游戏化运用于量化自我产品的设计与运营上，一方面逻辑顺畅、目标清晰，另一方面为量化自我产品的用户维护与开发提供多重思路与多重驱动。因此，本研究拟探讨游戏化在量化自我活动中对于用户持续性和消费需求影响的机制，拓宽了量化自我的研究思路，亦可为商业实践提供些许借鉴。

（二）研究方法和目标

1. 研究方法

本文以“量化自我”“游戏化”为核心关键词，大量搜索国内外已有文献，了解相关研究，对两者的概念缘起、内在本质、外延拓展、实践应用、效果模型等内容做了深入了解，梳理了相关研究。在此基础上，本文广泛搜索、了解、试用市面上各类运用了游戏化思维进行设计或运营且用户体量与用户活性相对优秀的量化自我产品，对其进行体验、分析，并以Forest为例作深度剖析，展示游戏化在量化自我产品中的运行效果。

同时，本文依据已有研究与本文研究目的，科学设计调查问卷，利用互联网进行问卷的发放与回收，以此获取相关问题的反馈数据，并运用SPSS工具对数据进行系统分析。

2. 研究目标

本文拟引入游戏化概念，探讨游戏的元素与交互设计对量化自我行为持续性的影响情况，尝试证明游戏化思维对量化自我相关产品或服务维持用户使用以及激发消费需求方面的积极作用。并通过个案研究和实证检验总结出游戏化对量化自我用户持续参与量化和消费需求的影响机制。

二、文献综述

（一）量化自我

量化自我是深化个体认知的一种基本模式。它监测、采集、上传特定期限内的特定数据信息，借助专业网站或云端进行分析，从而为个体或组织提供决策依据。其本质是自我自愿干预自我行为，从而实现自我的某个目的。在发展中，量化自我相关理念与技术被广泛应用于教育、健康管理、运动、医疗等领域，并孕育出大量提供量化自我服务的专门组织或产品。

Swan（2012）认为量化自我是大数据科学重要的趋势。在较短的一段时间范围内，量化自我能够为个体塑造理想自我提供辅助，在较长的一段时间范围内，量化自我能规范人类行为，促进不同群体的衔接。

1. 量化自我的概念界定

2007年Gary Wolf和Kevin Kelly首次提出量化自我（Quantified Self, QS）的概念，并将其定义为：通过科技或设备监测、探索个体的身体。

根据涉及的数据类型与量化广度的差异，学界探讨的量化自我可分为狭义与广义两种概念范畴。狭义的量化自我指的是“健康量化”，在这一概念范畴下对量化自我的讨论一般限制于个体对自身身体机能、健康情况等生理层面的探索；广义的量化自我概念要宽泛得多，量化行为所涉及的数据类型可涵盖物理、心理、情绪状态、身体机能、消费习惯、经济行为、社会行为等，概括而言，它是对个体生活的全方位探索。然而，无论广义、狭义，“主动参与”与“深化自我认知”都是量化自我的两大要点。

本文采用量化自我的广义定义，即认为量化自我指的是个体主动进行的，围绕自身认知、行为、机能等全领域的一个或多个方面的，集合了多种形式的，系统性的记录，并借此达到形成自我认知或实现自我提升等效能的过程。

2. 量化自我的相关研究

目前欧美等发达国家就量化自我相关内容展开研究较多，也较为集中，学术界对量化自我领域的研究重点集中在概念、技术、作用、动机、过程和数据管理等方面，并且总体来说产出有限。

本文对量化研究中动机、维持及障碍因素、效用相关理论进行了梳理，得出图1。

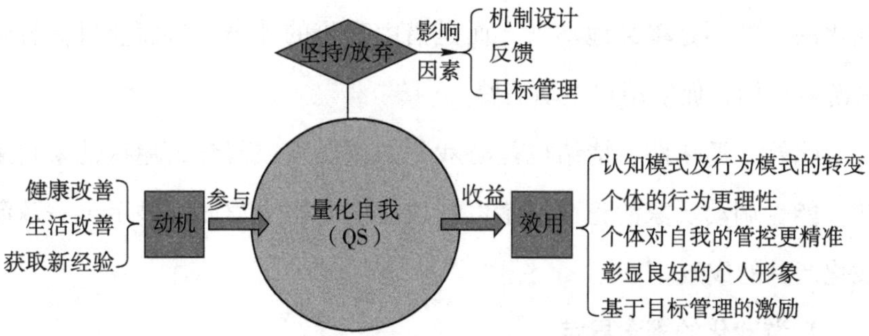

图 1　量化自我（QS）相关研究梳理

资料来源：笔者整理。

（二）游戏化

Deterding等（2011）认为，游戏化指的是将游戏的元素和机制应用在非游戏化场景中的一种技术。并且，根据竞技性的强弱与游戏完整性程度可划分出四个维度，区分出游戏化、游戏、可玩性以及可玩性设计之间的差异（见图2）。

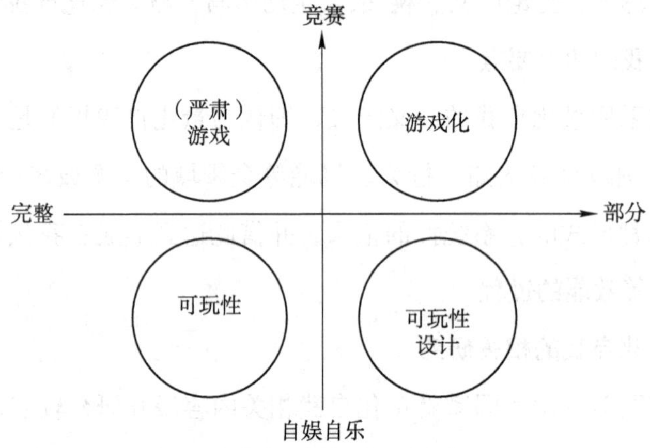

图2　四维度划分

资料来源：根据Deterding（2011）的研究。

不同于游戏追求纯粹乐趣的目标，游戏化的核心价值是与其所依附的产品本身任务相统一的，并因其具体目标的不同而有所差异。游戏化的目的不是单纯地享乐，而是借由享乐的外壳，将商业目标转化为游戏目标，促使用户主动消费。

此外，趣味性与情绪也是游戏化的重要组成部分，趣味性来自未知，能否调动玩家的正面情绪以形成心流则很大程度上显示出一款游戏化产品的成败。

1. 游戏化的概念界定

服务过程为用户增加价值。他们认为用户的自愿参与是游戏化实现的前提之一，并且，相比于产品，他们认为游戏化在应用过程中更应关注的是用户体验。

在Werbach和Hunter（2012）看来，游戏化本质上是一种商业战略的工具。在实际应用中，要像设计游戏一样去对产品或服务等进行设计，这就是使用这项工具的诀窍。他们定义游戏化为“非游戏场景中使用游戏元素和游戏设计技术”。

综合已有研究，可以总结出：在非娱乐目的的场景中使用与部分地利用游戏化的动力学原理、交互设计、元素等是游戏化定义中的两大要点。用户体验是游戏化实践的重点关注对象，整体性则是游戏化实践实现预期效果的重要前提。

2. 游戏化的机制

游戏化本质来源于游戏，因此其设计过程就是将非游戏化场景中的目标通过设定类似游戏的“目标—挑战—奖励”系统的方式来转化成游戏目标。

本文采用了Werbach和 Hunter（2012）提出的游戏化金字塔（gamification pyramid approach）作为识别非游戏化场景的游戏化转化的标准。该理论将游戏元素划分为动力、机制、元素三个层级，受到广泛认可。

元素是金字塔中的基础配件，也即具体事例，是用户能够见到和得到的东西。机制也就是适当的规则，是推动整体进程和用户参与的基本流程。动力学是游戏化系统中的整体概念，其主要作用是提高用户体验、感情和感觉。这些游戏机制使游玩体验充满了未知与变化，有效地避免了玩家产生无聊的感觉（见图3）。

需要注意的是，游戏化不是游戏元素的机械堆叠，而是综合了游戏设计、游戏技术、游戏思维的系统性工程，用户的游戏化体验受到的是从动力学到游戏机制再到游戏化元素以及所有游戏交互层次的、整体性的影响。

图 3　游戏化金字塔

资料来源：根据Werbach和Hunter（2012）的研究整理。

3. 游戏化的相关研究

“游戏化”概念诞生于2011年，此后学界围绕这一主题进行了一系列研究和探讨，但国内研究相对滞后。

梳理已有文献发现，学界对游戏的研究主要从游戏化本身的相关内容与游戏化在不同领域的应用两个角度展开。前者包括对游戏化设计思路、调节变量、模型等方面的研究，成果包括瑞安和德西的“自我决定理论”、理查德巴图的“四种玩家类型理论”、Lazzaro的“乐趣四要素”、Yu-kai Chou的八角行为分析法、米哈里的“心流理论”等。后者包括对游戏化在人机交互、教育、营销活动、企业管理、广告、顾客管理、品牌管理等领域的应用与效果的研究。

另外，经学术界的实证研究，游戏化能够改变或保持行为，从而促进玩家参与。

三、案例研究：Forest（专注森林）

Forest是一款以帮助用户提高专注力或降低手机依赖为目的的习惯养成类量化产品（见图4），用户可自行设置专注或不使用手机的时长，该过程中软件会显示时长倒计时并开始种树，如果在倒计时结束前使用手机（滑屏）将导致树木枯死，反之则种树成功。每次达成目标都可以种一棵树，种植的树木将在森林里显示出来。同时用户还可通过多人模式与好友共同完成任务。森林会以虚拟树木形象和数据图表两种形式展示用户一定时期内（每日/周/月/年）的量化情况。种树成功还可获得金币，金币可以用于兑换新的虚拟树木形象或兑换种植真树的资格，除完成任务外，金币也可通过真实货币直接购得。

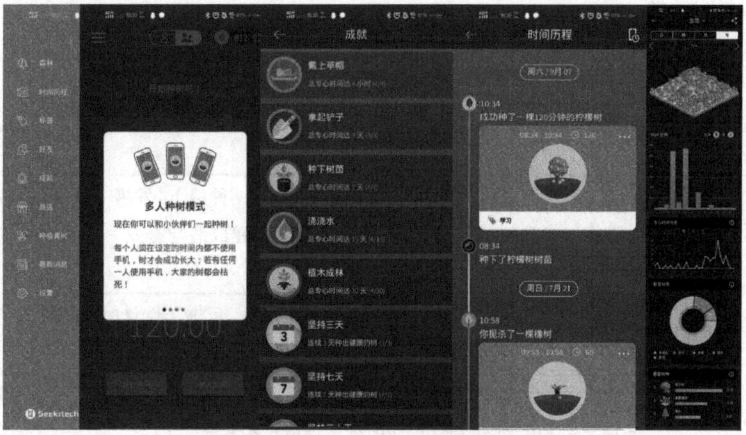

图 4　Forest 的界面设计及功能展示

（一）案例选择

Forest的量化目标非常明确：专注，因此它是一款典型的量化自我服务提供商。简明的产品设计与使用逻辑，清晰单一的量化目标，使得该产品的运行框架能够较为轻易地被拆分、复现出来，单纯依靠智能手机原有硬件即可实现运作的低技术门槛特性使得该产品的经验具有较高的普适性。同时，该产品自2017年开始，在以学生为主的年轻群体中流行，其热度一直持续至今，应用商店中积累的用户评价也一直表现出极高的满意度与美誉度，且用户在该产品以“专注”为目标的量化自我活动中收效甚佳，从市场反馈来评价，Forest是一款受欢迎的、质量上佳的、值得深入研究的商业产品。

另外，Forest较为完美地将游戏化思维运用到量化自我产品的设计与运营中，其中涉及的游戏机制、游戏化元素、游戏动力学及其在产品设计中的对应具体表现如表1所示。开发商继该产品后还陆续推出了两款同样充分运用游戏化思维的其他细分领域的量化自我产品，同样获得了市场的认可，可见开发团队在两者的结合方面颇有心得，其经验值得挖掘。

基于上述考虑，本文选取了Forest作为个案进行分析。

表1　Forest 涉及的量化领域与用到的游戏机制和游戏化元素

量化领域	习惯养成
游戏机制	收集（不同的虚拟树木形象与成就）、挑战（种树）、发展（不同的虚拟树木形象与成就）、身份地位获得、合作（创建放假与好友一起种树）、竞争（排行榜）
游戏化元素	等级（解锁不一样的树）、得分（坚持时长）、反馈（倒计时及森林）、徽章（成就）、奖励（金币）
游戏动力学	限制（虚拟货币）、情感（竞争、高兴、满足、挫败）、关系（与好友的社会关系及榜单带来的地位）、连续（森林具备发展性）

资料来源：笔者整理。

（二）分析模型

八角行为分析法是Yu-Kai Chou提出的一个基于用户心智建立游戏吸引力的模型，归纳了游戏玩家的八大核心驱动力（见图5）。

使命指具体事件的象征性意义或精神层面价值，玩家通过达成目的获得情感收益，实现内在满足。

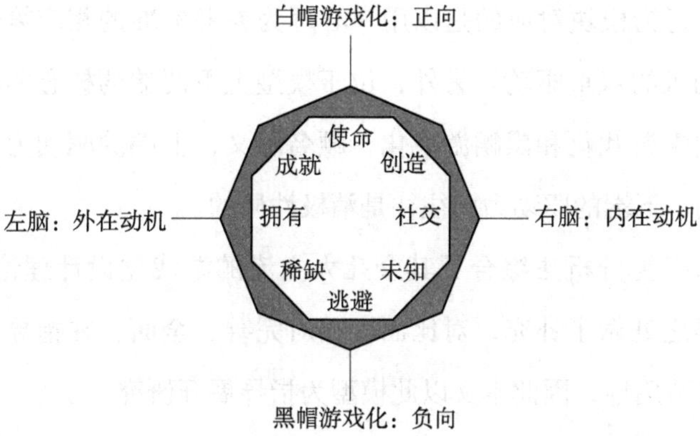

图 5 八角行为分析法 / 八角行为模块

成就是玩家持续参与、克服困难、学习精进的驱动力。富含挑战性是提高成就含金量、认可度、荣誉感的重要环节。

授权驱动玩家深入探索、开发、开展创造活动，并在此过程中有所收获、有所反馈。

拥有即给予玩家特定物品或事物的掌控权，以此激励玩家对其“所有物”进行升级、改造、优化，并为了这一目的积累虚拟货币。

社交是达成玩家间直接或间接互动的一切因素，包括合作与竞争两大类关系。玩家由此实现情感、归属、尊重、自我实现等层次的需要。

物以稀为贵，稀缺性为玩家获取物品、参与任务提供强有力的驱动，前置条件或限制性规则是造成稀缺的条件。

好奇心驱动玩家不断探索未知，超出常规的事物会立刻吸引到高度的关注。

避免坏事发生是人之常情，限时性的优惠活动、任务、产品等因其“正在消失”的属性而带给玩家错过就是“亏损”的错觉，避免亏损的心理促使玩家更容易接受该类产品或活动。

八大行为模块对应的是以用户心理为参考标准的相应策略，包含了内外动机的双重驱动。另外，位于模型上下两端的核心驱动力分别被称为白帽游戏化和黑帽游戏化，顾名思义，上端的驱动力通常是积极性质的，下端的驱动力则往往是消极性质的。

八角行为分析法综合了其余几大主流的游戏化设计理论的优点，并对不足之处做了补充，对比而言相对完善、全面，在指导游戏化实践中更具适用性，因此本文以此模型为指导展开研究。

（三）Forest的游戏化模型

Forest的产品设计实际上构建了三个循环，分别以虚拟货币、目标激励、社交激励为核心，对用户参与、消费意愿产生影响（见图6）。

用户通过参与“种树”（一种规定的量化活动，对Forest来说是在一定时间内不玩手机）获取游戏的“金币”（游戏基础货币），并通过“金币”兑换和收集不同的树木形象和真树种植机会，不同的树木形象带给用户拥有感，种植真树的机会带给用户使命感，这两者正向激励用户消耗“金币”，从而造成“金币”的稀缺，增强用户对“金币”的渴望。用户对“金币”的渴望与“种树”的挑战性（存在失败的可能），因个体差异可能对用户产生不同的驱动，表现为逃避或进步。从而引导了用户的两种行为，即通过消费购买“金币”（逃避挑战失败亏损或参与任务的亏损）和通过持续参与获取“金币”（把金币视为挑战成功所获得的成就或奖励），构成了同时包含提升消费意愿和促进用户持续参与功能的第一个循环。

用户参与“种树”所得的树（不论成功或失败都会显示，但挑战失败显示为枯木）还会在“森林”中显示出来。“森林”的样貌与用户参与量化的频率、任务难易、树种选择等自主行为直接挂钩，用户在此项功能中可以获得充分的创意授权与反馈，从而激励用户的持续参与和“金币”消耗（可扩展到消费行为）。好友间的“森林”还会形成有限公开的（只在正式好友间公开）排行榜，从而建立用户成就感并对用户产生社交影响，对用户的持续参与产生激励。需要注意的是，这一循环当中，由于“种树”具备挑战要素，存在失败风险，且失败会被展示，因此对亏损的逃避心和对未知性的规避可能对部分用户的持续参与造成负向激励。

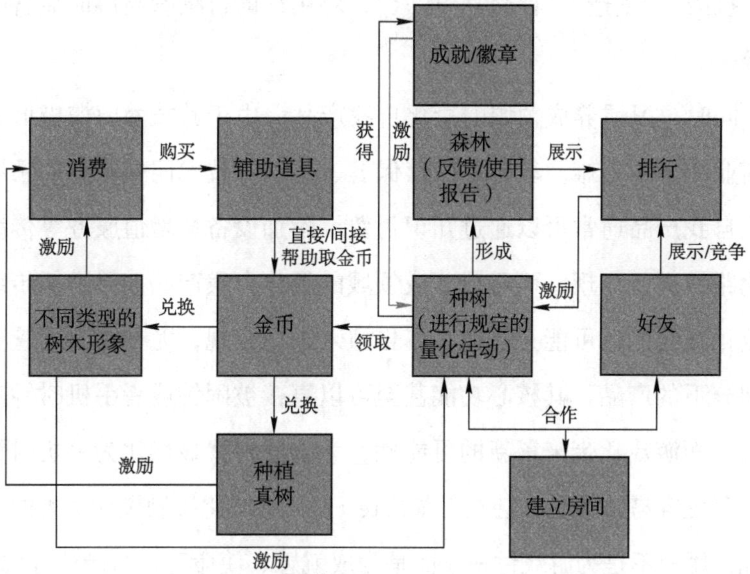

图 6　Forest 游戏化机制

按照一定的条件进行“种树”，用户还可以获得一系列“成就”——徽章。“成就”的获取条件分别包含对用户量化行为频率、量化行为持续时间、榜单排名、图鉴收集、社交相关及其他多维度的要求，“成就”的获取是用户感受到成就感与意义所在，对用户的持续参与消费意愿均产生正向激励。并且，由于“成就”不具备公开性（规避了社交影响）、未知性（达成条件已知）、亏损可能，因此“成就”循环中不包含黑帽驱动因素，不会对用户的持续参与或消费意愿形成负向激励。

（四）总体评价

Forest作为一款归属为习惯养成领域的量化自我产品，核心功能非常单一且简单（减少用户使用手机的时间），但游戏化思维赋予了对应量化行为更具“趣味性”的意义。游戏化要素的添加和游戏化机制的构建使对应的量化行为由被动监管的“管束”，转化为主动参与的“挑战”“创造”“社交”“探索”，对用户的持续参与形成显著的正向激励。

同时，习惯养成领域的量化自我产品，由于其技术门槛极低，实现商业化非常困难。教育、医疗保健、运动等技术门槛较高的领域的量化自我产品通常可以通过知识付费、附加设备、增值服务等传统商业化路线进行变现，而习惯养成领域的量化自我产品如果遵循传统的商业化路线的话可能只能通过广告植入进行变现，尤其是时间管控这一细分下的产品，其核心功能甚至可以直接被闹钟或者手机时钟功能替代。而游戏化带来了新的可能性，为游戏付费显然比为手机时钟功能付费更容易被接受，甚至对如Forest一类游戏化机制设计优秀的产品来说，用户不是为游戏付费，而是为成就感、使命感、“有趣”付费。

从案例中可以看出，游戏化为提高量化自我产品的技术门槛提供了可能性，对于扩展量化自我产品的商业化手段、提升用户消费意愿提供了有力支持。

四、研究模型与提出假设

（一）研究模型

综合已有研究与本文的逻辑推断，本文构建出如图7所示模型。

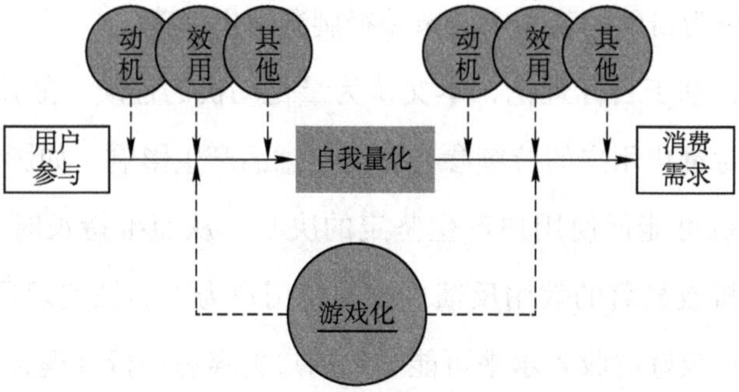

图 7　本文研究模型

量化自我产品或服务在用户实际使用过程中面临的一个问题是如何维持用户参与。一方面，量化自我的实现是一个持续性的过程，根据涉及领域或用户目标的不同，持续过程有长有短，对重复性参与的需求也有不同，但基于其最基础的数据收集与数据积累的需要，量化自我的过程必然要求用户的持续参与，且用户参与时间越久，积累数据越丰富，获取的自我知识就越丰富、全面，收获的成效越好。另一方面，产品或服务的生存、发展要求用户的持续参与，老用户的维持和新用户的开发是用户拓展的两大途径，但维系老用户的成本与难度远低于开发新用户，因此，从经济角度考虑，促进用户持续参与也是必然要求。

开发消费需求是量化自我产品或服务在市场竞争中面临的又一个问题。变现是所有产品与服务面临的终极问题，对量化自我来说，它既可以是产品，也可以是服务，这意味着，它既可以通过直接收费获利，也可以通过开发附加价值获利。

参与和消费分别是量化自我产品或服务的起点和终点，游戏化思维对于这两大问题的解决都有积极作用。一方面，游戏化通过赋予产品或服务意义、趣味，提供内外双重驱动力促进用户的持续参与；另一方面，游戏化通过竞争、收集等机制刺激用户达成量化目标的决心和创造享乐为目的的新需求两条路径刺激用户消费。

此外，基于目标理论，本文认为量化动机的性质、效用反馈的程度等也会对量化用户的持续参与和消费意愿产生影响。如影响较大的、坚决的动机可能促使用户产生坚定的决心，从而维持长时间的参与；迫切的动机或显著的效用反馈可能促使用户为了尽快实现目标而产生付费行为；较好的收入水平可能导致用户更容易进行合理金额的消费；较高的教育水平可能使用户对自我认知产生更大需求，从而促进其持续参与量化自我。

（二）提出假设

1. 游戏化对用户参与和消费意愿的影响假设

人们可能拒绝学习、拒绝锻炼、拒绝任何严肃活动，但却常常难以拒绝游戏，即使有的游戏甚至不具备任何实质性的意义。人类不同的态度与行为的根源在于情绪，游戏带来乐趣、提供享乐，调动了玩家愉悦、快乐等积极情绪，而严肃的活动在大部分人的感知中往往是枯燥、压抑的，与之对应的通常是抗拒、烦躁等负面情绪。人类基于感性与理性的双重考量做出选择，而情绪不仅主导了感性思维，更对理性判断造成干扰。游戏化是游戏在游戏场景外的嫁接，但这种嫁接并不是针对“享乐”这一结果的，而是针对“带来乐趣，调动正面情绪”这一核心质效机制的。

单纯的量化自我行为很难被认为是具有乐趣的，基于其改善、学习、测量等目的或运行过程，纯粹的量化自我通常表现出枯燥、机械等特点，用户仅仅依靠信念与理智的支撑坚持参与。当游戏化思维被运用到量化自我产品的设计中，情况将发生改变。

游戏化为量化行为严肃的目标套上一层伪装，通过背景故事的设计或游戏化元素的运用，量化行为的实质目标没有改变，但却被巧妙地转化成某种趣味性的、看似是享乐性质的目标，如获取虚拟货币、获得奖章、推进故事进程等。伪装后的目标卸下了用户的抗拒情绪，并调动起用户的好奇心、好胜心，从而强化了自主性。

除了单次量化行为目标的转化，机械性的重复量化行为目标也被巧妙地转化了。重复的量化行为可以转变为有意义的系列目标的各个阶段性目标，也可以转变为各个单独的意义不同的目标，整个量化过程不再是苍白、无聊的，反而充满了挑战与未知，由此，游戏化为用户提供了更多元且更强劲的驱动力，尤其是内部驱动。

另外，当量化行为的目标披上享乐的外衣，付费就变得容易了——享乐活动让用户获得更强烈的满足感，享乐效用与实际效用兼备的活动则带给用户更高的价值感知。与此同时，出于现实的目标要求，纯粹的量化行为是无法被简化或加速的，但由于目标的转化，经游戏化改造后的量化活动却可以在虚拟层面被简化或加速。举例来说，如果产品机制是：跑一百米可以获得1点经验值，经验值可用于虚拟人物升级，现实货币可购买经验值。在虚拟层面上，人物等级是量化目标“跑步路程”的表现形式，用户通过消费购买经验值加速了虚拟人物的升级，从感官上加快了量化活动的进程，但实际上，用户并没有通过购买经验值凭空获得实际目标“跑步路程”的提升。此类思维的运用对量化目标的实际达成是否有益还难以判断，但却能为相关产品的变现提供思路，从而创造消费需求。

因此本文提出如下假设：

H1：游戏化对维持用户参与存在影响。

H2：游戏化对用户消费意愿强度产生影响。

2. 动机对用户参与和消费意愿的影响假设

根据已有研究，用户参与量化自我的动机通常可归为健康改善、生活改善、获取新经验三类，可以发现，用户量化自我行为中隐含了学习或是能力增长的要求与行为逻辑，根据成就目标定向理论，不同的动机导向可能对用户的参与意愿以及意愿强度、态度等方面造成影响，从而对用户的参与、持续参与、放弃等行为的发生产生不定向的影响。

此外，对市场上现行的量化产品进行分析，可以发现，基于不同量化目的的量化自我产品往往在规则设置上有所不同，如考勤类产品的使用频率往往是密集而规律的，兴趣类产品的使用频率则是随机且个体差异极大的，私人领域的量化行为往往是主动的，公共领域的量化行为往往是被动的。出于不同动机、针对不同目标，用户对于量化自我的重视程度、自主性、迫切性都存在差异，量化行为本身的难易度、复杂程度、消费吸引力强度也有不同，这将直接影响用户的持续参与程度与消费意愿的强弱。

综上，本文提出如下假设：

H3：不同的量化动机对用户的参与程度存在影响。

H4：不同的量化动机对用户消费意愿的强度存在影响。

3. 效用对用户参与和消费意愿的影响假设

用户进行量化自我活动的最终目的是获取自我知识，实现自我认知，因此量化自我是一项结果导向极强的活动。在结果导向的活动中，收效与预期的匹配程度、对实现目标的贡献程度显然会对用户是否继续参与、是否有必要通过消费辅助获得特定的效用产生影响。因此，本文认为基于成效情况的不同，用户的参与和消费程度也会表现出不同的水平，故提出如下假设：

H5：量化自我活动的效用程度对用户的参与程度存在影响。

H6：量化自我活动的效用程度对用户消费意愿的强度存在影响。

五、实证检验

为验证案例分析所得结论，本文采用问卷调查方式来实证检验消费者对量化自我产品的消费意愿及产品中游戏化设计对消费者持续参与量化与进行消费的意愿的影响。

（一）问卷设计与数据收集

本文依据李东进等对消费者量化自我持续参与意愿形成机制的研究结论，结合游戏化与社交化在商业中的常用要素，确定了问卷中相关问题与选项描述的设置。问卷通过网络方式发放与回收，总计回收问卷240份，筛除存在缺失数据、回答明显不符逻辑等无效样本4份，最终获得236份有效问卷，有效率为98.33%，其中37份因问卷设计跳过部分问题。

（二）数据分析

本文运用SPSS工具从样本特征、交叉分析、样本行为差异分析、影响关系分析等角度对问卷数据进行分析。

1. 样本特征

被试人口统计学特征见表2。由表2可知，受测者中男性占比较高，为58.47%，本科及以上高学历者占93.18%。受测者年龄分布较为广泛，但主要集中在18~25岁年龄段，即以年青一代为主。受测者职业分布同样较广泛，其中全日制学生占比最高，为55.51%。在月收入水平上，低收入水平群体（月收入为2000元以下）占比最高，为52.12%，中等收入水平群体（月收入为2000~5000元），占24.15%。总体上受测者受教育程度高，年龄以中青年为主，收入水平一般，消费能力不高。

表 2　人口统计学结果

名称	选项	频数（人）	百分比/%
性别	男	138	58.47
	女	98	41.53
学历	大专及以下	10	4.07
	本科	213	86.59
	硕士及以上	23	9.34
年龄	18岁以下	8	3.39
	18~25岁	144	61.02
	26~30岁	31	13.14
	31~40岁	29	12.29
	41~50岁	12	5.08
	51~60岁	8	3.39
	60岁以上	4	1.69
职业	全日制学生	131	55.51
	生产人员	16	6.78
	销售人员	25	10.59
	市场/公关人员	6	2.54
	客服人员	3	1.27
	行政/后勤人员	7	2.97
	财务/审计人员	3	1.27
	文职/办事人员	7	2.97
	技术/研发人员	4	1.69
	管理人员	7	2.97
	教师	5	2.12
	专业人士（如会计师、律师、建筑师、医护人员、记者等）	5	2.12
	其他	17	7.20
月收入水平	2000元以下	123	52.12
	2000~5000元	57	24.15
	5000~10000元	39	16.53
	10000元以上	17	7.20
合计		236	100

2. 交叉分析

以年龄为X1（定类），对量化自我概念的了解程度为Y1（定类），量化自我产品使用频率为Y2（定类），做卡方分析，结果如表3所示。

由表3可知，不同年龄样本对于“了解程度”“使用频率”这2项呈现出显著性（$p<0.05$），即不同年龄样本对于“了解程度”“使用频率”这2项均呈现出差异性。

“年龄”对于“了解程度”呈现出0.01水平的显著性（chi=61.620，$p=0.000<0.01$），对于“使用频率”呈现出0.01水平的显著性（chi=43.366，$p=0.009<0.01$）。中老年人群对量化自我概念的了解程度表现出极端化的趋势，而中青少年群体普遍对量化自我概念有一定的了解。老年群体的使用频率呈现出较强的两极分化的趋势，中青年受测者中不同年龄段使用频率分布较为平均，且大部分受测者的使用频率高于“每月”，其中30~40岁的受测者使用频率在“每周”及以上的比例显著高于其他年龄段。

以职业为X2（定类），对量化自我概念的了解程度为Y1（定类），量化自我产品使用频率为Y2（定类），做卡方分析，结果如表4所示。由表4可知，不同职业样本对于“了解程度”“使用频率”这2项呈现出显著性（$p<0.05$），即不同职业样本对于“了解程度”“使用频率”这2项均呈现出差异性。

以收入水平为X3（定类），对量化自我概念的了解程度为Y1（定类），量化自我产品使用频率为Y2（定类），做卡方分析，结果如表5所示。由表5可知，不同收入水平样本对于“了解程度”“使用频率”这2项呈现出显著性（$p<0.05$），即各收入水平样本对于“了解程度”“使用频率”这2项均呈现出差异性。

表 3　卡方分析结果 1

题目	名称	年龄（%）							总计	x^2	p
		18岁以下	18~25岁	26~30岁	31~40岁	41~50岁	51~60岁	60岁以上			
了解程度	从未	2（25.00）	29（20.14）	5（16.13）	3（10.34）	5（41.67）	0（0.00）	2（50.00）	46（19.49）	61.620	0.000**
	听过	1（12.50）	34（23.61）	7（22.58）	2（6.90）	0（0.00）	1（12.50）	0（0.00）	45（19.07）		
	一般	2（25.00）	35（24.31）	6（19.35）	3（10.34）	1（8.33）	1（12.50）	0（0.00）	48（20.34）		
	了解	1（12.50）	39（27.08）	10（32.26）	14（48.28）	5（41.67）	1（12.50）	0（0.00）	70（29.66）		
	非常了解	2（25.00）	7（4.86）	3（9.68）	7（24.14）	1（8.33）	5（62.50）	2（50.00）	27（11.44）		
总计		8	144	31	29	12	8	4	236		
使用频率	从未	3（37.50）	24（16.67）	3（9.68）	3（10.34）	3（25.00）	0（0.00）	1（25.00）	37（15.68）	43.366	0.009**
	偶尔	1（12.50）	45（31.25）	10（32.26）	2（6.90）	1（8.33）	2（25.00）	0（0.00）	61（25.85）		
	每月	3（37.50）	28（19.44）	10（32.26）	5（17.24）	3（25.00）	3（37.50）	0（0.00）	52（22.03）		
	每周	0（0.00）	27（18.75）	3（9.68）	9（31.03）	1（8.33）	0（0.00）	0（0.00）	40（16.95）		
	每日	1（12.50）	20（13.89）	5（16.13）	10（34.48）	4（33.33）	3（37.50）	3（75.00）	46（19.49）		
总计		8	144	31	29	12	8	4	236		

注：**代表$p < 0.01$。

表 4　卡方分析结果 2

题目	名称	职业（%）													总计	x^2	p
		全日制学生	生产人员	销售人员	市场/公关人员	客服人员	行政/后勤人员	财务/审计人员	文职/办事人员	技术/研发人员	管理人员	教师	专业人士	其他			
了解程度	从未	33（25.19）	1（6.25）	0（0.00）	1（16.67）	0（0.00）	4（57.14）	0（0.00）	0（0.00）	0（0.00）	2（28.57）	0（0.00）	2（40.00）	3（17.65）	46（19.49）	90.147	0.000**
	听过	28（21.37）	3（18.75）	2（8.00）	2（33.33）	1（33.33）	1（14.29）	0（0.00）	0（0.00）	0（0.00）	2（28.57）	1（20.00）	1（20.00）	4（23.53）	45（19.07）		
	一般	36（27.48）	3（18.75）	2（8.00）	0（0.00）	0（0.00）	0（0.00）	0（0.00）	2（28.57）	0（0.00）	1（14.29）	2（40.00）	0（0.00）	2（11.76）	48（20.34）		
	了解	30（22.90）	7（43.75）	11（44.00）	3（50.00）	1（33.33）	1（14.29）	3（100.00）	3（42.86）	2（50.00）	2（28.57）	1（20.00）	2（40.00）	4（23.53）	70（29.66）		
	非常了解	4（3.05）	2（12.50）	10（40.00）	0（0.00）	1（33.33）	1（14.29）	0（0.00）	2（28.57）	2（50.00）	0（0.00）	1（20.00）	0（0.00）	4（23.53）	27（11.44）		
总计		131	16	25	6	3	7	3	7	4	7	5	5	17	236		
使用频率	从未	26（19.85）	1（6.25）	0（0.00）	1（16.67）	1（33.33）	3（42.86）	0（0.00）	0（0.00）	0（0.00）	2（28.57）	0（0.00）	1（20.00）	2（11.76）	37（15.68）	74.316	0.009**
	偶尔	41（31.30）	2（12.50）	3（12.00）	0（0.00）	1（33.33）	0（0.00）	0（0.00）	2（28.57）	0（0.00）	2（28.57）	2（40.00）	0（0.00）	8（47.06）	61（28.85）		
	每月	26（19.85）	4（25.00）	8（32.00）	0（0.00）	0（0.00）	2（28.57）	1（33.33）	3（42.86）	1（25.00）	2（28.57）	3（60.00）	1（20.00）	1（5.88）	52（22.03）		
	每周	19（14.50）	7（43.75）	7（28.00）	1（16.67）	1（33.33）	0（0.00）	1（33.33）	1（14.29）	2（50.00）	0（0.00）	0（0.00）	0（0.00）	1（5.88）	40（16.95）		
	每日	19（14.50）	2（12.50）	7（28.00）	4（66.67）	0（0.00）	2（28.57）	1（33.33）	1（14.29）	1（25.00）	1（14.29）	0（0.00）	2（60.00）	5（29.41）	46（19.49）		
总计		131	16	25	6	3	7	3	7	4	7	5	5	17	236		

注：**代表$p < 0.01$。

表 5 卡方分析结果 3

题目	名称	月收入水平（%）				总计	x^2	p
		2000元以下	2000~5000元	5000~10000元	10000元以上			
了解程度	从未	33（26.83）	5（8.77）	4（10.26）	4（23.53）	46（19.49）	44.155	0.000**
	听过	26（31.14）	12（21.05）	4（10.26）	3（17.65）	45（19.07）		
	一般	34（27.64）	7（12.28）	5（12.82）	2（11.76）	48（20.34）		
	了解	27（21.95）	19（33.33）	19（48.72）	5（29.41）	70（29.66）		
	非常了解	3（2.44）	14（24.56）	7（17.95）	3（17.65）	27（11.44）		
总计		123	57	39	17	236		
使用频率	从未	25（20.33）	6（10.53）	4（10.26）	2（11.76）	37（15.68）	36.169	0.000**
	偶尔	40（32.52）	14（24.56）	5（12.82）	2（11.76）	61（25.85）		
	每月	22（17.89）	14（24.56）	12（30.77）	4（23.53）	52（22.03）		
	每周	14（11.38）	17（29.82）	9（23.08）	0（0.00）	40（16.95）		
	每日	22（17.89）	6（10.53）	9（23.08）	9（52.94）	46（19.49）		
总计		123	57	39	17	236		

注：**代表$p < 0.01$。

“月收入水平”对于“了解程度”呈现出0.01水平的显著性（chi=44.155，p=0.000<0.01）。月收入2000~5000元的受测者选择“非常了解”的比例为24.56%，明显高于平均水平11.44%。月收入5000~10000元的受测者选择“非常了解”的比例为17.95%，明显高于

平均水平11.44%。这说明中等及较高收入水平受测者对量化自我相关概念的了解显著高于其他收入水平群体。

“月收入水平”对于“使用频率”呈现出0.01水平的显著性（chi=36.169，p=0.000<0.01），比较发现，月收入2000元以下的受测者选择“偶尔”的比例为32.52%，明显高于平均水平25.85%。月收入5000~10000元的受测者选择“每月”的比例为30.77%，明显高于平均水平22.03%。月收入2000~5000元的受测者选择“每周”的比例为29.82%，明显高于平均水平16.95%。月收入5000~10000元的受测者选择“每周”的比例为23.08%，明显高于平均水平16.95%。月收入10000元以上的受测者选择“每日”的比例为52.94%，明显高于平均水平19.49%。

剔除37份从未使用过量化自我相关产品或服务的样本，综合已有研究，将量化动机设为自我控制和自我监管、行为优化和自我提升、知识探索、享乐、其他五项，利用卡方检验（交叉分析）研究使用频率对于五类动机的差异关系，结果如表6所示。

表6　卡方分析结果4

题目	名称	使用频率（%）				总计	x^2	p
		偶尔	每月	每周	每日			
自我控制和自我监管	未选中	8（13.11）	21（40.38）	8（20.00）	14（30.43）	51（25.63）	12.174	0.007**
	选中	53（86.89）	31（59.62）	32（80.00）	32（69.57）	148（74.37）		
总计		61	52	40	46	199		
行为优化和自我提升	未选中	20（32.79）	9（17.31）	9（22.50）	11（23.91）	49（24.62）	3.799	0.284
	选中	41（67.21）	43（82.69）	31（77.50）	35（76.09）	150（75.38）		
总计		61	52	40	46	199		

续表

题目	名称	使用频率（%）				总计	x^2	p
		偶尔	每月	每周	每日			
知识探索	未选中	45（73.77）	32（61.54）	26（65.00）	27（58.70）	130（65.33）	3.144	0.370
	选中	16（26.23）	20（38.46）	14（35.00）	19（41.30）	69（34.67）		
总计		61	52	40	46	199		
享乐	未选中	54（88.52）	41（78.85）	33（82.50）	29（63.04）	157（78.89）	10.651	0.014*
	选中	7（11.48）	11（21.15）	7（17.50）	17（36.96）	42（21.11）		
总计		61	52	40	46	199		
其他	未选中	57（93.44）	47（90.38）	40（100.00）	39（84.78）	183（91.96）	7.058	0.070
	选中	4（6.56）	5（9.62）	0（0.00）	7（15.22）	16（8.04）		
总计		61	52	40	46	199		

注：*代表$p < 0.05$，**代表$p < 0.01$。

从表6中可以看出，不同使用频率样本对于行为优化和自我提升、知识探索、其他这3项动机类型不会表现出显著性（$p>0.05$），意味着不同使用频率样本对于行为优化和自我提升、知识探索、其他这3项动机均表现出一致性，并没有差异性。另外，使用频率样本对于自我控制和自我监管、享乐这2项动机类型呈现出显著性（$p<0.05$），意味着不同使用频率样本对于自我控制和自我监管、享乐这2类量化动机均呈现出差异性。

“使用频率”对于“自我控制和自我监管”呈现出0.01水平的显著性（chi=12.174，$p=0.007<0.01$），“每月”项未选中的比例为40.38%，高于平均水平25.63%；“偶尔”项选中的比例为86.89%，高于平均水平74.37%；“每周”项选中的比例为80.00%，高于平均水平74.37%。

“使用频率”对于“享乐”呈现出0.05水平的显著性（chi=10.651，p=0.014<0.05），比较发现，“偶尔”项未选中的比例为88.52%，高于平均水平78.89%；“每日”项选中的比例为36.96%，高于平均水平21.11%。

综上分析发现，不同使用频率样本对于行为优化和自我提升、知识探索、其他3类动机不会表现出显著性差异，对于自我控制和自我监管、享乐2类动机呈现出显著性差异，参与动机对用户参与量化自我程度存在一定影响，但不同动机对用户参与程度影响机制不明，根据本文数据可推测存在中介变量。

利用卡方检验（交叉分析）研究消费意愿对于上述五项参与动机的差异关系，结果如表7所示。

表7　卡方分析结果5

题目	名称	消费意愿（%）					总计	x^2	p
		不愿意付费	0~100元	100~1000元	1000~10000元	10000元以上			
自我控制和自我监管	未选中	12（31.58）	11（12.94）	13（26.53）	12（54.55）	3（60.00）	51（25.63）	20.656	0.000**
	选中	26（68.42）	74（87.06）	36（73.47）	10（45.45）	2（40.00）	148（74.37）		
总计		38	85	49	22	5	199		
行为优化和自我提升	未选中	12（31.58）	17（20.00）	6（12.24）	11（50.00）	3（60.00）	49（24.62）	17.019	0.002**
	选中	26（68.42）	68（80.00）	43（87.76）	11（50.00）	2（40.00）	150（75.38）		
总计		38	85	49	22	5	199		
知识探索	未选中	27（71.05）	59（69.41）	29（59.18）	12（54.55）	3（60.00）	130（65.33）	3.184	0.527
	选中	11（28.95）	26（30.59）	20（40.82）	10（45.45）	2（40.00）	69（34.67）		
总计		38	85	49	22	5	199		

续表

题目	名称	消费意愿（%）					总计	x^2	p
		不愿意付费	0~100元	100~1000元	1000~10000元	10000元以上			
享乐	未选中	32（84.21）	72（84.71）	37（75.51）	15（68.18）	1（20.00）	157（78.89）	14.638	0.006**
	选中	6（15.79）	13（15.29）	12（24.49）	7（31.82）	4（80.00）	42（21.11）		
总计		38	85	49	22	5	199		
其他	未选中	34（89.47）	83（97.65）	46（93.88）	19（86.36）	1（20.00）	183（91.96）	40.229	0.000**
	选中	4（10.53）	2（2.35）	3（6.12）	3（13.64）	4（80.00）	16（8.04）		
总计		38	85	49	22	5	199		

注：**代表$p < 0.01$。

从表7中可以看出，不同消费意愿样本对于知识探索这一参与动机不会表现出显著性（p>0.05），即不同消费意愿样本对于知识探索这一动机均表现出一致性。同时，消费意愿样本对于自我控制和自我监管、行为优化和自我提升、享乐、其他4类参与动机呈现出显著性（p<0.05），即不同消费意愿样本对于此4项动机均呈现出差异性。

“消费意愿”对于“自我控制和自我监管”呈现出0.01水平的显著性（*chi*=20.656，p=0.000<0.01），比较发现，“10000元以上”项未选中的比例为60.00%，高于平均水平25.63%。“1000~10000元”项未选中的比例为54.55%，高于平均水平25.63%。“0~100元”项选中的比例为87.06%，高于平均水平74.37%。

“消费意愿”对于“行为优化和自我提升”呈现出0.01水平的显著性（*chi*=17.019，p=0.002<0.01），比较发现，“10000元以上”项未选中的比例为60.00%，高于平均水平24.62%。“1000~10000元”项未选中的

比例为50.00%，高于平均水平24.62%。“100~1000元”项选中的比例为87.76%，高于平均水平75.38%。

“消费意愿”对于“享乐”呈现出0.01水平的显著性（chi=14.638，p=0.006<0.01），比较得出，“0~100元”项未选中的比例为84.71%，高于平均水平78.89%。“不愿意付费”项未选中的比例为84.21%，高于平均水平78.89%。“10000元以上”项选中的比例为80.00%，高于平均水平21.11%。“1000~10000元”项选中的比例为31.82%，高于平均水平21.11%。

综上分析，除知识探索类动机外，不同参与动机对消费意愿影响显著，享乐动机下用户高消费意愿显著。

将成效情况分别设置为“无明显变化”“认知转变”“行为转变”“自我管控能力增强”“个人形象提升”“达成目标”“其他”7项描述，利用卡方检验（交叉分析）研究使用频率对于成效情况的差异关系，结果如表8所示。

表8　卡方分析结果6

成效描述	名称	使用频率（%）				总计	x^2	p
		偶尔	每月	每周	每日			
无明显变化	未选中	46（75.41）	45（86.54）	38（95.00）	37（80.43）	166（83.42）	7.369	0.061
	选中	15（24.59）	7（13.46）	2（5.00）	9（19.57）	33（16.58）		
总计		61	52	40	46	199		
认知转变	未选中	40（65.57）	32（61.54）	19（47.50）	28（60.87）	119（59.80）	3.450	0.327
	选中	21（34.43）	20（38.46）	21（52.50）	18（39.13）	80（40.20）		
总计		61	52	40	46	199		

续表

成效描述	名称	使用频率（%）				总计	x^2	p
		偶尔	每月	每周	每日			
行为转变	未选中	32（52.46）	21（40.38）	18（45.00）	21（45.65）	92（46.23）	1.697	0.638
	选中	29（47.54）	31（59.62）	22（55.00）	25（54.35）	107（53.77）		
总计		61	52	40	46	199		
自我管控能力增强	未选中	22（36.07）	19（36.54）	13（32.50）	15（32.61）	69（34.67）	0.302	0.960
	选中	39（63.93）	33（63.46）	27（67.50）	31（67.39）	130（65.33）		
总计		61	52	40	46	199		
个人形象提升	未选中	48（78.69）	34（65.38）	30（75.00）	30（65.22）	142（71.36）	3.620	0.600
	选中	13（21.31）	18（34.62）	10（25.00）	16（34.78）	57（28.64）		
总计		61	52	40	46	199		
达成目标	未选中	57（93.44）	46（88.46）	39（97.50）	38（82.61）	180（90.45）	6.448	0.092
	选中	4（6.56）	6（11.54）	1（2.50）	8（17.39）	19（9.55）		
总计		61	52	40	46	199		
其他	未选中	59（96.72）	48（92.31）	39（97.50）	42（91.30）	188（94.47）	2.644	0.450
	选中	2（3.28）	4（7.69）	1（2.50）	4（8.70）	11（5.53）		
总计		61	52	40	46	199		

从表8中可以看出，不同使用频率样本对于7项描述不会表现出显著性（p>0.05），意味着不同使用频率样本对不同成效情况均表现出一致性，并没有差异性。

利用卡方检验分析消费意愿对于成效情况的差异关系，结果如表9所示。

表9　卡方分析结果7

题目	名称	消费意愿（%）					总计	x^2	p
		不愿意付费	0~100元	100~1000元	1000~10000元	10000元以上			
无明显变化	未选中	30（78.95）	73（85.88）	42（85.71）	19（86.36）	2（40.00）	166（83.42）	8.061	0.089
	选中	8（21.05）	12（14.12）	7（14.29）	3（13.64）	3（60.00）	33（16.58）		
总计		38	85	49	22	5	199		
认知转变	未选中	28（73.68）	54（63.53）	22（44.90）	12（54.55）	3（60.00）	199（59.80）	8.318	0.081
	选中	10（26.32）	31（36.47）	27（55.10）	10（45.45）	2（40.00）	80（40.20）		
总计		38	85	49	22	5	199		
行为转变	未选中	19（50.00）	42（49.41）	18（36.73）	01（45.45）	3（60.00）	92（46.23）	2.727	0.604
	选中	19（50.00）	43（50.59）	31（73.47）	12（54.55）	2（40.00）	107（53.77）		
总计		38	85	49	22	5	199		
自我管控能力增强	未选中	17（44.74）	24（28.24）	13（26.53）	12（54.55）	3（60.00）	69（34.67）	9.940	0.041*
	选中	21（55.26）	61（71.76）	36（73.47）	10（45.45）	2（40.00）	130（65.33）		
总计		38	85	49	22	5	199		
个人形象提升	未选中	29（76.32）	62（72.94）	32（65.31）	17（77.27）	2（40.00）	142（71.36）	4.221	0.377
	选中	9（23.68）	23（27.06）	17（34.69）	5（22.73）	3（60.00）	57（28.64）		
总计		38	85	49	22	5	199		

续表

题目	名称	消费意愿（%）					总计	x^2	p
		不愿意付费	0~100元	100~1000元	1000~10000元	10000元以上			
达成目标	未选中	35（92.11）	81（95.29）	44（89.80）	17（77.27）	3（60.00）	180（90.45）	12.246	0.016*
	选中	3（7.89）	4（4.71）	5（10.20）	5（22.73）	2（40.00）	19（9.55）		
总计		38	85	49	22	5	199		
其他	未选中	34（89.47）	82（86.47）	49（100.00）	19（86.36）	4（80.00）	188（94.47）	10.111	0.039*
	选中	4（10.53）	3（3.53）	0（0.00）	3（13.64）	1（20.00）	11（5.53）		
总计		38	85	49	22	5	199		

注：*代表$p<0.05$。

由表9可知，不同消费意愿样本对于“无明显变化”“认知转变”“行为转变”“个人形象提升”4项描述不会表现出显著性（$p>0.05$），即不同消费意愿样本对于该4类成效情况均表现出一致性，而无差异性。消费意愿样本对于“自我管控能力增强”“达成目标”“其他”3项描述呈现出显著性（$p<0.05$），意味着不同消费意愿样本对于此3项成效情况均呈现出差异性。

“消费意愿”对于“自我管控能力增强”表现出0.05水平的显著性（chi=9.940，p=0.041<0.05），比较发现，“10000元以上”项未选中的比例为60.00%，高于平均水平34.67%。“1000~10000元”项未选中的比例为54.55%，高于平均水平34.67%。“100~1000元”项选中的比例为73.47%，高于平均水平65.33%。“0~100元”项选中的比例为71.76%，高于平均水平65.33%。由此可见，达成“自我管控能力增强”成效的样本，消费意愿整体高于平均水平。

3. 样本行为差异分析

综合李东进等对于消费者进行量化自我的阻碍因素与维持因素的研究，本文在问卷中从社会化、游戏化、产品运行机制、外部变量四个维度分别设置了12项阻碍因素（“数据采集步骤烦琐”“数据采集不准确”“不同设备数据不能共享”“数据或信息会被公开”“看不见成效”“过程枯燥”“缺乏奖励机制”“缺乏惩罚机制”“生活环境改变”“已达到设置的目标”“未了解到相关产品”“其他”）与10项维持因素（“使用方便”“数据采集准确”“朋友也在使用”“相关数据公开”“数据或服务对社交有帮助”“成效显著”“奖励机制”“惩罚机制”“意愿坚定”“其他”）。

分析发现，对于12项阻碍因素，拟合优度检验呈现出显著性（chi=101.631，p=0.000<0.05），意味着各项的选择比例具有明显差异性。具体来看，“数据采集步骤烦琐”“不同设备数据不能共享”“过程枯燥”“缺乏奖励机制”4项的响应率和普及率明显较高，即产品运行机制和游戏化两个维度的不足显著阻碍了消费者的持续使用。

对于10项维持因素，拟合优度检验呈现出显著性（chi=102.924，p=0.000<0.05），意味着各项的选择比例具有明显差异性。具体来看，“使用方便”“数据采集准确”“朋友也在使用”3项的响应率和普及率明显较高，即产品运行机制和社交化两个维度的合理设计显著维持了消费者的持续使用（见表10）。

表 10 维持要素（上）与阻碍要素（下）各项的响应率及普及率

响应率和普及率汇总表格（维持要素）

题项	响应		普及率（n=236）（%）
	n	响应率（%）	
使用方便	98	17.01	41.53
数据采集准确	82	14.24	34.75

续表

题项	响应		普及率（n=236）(%)
	n	响应率（%）	
朋友也在使用	81	14.06	34.32
数据公开	49	8.51	20.76
相关数据或服务对社交有帮助	64	11.11	27.12
成效显著	61	10.59	25.85
奖励机制	41	7.12	17.37
惩罚机制	30	5.21	12.71
意愿坚定	57	9.90	24.15
其他	13	2.26	5.51
汇总	576	100	244.07

注：拟合优度检验：x^2=102.924，p=0.000。

响应率和普及率汇总表格（阻碍要素）

项	响应		普及率（n=236）(%)
	n	响应率（%）	
数据采集步骤烦琐	70	10.99	29.66
数据采集不准确	64	10.05	27.12
不同设备数据不能共享	86	13.50	36.44
数据或信息会被公开	50	7.85	21.19
看不见成效	61	9.58	25.85
过程枯燥	72	11.30	30.51
缺乏奖励机制	69	10.83	29.24
缺乏惩罚机制	50	7.85	21.19
生活环境改变	47	7.38	19.92
已到达设置的目标	39	6.12	16.53
未了解到相关产品	14	2.20	5.93
其他	15	2.35	6.36
汇总	637	100	269.92

注：拟合优度检验：x^2=101.631，p=0.000。

4. 影响关系分析

将游戏化、社交化、机制设计三大维度拆分为11个相关要素和一个“其他”要素，即“数据公开”“评论”“点赞”“竞争”“合作”“奖励”“惩罚”“收集”“赋予意义”“反馈（数据分析报告等）”“建议”“其他”作为自变量，而将“消费意愿”作为因变量，进行线性回归分析，结果如表11所示。

表 11　线性回归分析结果

线性回归分析结果（n=236）

	非标准化系数		标准化系数	t	p	VIF	R^2	调整 R^2	F
	B	标准误	Beta						
常数	2.067	0.098	—	21.018	0.000**	—	0.825	0.816	$F(12,223)=89.745$，p=0.000
数据公开	0.055	0.131	0.033	0.42	0.675	8.068			
评论	0.028	0.143	0.017	0.198	0.843	9.669			
点赞	0.19	0.145	0.116	1.31	0.191	10.081			
竞争	0.115	0.143	0.069	0.809	0.419	9.322			
合作	0.323	0.16	0.188	2.02	0.045*	11.086			
奖励	−0.047	0.139	−0.029	−0.338	0.736	9.185			
惩罚	0.215	0.18	0.121	1.193	0.234	13.172			
收集	0.129	0.152	0.077	0.85	0.396	10.558			
赋予意义	−0.096	0.142	−0.057	−0.674	0.501	9.161			
反馈（数据分析报告等）	−0.235	0.139	−0.145	−1.693	0.092	9.362			
建议	0.484	1.195	0.27	2.477	0.014*	15.155			
其他	0.511	0.28	0.266	1.823	0.07	27.252			

注：因变量为消费意愿。D-W值为2.028。*代表$p<0.05$，**代表$p<0.01$。

从表11中可以看出，模型R^2值为0.825，表示12项要素可以解释消费意愿82.5%的变化原因。对模型进行F检验时发现模型通过F检验（F=89.745，p=0.000<0.05），说明12项要素中至少1项会对消费意愿产生影响关系，模型公式为：消费意愿=2.067 + 0.055 × 数据公开+ 0.028 × 评论 + 0.190 × 点赞 + 0.115 × 竞争 + 0.323 × 合作–0.047 × 奖励+ 0.215 × 惩罚 + 0.129 × 收集–0.096 × 赋予意义–0.235 × 反馈（数据分析报告等）+ 0.484 × 建议 + 0.511 × 其他。

通过对模型的多重共线性进行检验发现，模型中VIF值出现大于10，表示存在着共线性问题，因此使用岭回归解决共线性问题。

将12项要素作为自变量，而将“消费意愿”作为因变量进行Ridge回归（岭回归），分析后得到的岭迹图如图8所示，从图8中可以看到，当K值为0.99时，此时自变量的标准化回归系数趋于稳定，因而设置最佳K值为0.99。

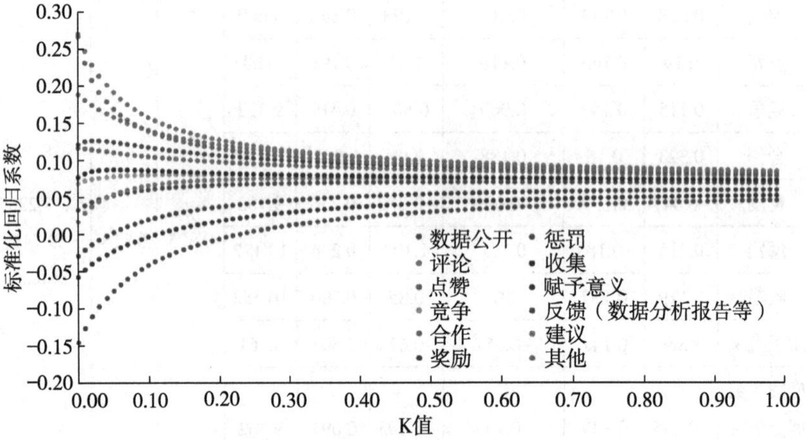

图 8　岭迹图

将12个要素作为自变量，而将“消费意愿”作为因变量进行Ridge回归（岭回归）分析，K值取为0.99得到表12。可以看出，模型R^2值为0.806，意味着12项要素可以解释消费意愿80.6%的变化原因。

表 12　Ridge 回归（岭回归）分析

Ridge回归分析结果								
	B	标准误	Beta	t	p	R^2	调整 R^2	F
常数	1.848	0.063	—	29.197	0.000**	0.806	0.796	F(12,223)= 77.286, p=0.000
数据公开	0.114	0.015	0.069	7.719	0.000**			
评论	0.12	0.015	0.073	8.162	0.000**			
点赞	0.129	0.014	0.079	8.987	0.000**			
竞争	0.124	0.015	0.074	8.374	0.000**			
合作	0.146	0.014	0.085	10.34	0.000**			
奖励	0.099	0.014	0.06	6.941	0.000**			
惩罚	0.145	0.014	0.082	10.645	0.000**			
收集	0.122	0.014	0.073	8.474	0.000**			
赋予意义	0.089	0.015	0.053	5.91	0.000**			
反馈（数据分析报告等）	0.075	0.015	0.046	5.13	0.000**			
建议	0.153	0.013	0.085	11.501	0.000**			
其他	0.16	0.011	0.083	14.647	0.000**			

注：因变量为消费意愿。**代表$p<0.01$。

对模型进行F检验（见表13）时发现模型通过F检验（F=77.286，p=0.000<0.05），也即说明12项要素中至少1项会对消费意愿产生影响关系，模型公式为：消费意愿=1.848 + 0.114 × 数据公开 + 0.120 × 评论+ 0.129 × 点赞 + 0.124 × 竞争 + 0.146 × 合作 + 0.099 × 奖励 + 0.145 × 惩罚+ 0.122 × 收集 + 0.089 × 赋予意义 + 0.075 × 反馈（数据分析报告等）+ 0.153 × 建议 + 0.160 × 其他。

从岭回归分析结果发现，12项要素均会对消费意愿产生显著的正向影响，即游戏化、社交化、机制设计三方面要素均对消费者关于量化自我相关产品或服务的消费意愿产生显著正向影响。

表 13 *F*检验（ANOVA 表格）

	平方和	df	均方	*F*	*p*值
回归	855.96	12	71.33	77.286	0.000
残差	205.815	223	0.923		
总计	1061.775	235			

（三）测量评价

以已有研究为基础，本文在调查中设置了涵盖游戏化、机制设计在内的12项阻碍因素与10项维持因素，收集用户受这些因素影响放弃或持续参与量化活动的情况，并分别得到了各要素对应的响应率与普及率。根据分析结果，社交性质的游戏化机制与涉及便捷性与准确度的产品运行机制对用户的持续参与表现出显著的积极作用，相反，缺乏趣味性和驱动力的产品运行机制则将显著阻碍用户的持续参与。可以发现，人是社会性动物，寻求认同与归属是人类的社会本能，游戏化可以通过社交与情感联结等相关的机制为用户构建强烈的归属感并提供身份认同，从而拓展量化自我产品的内涵，使个人的量化行为融入集体、融入社群，让用户对产品的认知从使用转向习惯，从选择之一转向唯一选择。与此同时，游戏化为用户提供趣味，并为用户带来多元驱动力，从各个维度分别发力，使不同特征的用户都能获得满足与动力，从而降低用户选择放弃的可能。H1得到验证。

本文对游戏化元素进行梳理，总结出应用度较高的11项具体元素，并增设其他选项，共计12项，以此12项作为自变量，以消费意愿为因变量，进行回归分析。

本文认为，游戏化设计思维应用于量化自我相关产品或服务中时，数据公开、评论、点赞、合作、竞争等社交机制的设计，通过情感联结、自尊维护的需要、维持或强化社交形象的需要等方式，依照促使用户主动付出代价进入社群或促使用户付出代价以在社群中满足相关需要的两条路径，创造并刺激了用户的消费意愿。竞争、数据公开、反馈（数据分析报告等）等攀比性的机制，通过激发用户的胜负欲激发用户付出代价以取得或保持相对特殊的地位，从而得到荣誉感或虚荣心的满足。收集、赋予意义等机制则通过增强趣味性与目标转化来降低用户付费的心理门槛。奖励、惩罚、建议等机制通过内外双重驱动推动用户的产品使用，并辅助用户较好地达成既定目标，以此展现产品或服务本身的价值性，从而获得用户的认可与信任，促使用户为获得更具价值的服务或更好地达成目标付出代价，并相信付出的代价是值得的。

基于数据分析，本文得到对应的相关模型，且模型通过检验，从数据角度验证了H2，即游戏化有助于提升用户对量化自我产品或相关服务、附加品的消费意愿。

此外，用户参与程度及消费意愿分别对于部分量化动机表现出显著性差异，因此H3和H4并未得到充分验证。本文认为，动机对用户参与和用户消费意愿的影响受到用户个人情况（如受教育程度、性格特征、收入水平、年龄层次等）、外部环境特征（如社会评价等）、动机特征（如迫切性、重要性、难易度等）等中介变量的共同作用，其作用机制是复杂且多变的，本文的研究没有充分考虑并体现出中介变量的影响，因此无法就所提出的假设进行充分探讨与检验。

针对量化自我活动的效用反馈情况对用户的持续参与和消费意愿的影响上的研究，并根据本文收集到的数据反馈发现，量化成效的不同情况对于用户参与程度无明显影响，故H5不成立，但量化成效对于用户消费意愿存在显著影响，尤其是目标导向型的成效描述对用户消费意愿有显著激励作用，故H6成立。

另外，数据显示用户的收入水平、受教育程度、职业、年龄等对相关产品的使用频率存在显著影响，后续研究中可以将人口统计学因素作为中介变量引入。同时，这一结果也可能是由于不同量化自我产品的产品特性、不同人口统计学特征以及用户群体参与量化的领域差别引起的，后续研究中可就此进行详细设计。此外，用户对相关概念的了解程度也对消费意愿有显著影响，因此厂商有必要在增强社会认知方面做出努力。

六、结论与展望

（一）研究结论

随着技术的进步与生活理念的不断提升，量化自我行为逐渐普及，以提供量化自我服务为核心的商业在实践与竞争中蓬勃发展起来，维持用户的持续参与是量化自我面临的重要问题。另外，游戏化作为一种思维方式和商业工具越来越受到学术界和商业界的广泛认可，但游戏化实践屡屡受挫。量化自我既是游戏化的发展方向之一，又离不开游戏化的加持，两者的结合在商业实践中可以被广泛运用，但相关理论指导依然缺乏。

本文在确定了量化自我和游戏化的概念及机制的基础上，以八角行为分析法为主要工具、以具体个案为研究对象、以问卷数据为实证佐证，分析了游戏化在量化自我产品中的运用思路、作用机制，提出了游戏化对量化自我产品和用户消费需求开发的方向与可能性，确认了游戏化对量化自我产品或相关服务用户消费意愿具有显著正向影响。

（二）展望

本文在研究中选用了八角行为分析法作为主要工具，在该模型中，社交化是作为游戏化的一个方面进行考虑的。虽从相关理论来看，社交化有从属于游戏化的部分，从个案选择上来看，Forest的设计中社交化要素也相对贫乏（公开性低、驱动力弱、附属于游戏化设计），但就市场中实践比较成功的量化自我产品来看，如Keep等，社交化在用户维持与消费意愿提升上的作用是足以与游戏化等同的，并且根据不同的设计导向，社交化与游戏化在产品设计中的比重与地位也是存在多种可能的，因此在日后的研究中社交化应当作为一个独立变量来进行考虑。

在实证研究方面，本文的问卷题型以非量化题型为主，导致问卷的信度与效度难以测量，只能作为辅助证据来论证研究结论。缺少量表题的设计也使得本文难以对各选项做定量的具体分析，无法对不同游戏化要素的作用效果做出分析，因此得出的结果较为笼统且缺乏针对性。

本文在个案研究中选取了市场上已成熟的产品作为研究对象，可能存在幸存者偏差，并且受限于产品本身的设计，存在很多变量，难以进行针对性、系统性、全面性的研究。如有可能，后续研究可考虑开发一款新产品用于测试，并根据研究需要进行针对性设计。

基于已有研究，本文认为未来的研究还可以从以下几个方面进行拓展和深化：

第一，夯实游戏化营销的理论基础。目前虽然游戏化在各领域都有运用，但对于相关产品或服务的分析模型仍以游戏化设计模型为主，且多从技术层面进行讨论。

第二，研究如何对游戏化要素进行组合，以增进服务、提高用户黏度、刺激消费需求。游戏化可以通过满足用户的内在需求唤起内部动机，激励用户主动参与，也可以通过驱动外部动机鼓励用户参与本质上并不那么有趣的活动。因此，具体的游戏化要素及其组合与驱动力之间的关系，以及如何对内外部动机进行整合的问题仍需进一步讨论。

第三，基于产品特征进行有侧重的游戏化设计。量化自我产品或相关服务遍及多个领域，不同类别的产品因其目标、适用人群、适用场景等因素的不同而呈现出差异性较大的产品特征，不同的产品特征意味着产品在维系用户和商业化上面临的具体问题是不同的，这要求游戏化在不同特征产品中进行有侧重的运用。

参考文献

[1] SWAN M. Emerging patient-driven health care models：an examination of health social networks，consumer personalized medicine and quantified self-tracking[J]. International journal of environmental research and public health，2009，6（2）：492-525.

[2] SWAN M. Health 2050：the realization of personalized medicine through crowdsourcing，the quantified self，and the participatory biocitizen[J]. Journal of personalized medicine，2012，2（3）：93-118.

[3] ALMALKI M，GRAY K，MARTIN-SANCHEZ F. Activity theory as a theoretical framework for health self-quantification：a systematic review of empirical studies[J]. Journal of medical internet research，2016，18（5）：131.

[4] ANCKER J S，WITTEMAN H O，HAFEEZ B，et al. "You get reminded you're a sick person"：personal data tracking and patients with multiple chronic conditions[J]. Journal of medical internet research，2015，17（8）：202.

[5] BARCENA M B，WUEEST C，LAU H. How safe is your quantified self[M]. Mountain View，CA：Symantech，2014.

[6] LI I. Personal informatics and context：using context to reveal factors that affect behavior[J]. Journal of ambient intelligence and smart environments，2012，4（1）：71-72.

[7] LUPTON D. Self-tracking cultures：Towards a sociology of personal informatics[A]. Proceedings of the 26th Australian Computer-Human Interaction Conference on Designing Futures[C]. Sydney：ACM，2014b：77-86.

[8] WERBACH K，HUNTER D. For the win：How game thinking can revolutionize your business[R]. Wharton Difital Press，Philadlphia，PA，2012.

[9] LEDGER D，MC CAFFREY D. Inside wearables：how the science of human behavior change offers the secret to long-term engagement[M]. Endeavour Partners LLC，2014：1-17.

[10] RUCKENSTEIN M，PANTZAR M. Beyond the quantified self：Thematic exploration of a dataistic paradigm[J]. New Media & Society，2017，19（3）：401-418.

[11] 韦艳丽，周璇，刘煜炜. 基于八角行为分析法的学习类APP游戏化驱动设计研究[J/OL]. 包装工程：1-9[2020-04-24]. http：//kns.cnki.net/kcms/detail/50.1094.TB.20200414.2157.040.html.

[12] 贾培培，张宇东，李东进. 量化自我中的消费者行为改变促进：基于质量功能展开的服务设计[J]. 现代管理科学，2019（3）：63-65.

[13] 刘振声. “量化自我”——从数据化个体的角度重新审视“大数据”[D]. 上海：复旦大学，2014.

[14] 李东进. 中国步入量化消费时代[J]. 国际金融报，2015（14）.

[15] ADAM RAPP，KEVIN J. Trainor. Performance implications of customer-liking capabilities：examining the complementary role of customer orientation and CRM technology[J]. Journal of business research，2010（63）：1229-1236.

[16] BUCHANAN K，LOCKTON D. Understanding human connectivity and the quantified self[R]. Working Paper of the Sustainable.

[17] BURTON D. Consumer education and service quality：conceptual issues and practical implications [J]. Journal of services marketing，2002，16（2）：125–142.

[18] CHOE E K，LEE N B，LEE B，et al. Understanding quantified-selfers' practices in collecting and exploring personal data[A].

[19] CLAWSON J，PATER J A，MILLER A D，et al. No longer wearing：Investigating the abandonment of personal health-tracking technologies on craigslist[A]//Proceedings of the 2015 ACM International Joint Conference on Pervasive and Ubiquitous Computing[C]. Osaka：ACM，2015：647–658.

[20] SHULL P B，JIRATTIGALACHOTE W，HUNT M A，et al. Quantified self and human movement：a review on the clinical impact of wearable sensing and feedback for gait analysis and intervention[J]. Gait & posture，2014，40（1）：11–19.

[21] MARCENGO A，RAPP A. Visualization of human behavior data：The quantified self[A]//Huang M L，Huang W D. Innovative Approaches of Data Visualization and Visual Analytics[C]. Hershey：IGI Global，2014（1）：236–265.

[22] MER C G. Customer education [M]. Chicago：Nelson-Hall，1984.

[23] ORENGA-ROGLÁ S，CHALMETA R. Social customer relationship management：taking advantage of Web 2.0 and big data technologies[J]. Springer plus，2016（5）：1462.

附录：调查问卷

1. 年龄

□18岁以下　□18~28岁　□26~30岁　□41~50岁　□60岁以上

2. 性别

□男　□女

3. 学历

□大专及以下　□本科　□硕博及以上

4. 职业

□全日制学生　□生产人员　□销售人员　□市场/公关人员　□行政/后勤人员　□人力资源　□财务/审计人员　□文职/办事人员　□管理人员　□技术/研发人员　□教师　□顾问/咨询　□专业人士（如会计师、律师、建筑师、医护人员、记者等）□其他

5. 月收入水平

□2000元以下　□2000~5000元　□5000~10000元　□10000元以上

6. 您是否了解过量化自我的概念或产品

□从未　□听过　□一般　□了解　□非常了解

7. 您使用具备量化自我功能的产品或服务的频率

□从未　□偶尔　□每月　□每周　□每日

8. 您使用的具备量化自我功能的产品或服务包括（多选）

□打卡活动（如早起打卡）□可穿戴设备（如小米手环）□健身类（如Keep）□时间管理类（如Forest）□其他

9. 您进行量化自我的动机是（多选）

□自我控制和自我监管　□行为优化和自我提升　□知识探索　□享乐　□其他

10. 您放弃进行量化自我的原因是（多选）

□数据采集步骤烦琐　□数据采集不准确　□不同设备数据不能共享　□数据或信息会被公开　□看不见成效　□过程枯燥　□缺乏奖励机制　□缺乏惩罚机制　□生活环境改变　□已达到设置的目标　□未了解到相关产品　□其他

11. 您持续参与量化自我的原因是（多选）

□使用方便　□数据采集准确　□朋友也在使用　□数据公开　□相关数据或服务对社交有帮助　□成效显著　□奖励机制　□惩罚机制　□意愿坚定　□其他

12. 您使用的量化自我产品或服务具备以下哪些要素/功能/机制（多选）

□数据公开　□评论　□点赞　□竞争　□合作　□奖励　□惩罚　□收集　□赋予意义　□反馈（数据分析报告等）□建议　□其他

13. 您愿意为量化自我相关产品或服务的哪些方面付费（多选）

□不愿意付费　□数据收集设备　□数据分析服务　□监督控制服务　□建议类服务（如锻炼方案、课程）□其他可配合使用的产品（如器材）□身份象征（会员等）□个性化服务　□其他

14. 您愿意在何种金额范围内为量化自我产品付费

□不愿意付费　□0~100元　□100~1000元　□1000~10000元　□10000元以上

15. 参与量化自我对您的生活有何影响

□无明显变化　□认知转变　□行为转变　□自我管控能力增强　□个人形象提升　□达成目标　□其他

价格—感知质量对消费者—企业认同的作用机理

邓景俏

摘　要：如今价格已无处不在，价格作为企业价值主张的一部分，在市场中发挥着其独特的作用。那当消费者接触到价格时，会不会影响消费者去认同企业呢？针对此问题，本文结合价格—感知质量（PPQ）理论和消费者—企业认同（CCI）理论，构建出了一个概念模型，以此来解释PPQ对CCI的作用机理。PPQ通过影响身份相似性、身份独特性和身份声望，进而产生身份吸引力，从而达到CCI。本文针对模型提出了相关的假设，并采用问卷调查方法来验证假设。问卷结果证明相关的假设是成立的，最后根据假设向企业管理提出了相关建议。

关键词：价格—感知质量；消费者—企业认同；身份相似性；身份独特性；身份声望

一、绪论

（一）研究背景及意义

社会上有许多关系，其中之一就是消费者和企业之间的关系。在这个产品激增、沟通方式日趋多样化、买家日益理性的市场中，为确保企业经营长期成功，越来越多的企业试图与客户建立深厚的、有意义的长期关系。Bhattacharya（2003）用身份知识、身份一致性、身份相似性、身份独特性和身份声望等变量促成了消费者—企业认同。而企业获得忠诚消费者的心理基础是消费者—企业认同，并且消费者—企业认同理论对消费者—企业的关系研究有一定的辅助作用。在文章中还提出了企业身份的构成和传播，如图1所示。在企业身份的构成和传播当中，包含4P（Product、Price、Place、Promotion）理论当中的产品、渠道和促销，唯独没有价格。针对这个问题，我们便思考研究价格能否引起消费者—企业认同，如果答案是肯定的，其作用机理是什么？

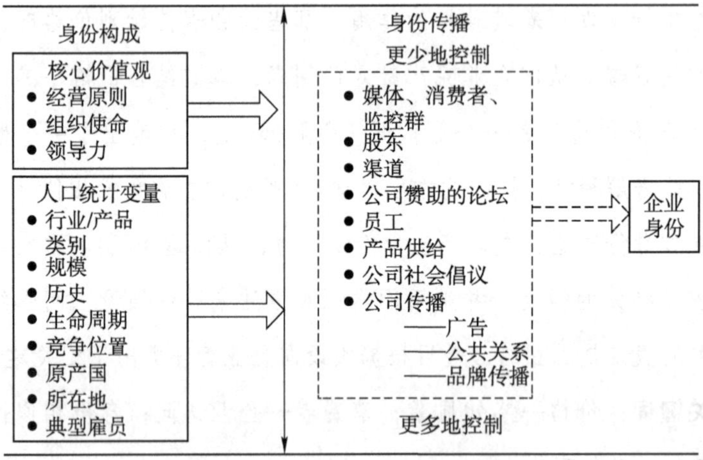

图1　企业身份的构成与传播

价格是营销组合中唯一和收益直接相挂钩的因素，而更为重要的，公司的整体价值主张当中，价格也包含在内，价格也能够体现公司的价值主张，它能够在创造顾客价值和建立顾客关系中发挥非常重要的作用。现在的消费者在购买服务或商品时，心理因素对价格判断的影响越来越明显，所以消费者感知到了价格后，对所联想到的信息进行判断及处理显得尤为重要。对于价格，聪明的市场营销者不是畏惧和逃避，而是善于利用。

综上所述，在消费者—企业的关系中，价格扮演了很重要的角色。

因为消费者面对企业提供的产品或者服务时，必定会接触到该产品或服务的价格，消费者对于价格的感受，在消费者—企业的关系中十分重要。为了让企业的管理者能更好地利用价格，研究价格对消费者—企业认同的作用机理是一个很好的途径。因为这为企业管理者提供了一个理解价格、利用价格的一个角度，能让企业管理者明白价格在消费者—企业的关系中扮演什么样的角色，起到什么样的作用，从而在价格层面满足消费者的心理，使消费者成为企业的拥护者。

（二）本文的贡献

本文首先总结阐述了消费者—企业认同理论目前的研究状况，发现在消费者—企业认同的前因研究当中，大部分研究都把注意力集中在企业社会责任、品牌吸引力、品牌认同等角度，并没有把价格纳入前因当中去进行研究。其次针对这一理论缺口，本文综述了价格方面的理论研究，将价格—感知质量引入消费者—企业认同理论当中，研究价格作为一个身份传播者，能否促成消费者—企业认同。

本文的研究不仅拓展了消费者—企业认同理论前因研究，为其理论提供了一个崭新的前因理解角度，还对价格方面的理论进行了延伸，使价格理论延伸到了身份认同的领域，这对两方面的理论都是一个发展。在现实层面，又为企业的管理者增加了一个理解价格的层面，使管理者更懂得管理价格、利用价格，以此来增加自己的忠诚消费者。

二、理论综述

（一）消费者—企业认同研究综述

消费者—企业认同（Customer-Company Identification，CCI），理论不是凭空出现的，而是以社会认同理论（SIT）和身份理论（IT）为理论基础发展而来的。关于CCI理论，随着它的出现与发展，已经越来越受重视，已经成为营销探究领域的一个重要研究角度。CCI的概念、前因和结果是CCI目前研究的三个主要方面。

（1）CCI的概念研究。主要分为三类研究：一是对CCI进行整体测量。二是对CCI进行分类，分成了认知CCI（组织的认同和个人的认知相联系）和情感CCI（组织的认同和个人的情感相联系），然后对两个类别分别进行研究。三是对CCI进行分类，将其分成了三类，分别是认知CCI、情感CCI和评价CCI（一个组织对客户的价值内涵），然后对三个类别分别进行研究。

（2）CCI的前因研究。关于CCI的前因研究，主要表现在七个方面：企业社会责任、品牌/企业吸引力、品牌/组织认同、归属感/情感依附需要、客户/互动/服务导向、企业外部形象/声望和企业社会责任慈善声望、信任。

（3）CCI的结果研究。关于CCI的结果研究，主要分为两个方面：态度和行为。态度包含对企业/品牌的满意度、态度、承诺等，行为包括企业/品牌的购买意向、忠诚、捐款、志愿活动等。

《多元企业认同的身份构建及其张力调和机理》一文给我们提供了一个CCI研究综述的表，但是只更新到了2016年。更新后的CCI文献综述表（见表1）发现还是没有学者将价格作为一个前因来研究CCI，大多数研究都是从企业社会责任、企业/品牌吸引力、组织或品牌认同、企业声望/外部形象等角度开展的。新查找到的关于CCI的文献，也是从认知和情感（Wolter & Cronin，2017）角度来研究前因的。所以价格作为一个企业身份的传播者，作为CCI的一个前因，这一方面的研究是欠缺的。所以本文从价格角度去研究价格是否能够引起CCI？如果能引起CCI，那又是怎么引起的？如果不能引起，那是缺了什么中介变量吗？

表 1 营销和相关领域的 CCI 研究文献综述

CCI的概念化/操作化	CCI的前因	CCI的结果	
		态度	行为
（1）整体的CCI测量：Bhattacharya和Sen（2003）；Lichtenstein、Drumwright和Braig（2004）；Ahearne、Bhattacharya和Gruen（2005）；Hong和Yang（2009）；Netemeyer,、Heilman和Maxham（2012）；Lichtenstein、Netemeyer和Maxham（2010）；Marín和Ruiz de Maya（2013）；Brashear-Alejandro、Kang和Groza（2016）；Kang、Alejandro和Groza（2015）；Karaosmanoğlu、Banu Elmadağ Baş和Zhang（2011）；Öberseder、Schlegelmilch、Murphy和Gruber（2014）;Tsai、Joe、Lin、Chiu和Shen（2015） （2）集中在两个 CCI 维度（认知和情感）：Currás-Pérez（2009）；Currás-Pérez、Bigné-Alcañiz和Alvarado-Herrera（2009）；Einwiller等（2006）；Algesheimer等（2005）；Fombelle等（2012）；Homburg等（2009）；Wolter和Cronin（2016） （3）集中在三个 CCI 维度（认知、情感和评价）：Bagozzi和Yi（2012）；Bagozzi等（2012）	（1）企业社会责任：Lichtenstein等（2004）；Currás-Pérez等（2009）；Currás-Pérez（2009）；Lee、Park、Rapert和Newman（2012）；Lii和Lee（2012）；Homburg、Stierl和Bornemann（2013）；Romani、Grappi和Bagozzi（2013）；Öberseder、Schlegelmilch, Murphy和Gruber（2014）；Romani和Grappi（2014）；Siu、Zhang和Kwan（2014）；Swimberghe和Wooldridge（2014） （2）企业/品牌吸引力：Bhattacharya和Sen（2003）；Currás-Pérez等（2009）；Marín和Ruiz de Maya（2013） （3）组织或品牌认同：Homburg等（2009）；Lichtenstein等（2010）；Bagozzi等（2012）；Netemeyer等（2012） （4）情感依附/归属感需要：Karaosmanoğlu等（2011）；Marín和Ruiz de Maya（2013）；Wolter和Cronin（2017） （5）服务/互动/客户导向：Tung、Liang和Chen（2014） （6）企业声望/外部形象：Ahearne等（2005） （7）企业社会责任慈善声望、信任：Homburg等（2013）	（1）对企业/品牌的态度/承诺/满意度：Currás-Pérez（2009）；Lii和Lee（2012）；Pérez和Rodríguez del Bosque（2013）；Siu等（2014）；Swimberghe和Wooldridge（2014） （2）更苛刻的企业诉求：Bhattacharya和Sen（2003）	（1）企业/客户忠诚：Bhattacharya和Sen（2003）；Lichtenstein等（2004）；Homburg等（2009）；Currás-Pérez（2009）；Lee等（2012）；Homburg等（2013）；Pérez和Rodríguez del Bosque（2013）；Swimberghe和Wooldridge（2014）；Kang等（2015）；Wolter和Cronin（2016）；Wolter等（2018） （2）购买意向：Currás-Pérez等（2009）；Currás-Pérez（2009）；Öberseder、Schlegelmilch、Murphy和Gruber（2014）；Tsai等（2015） （3）正面口碑等其他意向：Hong和Yang（2009）；Bagozzi等（2012）；Romani等（2013）；Wolter和Cronin（2016） （4）客户角色内/外行为：Ahearne等（2005）；Karaosmanoğlu等（2011）；Lii和Lee（2012）；Won-Moo等（2018） （5）捐款/志愿活动：Lichtenstein等（2004）；Romani和Grappi（2014） （6）负面信息恢复：Bhattacharya和Sen（2003）；Bagozzi等（2012）；Wolter和Cronin（2016）

（二）价格的研究综述

1. 价格的理解

价格是商品或服务价值的货币表现，但这仅仅只是从表面上对价格的理解，对于价格还是要从本质上去理解。价格本身属于交换的范畴，其背后反映了各种各样的关系和信息，关系包括交换双方之间的关系、在商品交换中交换双方的物质利益关系等，信息包括商品信息、企业信息等。这些关系和信息也包含在了价格理解的范畴之内。

要想更好地理解价格，还要了解价格在经济活动中的作用。价格在经济活动中的作用主要体现在以下四个方面：

（1）价格是呈现资源稀缺性程度的一个指标。在经济生活中，资源总是有限的，并且各种资源的稀缺性也是不一样的。而资源是否稀缺，又与资源的供给和需求有关。供给和需求关系的结果反映到价格上，所以价格便可以直接反映资源的稀缺程度了。

（2）价格还是一种诱因。价格能够诱使人们调节生产并可能发现新的生产。当价格上升时，它会导致消费受到抑制、生产扩大；当价格下降时，它会导致消费受到刺激，生产减小。

（3）价格还能为经济活动参与者传递信息，成为经济参与者进行沟通的信息之一。

（4）存在市场，才会存在价格。价格是为市场服务的，价格也是在市场中形成的，受供给和需求的影响。离开了市场，价格就会变得脱离实际，变成“悬浮在高空中的价格”。

总之，对于价格，不仅要从其定义上去理解，还要从它反映的信息和关系、它的作用上去了解，这样才会对价格有一个全面的认识。

2. 价格的角色

前人的研究中指出，价格在消费者的价值感知及购买行为决策中主要扮演传递信息和资源分配的角色。关于传递信息的角色，因为经济参与者身处在信息不对称的市场当中，当一方处于信息弱势时，总会借助各种信息进行推断，以减缓自己的信息弱势局面，而价格就是可以进行推断的信息之一。关于资源分配的角色，消费者将价格理解成了一种损失，当价格越高时，消费者对于这种损失感觉就会增强，而这种损失感的增强则会导致价格对消费者的吸引力降低，这就不利于购买行为的产生。理性的消费者会使自己的金钱使用效用最大化。

目前关于价格的研究集中在两个方面：一是集中在价格向消费者传递信息的角色上，针对传递不同的信息进行不同的研究。二是集中在将价格的两种作用统一起来。本文的研究是针对价格向消费者传递信息的作用上，也就是研究当消费者接触到价格时，联想到的企业信息，解析企业的身份，再结合自身的一个身份对比，分析能否产生CCI。

（三）价格—感知质量研究综述

价格—感知质量（Price-Perceived Quality，PPQ）是概念化价格感知模型的维度之一。要想了解和利用PPQ，需要先了解价格感知。

1. 价格感知

价格感知是消费者面对商品或服务价格时，整合与价格相关的各种属性，形成与外部环境相一致的有意义的完整心理思维的过程和认知。简单来说，就是消费者如何说明他们所面对的商品或服务价格的。

关于价格感知的消费者行为的研究显示，价格存在两种作用：正向作用和负向作用。正向作用指的是价格会传递出关于声望、地位和质量方面的信息。负向作用指的是价格会使消费者本身的经济利益出现损失。这两种作用会导致消费者出现不同的购买决策和购买行为。为了研究这两种作用，Lichtenstein（1993）等提出了七个维度来概念化价格感知的模型，这七个维度分别是价值意识、价格意识，促销倾向、消费券倾向、价格专家、PPQ和声望感。前五个维度被认为可以负向影响消费者购买意愿，而后两个则正向影响消费者的购买意愿。

2. 价格关于PPQ的正向作用

PPQ指的是消费者偏向于从价格角度去判断商品的质量。有很多研究都证明了当消费者从PPQ维度去理解价格和质量之间的关系时，会对消费者的购买意愿产生一个促进作用。既然PPQ对消费者的购买意愿有一个正向的促进作用，那对于CCI呢？正向的购买意愿会不会接着促成CCI，进而使消费者成为企业的拥趸呢？前人对PPQ的研究集中在PPQ的概念和对购买意愿的影响上，而对企业层面的影响并没有研究，本文基于这一理论缺口，研究PPQ和CCI之间的关系，以及两者之间作用的过程。

三、理论框架和研究假设

基于研究的问题，本文构建了图2所示的概念模型，以此来解释价格对CCI的作用机理。这个模型整体上是一个从左到右推理的过程，从价格延伸到PPQ理论，接着PPQ对身份相似性、身份独特性和身份声望有一个影响作用，然后产生企业的身份吸引力，从而吸引消费者，消费者再受到诱导，最后实现CCI。

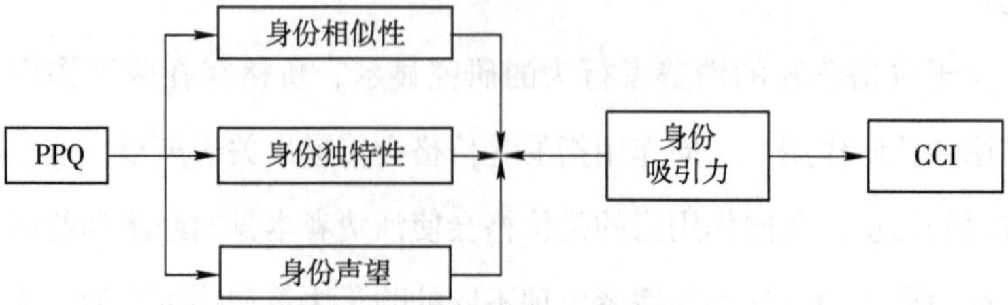

图 2　价格对 CCI 的作用机理

接触到价格之后，毫无疑问，消费者关心的就是商品或服务的质量。因为对消费者认知和情感反应起到决定性作用的就是价格和质量之间的关系，所以在谈到价格对消费者产生的认知影响时，还必须考虑到质量因素。因此需要从PPQ的维度去理解价格和质量之间的关系。价格与质量成正比，商品或服务的价格和质量是具有匹配性的，也就是说，商品的质量符合消费者所面对的价格。商品或服务的质量是企业维持下去的根本，只有质量达到了消费者的心理期望水平，消费者才会去认可企业。鉴于此，我们提出以下假设：

H1：价格—感知质量正向影响消费者—企业认同。

H2：价格—感知质量正向影响身份吸引力。

H3：价格—感知质量正向影响身份独特性。

H4：价格—感知质量正向影响身份名望。

H5：价格—感知质量正向影响身份相似性。

在努力认清自己和周围世界的过程中，消费者存在三个基本自我定义需求，即自我继续、自我区别和自我提升。这三个基本自我定义需求分别对应了身份相似性、身份独特性和身份声望。如果企业价格能够满足消费者三个基本自我定义需求其中的一个，那么消费者就会被企业的身份所吸引。

因为价格具有传递信息的功能，而且其传递的信息是极其丰富的，当消费者接触到价格时，会由该商品价格联想到企业商品的价格，企业所经营商品定价的一个战略是否符合自身购买商品的一个标准。消费者这些信息联想的内涵就是消费者在对比自身的身份和企业的身份是否具有相似性，是否满足自我继续的需求。如果身份相似，满足了需求，消费者就会被企业所吸引。比如倾向于购买廉价商品的消费者就会喜欢低价实惠身份的企业；同理，人们试图消除既希望与他人相似，同时又希望与众不同而带来的根本上的不安情绪。当消费者感知到的价格信息能够为其带来自我区别的感觉时，消费者就会被企业所吸引；再同理，人们总喜欢积极地看待自己，同时又需要自我提升。而当消费者接触到价格时，消费者可能关注的不是其价格，而是其背后所反映的有声望的企业，因为消费者自我提升的主要方式就是认同有名望的企业，当价格满足消费者自我提升需求时，消费者就会被企业所吸引。鉴于此，我们提出以下假设：

H6：身份独特性对身份吸引力有正相关作用。

H7：身份名望对身份吸引力有正相关作用。

H8：身份相似性对身份吸引力有正相关作用。

H9：身份吸引力对消费者—企业认同有正相关作用。

模型中的变量关系比较多，还需要验证变量是否起到了一个中介作用，所以提出以下假设：

H10-1：价格—感知质量通过身份相似性影响身份吸引力。

H10-2：价格—感知质量通过身份独特性影响身份吸引力。

H10-3：价格—感知质量通过身份声望影响身份吸引力。

H11-1：身份相似性通过身份吸引力影响消费者—企业认同。

H11-2：身份独特性通过身份吸引力影响消费者—企业认同。

H11-3：身份声望通过身份吸引力影响消费者—企业认同。

H12-1：价格—感知质量通过身份相似性、身份吸引力影响消费者—企业认同。

H12-2：价格—感知质量通过身份独特性、身份吸引力影响消费者—企业认同。

H12-3：价格—感知质量通过身份声望、身份吸引力影响消费者—企业认同。

四、调查问卷设计和收集

（一）研究对象

本文的研究对象是PPQ对CCI的作用过程。研究的主体是消费者。

（二）问卷设计

本文使用问卷调查法，这就要求对模型中的变量设计出合理的测量题项，而且这些测量变量的题项必须科学、合理、有依据。本文对变量的测量题项是参考了前人对于CCI理论、PPQ理论研究时使用的量表，依据这些量表，再结合本文的实际研究内容，设计出了测量本文变量的相关题项，其题项都是有依据的，并且科学、合理。为了使统计更加方便，本文还对每个题项进行了编码，编码详细解释会在表后标注出来，如表2所示。

在设计的问卷末尾，有要求被调查者填写一些附加信息，如性别、年龄、受教育程度、收入情况、职业等，因为这些信息对本次的研究并没有太大的影响，所以接下来的研究不会对这些信息做详细的分析。调查问卷的详细内容见附录。

表 2　变量测量量表

	题项	编码	出处
身份吸引力	I like what Company（这家）stands for 我欣赏这家企业的理念	IA1	Bhattacharya和Sen（2003）
	Company（这家）has an attractive identity 这家企业具有吸引人的身份	IA2	
身份相似性	I recognize myself in Company（这家） 我在这家企业中能够认清我自己	IS1	Bhattacharya和Sen（2003）
	My sense of who I am matches my sense of Company（这家） 我感觉我自己与这家企业相匹配	IS2	
身份独特性	Company（这家）has a distinctive identity 这家企业具有独特的身份	ID1	Bhattacharya和Sen（2003）
	Company（这家）stands out from its competitors 这家企业从竞争中脱颖而出	ID2	

续表

		题项	编码	出处
身份声望		Company（这家）is a first-class，high-quality company 这家企业是一流的、高品质的企业	IP1	Bhattacharya和Sen（2003）
		The people around me have a positive image of（这家） 我周围的人对这家企业有正面的印象	IP2	Curras-Pérez、Bigne-Alcaniz、Alvarado-Herrera（2009）
		（这家）is a brand with a good reputation 总的来说，这家企业是受人尊敬的	IP3	
		（这家）is a brand with a good reputation 这是一家信誉良好的企业	IP4	
消费者—企业认同	相符感	看到这家企业发展越来越好，我们消费者会为它感到骄傲	CCI1	李纯青等（2019）录用
		我认为这家企业符合自己的一些观念（比如价值观、企业文化、理念、风格、态度、企业规模、大品牌、历史时间等）	CCI2	
		同样选择这家企业的消费者，我觉得我们之间有相似的地方（比如生活理念、价值观、喜欢科技类的产品、追求创新、看重服务质量、看重企业的物流速度快、喜欢高品质的产品、看重企业文化 、被企业的领导者个人魅力吸引、对品质的追求、对美的追求、审美等）	CCI3	
		我认为我个人属于支持这家企业的群体	CCI4	
		我会对该企业的其他消费者有一种亲切感	CCI5	
		我认为这家企业在很多方面适合我	CCI6	
	归属感	这家企业的成功好像是我个人的成功	CCI7	
		如果媒体指责了这家企业，我们消费者会感到很尴尬	CCI8	
		当别人批评这家企业时，我感觉那是对我们消费者的侵犯	CCI9	
		我对别人如何看待这家企业比较感兴趣	CCI10	
	效能感	我对这家企业来说是有价值的	CCI11	
		我对这家企业的发展是有帮助的	CCI12	
		在与这家企业接触的过程中，我受到这家企业相关人员的重视	CCI13	

续表

	题项	编码	出处
价格—感知质量	quality. 这家企业产品质量过硬	PPQ1	White（1978）
	durability. 这家企业产品耐久性好	PPQ2	
	workmanship. 这家企业产品工艺水平高	PPQ3	
	reliability. 这家企业产品可靠性强	PPQ4	

注：IA：身份吸引（Identity Attractiveness）；IS：身份相似（Identity Similarity）；ID：身份独特（Identity Distinctiveness）；IP：身份声望（Identity Prestige）；CCI：消费者—企业认同（Consumer–Company Identification）；PPQ：价格—感知质量（Price–Perceived Quality）

（三）问卷回收及样本特征

本次一共收集到了319份问卷，剔除无效问卷，有效问卷有293份。问卷样本的描述性统计如表3所示。

表 3 样本的描述性统计

项目		样本数	百分比（%）	累计百分比（%）
性别	男	142	48.46	48.46
	女	151	51.54	100.00
年龄	25岁及以下	126	43.00	43.00
	26~30岁	38	12.97	55.97
	31~35岁	34	11.60	67.57
	36~40岁	21	7.17	74.74
	41~45岁	23	7.85	82.59
	46~50岁	23	7.85	90.44
	51岁及以上	28	9.56	100.00
年收入	暂无收入	127	43.34	43.34
	10万元及以下	52	17.75	61.09
	11万~30万元	77	26.28	87.37
	31万~50万元	14	4.78	92.15
	51万元及以上	23	7.85	100.00
受教育程度	高中/中专/中技及以下	6	2.05	2.05
	大专	19	6.48	8.53

续表

项目		样本数	百分比（%）	累计百分比（%）
受教育程度	本科	156	53.24	61.77
	硕士（含在读硕士）	85	29.01	90.78
	博士（含在读博士）	27	9.22	100.00
婚姻	已婚	137	46.76	46.76
	未婚	156	53.24	100.00
职业	国家公务员	4	1.37	1.37
	国企中高层管理者	17	5.80	7.17
	国企员工	43	14.68	21.84
	学生	130	44.37	66.21
	事业单位（科教文单位）员工	23	7.85	74.06
	外企 / 中外合资企业的中高层管理者	6	2.05	76.11
	私企、个企（或个体）老板	24	8.19	84.30
	私企、个企（或个体）员工	27	9.22	93.52
	自由职业者	11	3.75	97.27
	其他	8	2.73	100.00

五、数据分析及讨论

（一）数据分析方法

本文的数据分析方法主要包括三种：问卷信度分析、问卷构建效度分析和假设检验分析。对于293份有效问卷数据，本文使用SPSS 25（问卷信度分析）和AMOS 24（问卷构建效度分析和假设检验分析）对数据进行分析。

（二）问卷信度检验

为了确保信息的准确性，会对数据进行多次测量。而信度指的就是这些测量结果间的统一性，或者称为一致性，反映在数据上的指标就是误差，误差越小，其信度系数就会越高。相反，误差越大，信度系数就会越低。

若总的量表或问卷信度系数在0.8以上，可以认为该量表或问卷信度系数为佳；若总的量表或问卷的信度系数在0.7~0.8，可认为该量表或问卷信度系数在接受范围内。对于分量表，信度系数在0.7以上为佳，0.6~0.7算在可以接受范围内。

关于本研究的量表信度如表4所示。

表 4　量表信度检验

变量	编码	信度
身份吸引力	IA1	0.608
	IA2	
身份相似性	IS1	0.614
	IS2	
身份独特性	ID1	0.609
	ID2	
身份名望	IP1	0.867
	IP2	
	IP3	
	IP4	
消费者—企业认同	CCI1	0.900
	CCI2	
	CCI3	
	CCI4	
	CCI5	
	CCI6	
	CCI7	
	CCI8	
	CCI9	
	CCI10	
	CCI11	
	CCI12	
	CCI13	

续表

变量	编码	信度
价格—感知质量	PPQ1	0.873
	PPQ2	
	PPQ3	
	PPQ4	

由表4可知，本研究量表的有效性符合统计要求，内部一致性获得通过。

（三）问卷构建效度检验

效度指的是该问卷是否真实测试了研究想要测试的内容，即被试者的回答是否与制作问卷者的期望回答一致。关于拟合效果，CMIN/DF的值为2.493（小于3），RMSEA的值为0.072（小于0.08），这都显示了拟合比较理想。关于效度是否通过，本文采用EMOS 25软件进行效度检验，得出的结果如表5所示。

表 5　效度检验

			因素负荷量	信度系数	测量误差	组合信度	平均方差抽取量
PPQ1	→	价格—感知质量	0.725***	0.525	0.475		
PPQ2	→	价格—感知质量	0.812***	0.659	0.341		
PPQ3	→	价格—感知质量	0.760***	0.578	0.422		
PPQ4	→	价格—感知质量	0.841***	0.707	0.293	0.865	0.617
IS1	→	身份相似性	0.647***	0.419	0.581		
IS2	→	身份相似性	0.652***	0.425	0.575	0.593	0.422
ID1	→	身份独特性	0.590***	0.348	0.652		
ID2	→	身份独特性	0.811***	0.658	0.342	0.664	0.503
IP1	→	身份名望	0.672***	0.452	0.548		
IP2	→	身份名望	0.739***	0.546	0.454		
IP3	→	身份名望	0.799***	0.639	0.361		
IP4	→	身份名望	0.861***	0.742	0.258	0.853	0.595

续表

			因素负荷量	信度系数	测量误差	组合信度	平均方差抽取量
IA1	→	身份吸引力	0.546***	0.298	0.702		
IA2	→	身份吸引力	0.617***	0.381	0.619	0.506	0.339
CCI1	→	消费者—企业认同	0.542***	0.294	0.706		
CCI2	→	消费者—企业认同	0.698***	0.488	0.512		
CCI3	→	消费者—企业认同	0.673***	0.453	0.547		
CCI4	→	消费者—企业认同	0.723***	0.522	0.478		
CCI5	→	消费者—企业认同	0.686***	0.471	0.529		
CCI6	→	消费者—企业认同	0.688***	0.473	0.527		
CCI7	→	消费者—企业认同	0.543***	0.295	0.705		
CCI8	→	消费者—企业认同	0.569***	0.324	0.676		
CCI9	→	消费者—企业认同	0.594***	0.353	0.647		
CCI10	→	消费者—企业认同	0.565***	0.32	0.68		
CCI11	→	消费者—企业认同	0.62***	0.384	0.616		
CCI12	→	消费者—企业认同	0.584***	0.341	0.659		
CCI13	→	消费者—企业认同	0.609***	0.371	0.629	0.892	0.663

注：***代表$p < 0.1$。

由表5可知，所有题项的因素负荷量都大于0.5，表明所有题项都达到了显著水平，显示出该测量问卷具有较高的收敛效度。对于平均方差抽取量，分别为0.617、0.422、0.503、0.595、0.339、0.663，其中两个变量的平均方差提取量小于边界值0.5，但是其他四项都是大于边界值的，从总体上来看，效度是通过的。

（四）假设检验

由表6可知，假设检验的拟合效果比较理想。

关于假设检验，本文也采用EMOS 25软件对问卷数据进行分析。采用EMOS 25软件，得出了各假设的标准化路径系数，具体参数数据如表6、表7所示。

表 6　拟合优度指标

	<3，优；<5，通过	>0.9	>0.9	>0.9	>0.9	>0.9	>0.9	>0.9	<0.08，良好 <0.1，通过
	CMIN/DF	GFI	AGFI	NFI	RFI	IFI	TLI	CFI	RMSEA
1. 价格—感知质量→消费者—企业认同	2.774	0.886	0.832	0.897	0.865	0.931	0.909	0.931	0.078
2. 价格—感知质量→身份吸引力	1.820	0.988	0.959	0.987	0.969	0.994	0.986	0.994	0.053
3. 价格—感知质量→身份独特性	2.040	0.985	0.954	0.982	0.961	0.991	0.98	0.991	0.06
4. 价格—感知质量→身份名望	2.582	0.964	0.920	0.975	0.956	0.984	0.972	0.984	0.074
5. 价格—感知质量→身份相似性	2.178	0.984	0.951	0.979	0.955	0.988	0.975	0.988	0.064
6. 身份独特性→身份吸引力	5.017	0.992	0.916	0.980	0.881	0.984	0.902	0.984	0.117
7. 身份名望→身份吸引力	1.941	0.987	0.953	0.987	0.968	0.994	0.984	0.994	0.057
8. 身份相似性→身份吸引力	0.524	0.999	0.991	0.997	0.983	1.003	1.016	1.000	0.000
9. 身份吸引力→消费者—企业认同	2.766	0.916	0.855	0.914	0.871	0.943	0.914	0.942	0.078

表 7　H1 至 H9 检验结果

假设	标准化路径系数β	标准误(S.E)	临界比(C.R)
1. 价格—感知质量→消费者—企业认同	0.724***	0.097	8.774
2. 价格—感知质量→身份吸引力	0.882***	0.082	9.739
3. 价格—感知质量→身份独特性	0.671***	0.080	7.499
4. 价格—感知质量→身份名望	0.921***	0.069	13.017
5. 价格—感知质量→身份相似性	0.503***	0.104	5.865
6. 身份独特性→身份吸引力	0.943***	0.144	6.741
7. 身份名望→身份吸引力	0.942***	0.076	10.508
8. 身份相似性→身份吸引力	0.637***	0.100	4.678
9. 身份吸引力→消费者—企业认同	0.980***	0.228	6.348

注：***代表$p < 0.1$。

表 8　中介效应检验结果

路径	标准化路径系数	下限	上限
假设10–1			
价格—感知质量→身份相似性	a=0.503***		
身份相似性→身份吸引力	b=0.637***		
价格—感知质量→身份相似性→身份吸引力	c'=0.440***	0.313	0.839
假设10–2			
价格—感知质量→身份独特性	a=0.671***		
身份独特性→身份吸引力	b=0.943***		
价格—感知质量→身份独特性→身份吸引力	c'=–0.008	–0.274	1.314
假设10–3			
价格—感知质量→身份声望	a=0.921***		
身份声望→身份吸引力	b=0.942***		
价格—感知质量→身份声望→身份吸引力	c'=0.415	–1.339	0.720
假设11–1			
身份相似性→身份吸引力	a=0.637***		
身份吸引力→消费者—企业认同	b=0.980***		
身份相似性→身份吸引力→消费者—企业认同	c'=0.643***	0.496	0.918
假设11–2			
身份独特性→身份吸引力	a=0.943***		
身份吸引力→消费者—企业认同	b=0.980***		
身份独特性→身份吸引力→消费者—企业认同	c'=–0.011	–0.34	1.585
假设11–3			
身份声望→身份吸引力	a=0.942***		
身份吸引力→消费者—企业认同	b=0.980***		
身份声望→身份吸引力→消费者—企业认同	c'=0.450	–1.544	0.782
假设12–1			
价格—感知质量→身份相似性→身份吸引力→消费者—企业认同	c'=0.342***	0.197	0.703
价格—感知质量→身份独特性→身份吸引力→消费者—企业认同	c'=–0.006	–0.227	0.976
价格—感知质量→身份名望→身份吸引力→消费者—企业认同	c'=0.323	–0.744	0.718

注：***代表$p < 0.1$。

根据表7的标准化路径系数β值和表8中c'的值，可以很容易地判断出相应的结果。为了方便观看验证后的结果，本文将验证后的结果做成了统计表，如表9所示。

表 9　假设结果统计

假设	结论
假设1：价格—感知质量正向影响消费者—企业认同。	支持假设
假设2：价格—感知质量正向影响身份吸引力。	支持假设
假设3：价格—感知质量正向影响身份独特性。	支持假设
假设4：价格—感知质量正向影响身份名望。	支持假设
假设5：价格—感知质量正向影响身份相似性。	支持假设
假设6：身份独特性对身份吸引力有正相关作用。	支持假设
假设7：身份名望对身份吸引力有正相关作用。	支持假设
假设8：身份相似性对身份吸引力有正相关作用。	支持假设
假设9：身份吸引力对消费者—企业认同有正相关作用。	支持假设
假设10-1：身份相似性在价格—感知质量与消费者—企业认同之间起中介作用。	支持，部分中介
假设10-2：身份独特性在价格—感知质量与消费者—企业认同之间起中介作用。	支持，完全中介
假设10-3：身份名望在价格—感知质量与消费者—企业认同之间起中介作用。	支持，完全中介
假设11-1：身份吸引力在身份相似性与消费者—企业认同之间起中介作用。	支持，部分中介
假设11-2：身份吸引力在身份独特性与消费者—企业认同之间起中介作用。	支持，完全中介
假设11-3：身份吸引力在身份名望与消费者—企业认同之间起中介作用。	支持，完全中介
假设12-1：身份相似性、身份吸引力在价格—感知质量与消费者—企业认同之间起中介作用。	支持，部分中介
假设12-2：身份独特性、身份吸引力在价格—感知质量与消费者—企业认同之间起中介作用。	支持，完全中介
假设12-3：身份名望、身份吸引力在价格—感知质量与消费者—企业认同之间起中介作用。	支持，完全中介

六、研究结论与未来展望

（一）研究结论

根据假设检验得出的结论，可以得出PPQ可以通过身份的三个特性（身份相似性、身份独特性和身份声望）形成身份吸引力，最终达成CCI，并且每个变量之间都存在正向影响的关系。这解决了我们之前提出的疑问，价格是可以引导消费者实现消费者对企业认同的。

针对研究的结论，本文对企业管理方面提出了四条建议：第一，针对PPQ对CCI有一个正向作用，建议企业在宣传商品或服务时先对比同行业的商品或服务的价格。当企业商品或服务的价格高于同行业时，企业宣传时应该着重突出商品或服务的质量，引导消费者从PPQ的角度去理解产品，让消费者觉得为了更好的质量多付一点额外的金钱是可以接受的。当企业商品或服务价格低于同行业时，宣传时应突出其价格和商品或服务的基本功能，引导消费者往物美价廉的角度去思考。第二，针对身份的相似性，建议企业对商品的定位以及价格的制定，要更加的精准且明显，能让消费者很容易地察觉到企业所表达的意图或战略。消费者察觉到企业的意图之后，会对比自身的身份（学生、青年、商务人士等）、购物喜好（性价比高、质量要好等）等，如果自身的身份或购物喜好和企业所表达的意图或战略具有相似性，那么企业就很容易去收获目标市场。如华为手机不同系列、不同价位的手机，mate系列符合商务人士、nova符合年轻人等。第三，针对身份独特性，建议企业可以推出一些独特性的价格，独特性表现在以下两个方面：一方面是高端企业推出低价产品或低端企业推出高价产品；另一方面是推出反常理价格的商品。第四，针对身份声望。消费者更倾向于认同有声望的企业。而对于没有声望的企业，建议去联合有声望的企业推出联名产品，以此来增加自己的知名度和声望。

（二）研究的局限及未来展望

本文的局限性在于在验证PPQ对CCI的作用过程中，未对影响CCI的其他因素进行考虑和控制，导致不清晰PPQ对CCI的影响程度有多大。所以针对这点局限性，建议在未来的研究当中，如果条件允许的话，应该考虑所有影响CCI的因素，然后比较各个因素对CCI的影响程度。

参考文献

[1] BHATTACHARYA C B，SEN S. Consumer-company identification：a framework for understanding consumers' relationships with companies[J]. Journal of marketing，2003，67（2）：76-88.

[2] LICHTENSTEIN D R，BURTON S，NETEMEYER R G. Price perceptions and consumer shopping behavior：a field Study[J]. Journal of marketing research，1993（30）.

[3] ZHIYONG YANG，SIJIE SUN，ASHOK K. LALWANI，et al. How does consumers' local or global identity influence price-perceived quality associations? The role of perceived quality variance[J]. Journal of marketing，83（3）：145-162.

[4] CURRAS-PEREZ R，BIGNE-ALCANIZ E，ALVARADO-HERRERA A. The role of self-definitional principles in consumer identification with a socially responsible company[j]. journal of business ethics，2009，89（4）：547-564.

[5] WHITE P D. PM's and the price-perceived quality relationship[J]. Journal of purchasing & materials management，1978，14（4）：9-12.

[6] WOLTER J S，BOCK D，SMITH J S，et al. Creating ultimate customer loyalty through loyalty conviction and customer-company identification[J]. Journal of retailing，2018，in press.

[7] WOLTER J S，CRONIN J J J. Unique influences of cognitive and affective

customer–company identification[J]. Journal of business research，2017，78（sep.）：172–179.

[8] 李纯青，吕俊峰，马宝龙，等. 多元企业认同的身份构建及其张力调和机理[J]. 心理科学进展，2018（8）：5–22.

[9] 菲利普·科特勒，加里·阿姆斯特朗. 市场营销第十六版[M]. 楼尊，译. 北京：中国人民大学出版社，2015.

[10] 吴明隆. SPSS统计应用实务：问卷分析与应用统计[M]. 北京：科学出版社，2003.

附录

调查问卷

尊敬的女士/先生：

您好，首先感谢您参与我们的问卷调查。这是一项纯学术性的调查，您只需要根据自己的真实感受来作答即可，答案没有对错之分，仅供学术研究使用。您的回答对我们的研究至关重要，我们在此对您深表感谢！

一、您比较认可或认同的一家企业是__________（请您填写企业名称，以下出现的这家企业均是您所认同的这家企业）

二、请根据下面每句话与您自己的符合程度，在右边对应的数字上打“√”（或者以您方便的形式标出）。1~7的数字分别表示从“完全不符合”至“完全符合”的程度，请不要漏选！

三、个人基本信息

1. 您的性别：□男　□女

2. 您的年龄：□25岁及以下　□26~30岁　□31~35岁　□36~40岁　□41~45岁　□46~50岁　□51岁及以上

题号		编码	完全不符合	不符合	有点不符合	说不清	有点符合	符合	完全符合
			1	2	3	4	5	6	7
1	我欣赏这家企业的理念	IA1							
2	看到这家企业发展越来越好，我们消费者会为它感到骄傲	CCI1							
3	这家企业是一流的、高品质的企业	IP1							
4	这家企业产品的质量过硬	PPQ1							
5	我认为这家企业符合自己的一些观念（比如价值观、企业文化、理念、风格、态度、企业规模、大品牌、历史时间等）	CCI2							
6	这家企业具有吸引人的身份	IA2							
7	这家企业产品的耐久性好	PPQ2							
8	这家企业让我能明显感觉到它是做什么的	CI1							
9	同样选择这家企业的消费者，我觉得我们之间有相似的地方（比如生活理念、价值观、喜欢科技类的产品、追求创新、看重服务质量、看重企业的物流速度快、喜欢高品质的产品、看重企业文化、被企业的领导者个人魅力吸引、对品质的追求、对美的追求、审美等）	CCI3							
10	这家企业产品的工艺水平高	PPQ3							
11	我在这家企业中能够认清我自己	IS1							
12	我认为我个人属于支持这家企业的群体	CCI4							
13	我对这家企业的发展是有帮助的	CCI12							
14	我感觉我自己与这家企业相匹配	IS2							

续表

题号		编码	完全不符合	不符合	有点不符合	说不清	有点符合	符合	完全符合
			1	2	3	4	5	6	7
15	我会对该企业的其他消费者有一种亲切感	CCI5							
16	这家企业具有独特的身份	ID1							
17	这家企业产品的可靠性强	PPQ4							
18	我周围的人对这家企业有正面的印象	IP2							
19	我认为这家企业在很多方面适合我	CCI6							
20	这家企业从竞争中脱颖而出	ID2							
21	这家企业让我能明显感觉到跟别的企业不一样	CI2							
22	这家企业的成功好像是我个人的成功	CCI7							
23	总的来说，这家企业是受人尊敬的	IP3							
24	如果媒体指责了这家企业，我们消费者会感到很尴尬	CCI8							
25	在与这家企业接触的过程中，我受到这家企业相关人员的重视	CCI13							
26	当别人批评这家企业时，我感觉那是对我们消费者的侵犯	CCI9							
27	在不同时间段接触这家企业时，能感觉到这家企业的身份是前后一致的	CI3							
28	这是一家信誉良好的企业	IP4							
29	我比较感兴趣别人如何看待这家企业	CCI10							
30	我对这家企业来说是有价值的	CCI11							

3. 您的家庭年收入：

□暂无收入 □10万元及以下 □11万~30万元 □31万~50万元 □51万元及以上

4. 您的受教育程度：

□高中/中专/中技及以下 □大专 □本科 □硕士（含在读硕士） □博士（含在读博士）

5. 您的婚姻状况：

□已婚 □未婚

6. 您的职业：

□国家公务员 □国企中高层管理者 □国企员工 □学生 □事业单位（科教文单位）员工 □外企 / 中外合资企业的中高层管理者 □私企、个企（或个体）老板 □私企、个企（或个体）员工 □自由职业者 □其他

再次感谢您的参与，并对您辛勤的劳动成果表示最崇高的敬意！

感知价值对品牌好感度和重复购买行为的影响
——价格促销渠道的调节作用

樊相君

摘　要：互联网经济的快速发展，使市场竞争越发激烈，也使更多的企业将价格促销作为参与竞争强有力的武器。对于价格促销的开展，必然需要经过一定的途径和渠道，如果选择了良好的价格促销渠道，则会为企业的品牌和产品回头率带来正面影响，而若选择了不符合消费者行为习惯和消费心理的渠道，便会为企业带来负面影响。有研究表明，影响消费者自我购买心理和行为的重要因素是感知价值。本文的研究目的是基于感知价值对品牌好感度和重复购买行为的影响，来判断价格促销渠道在其中的调节作用。

本文通过回顾已有的研究文献，总结了国内外学者对于品牌好感度、重复购买行为的相关理论，分析了感知价值对品牌好感度和消费者重复购买行为的影响。收集数据的方式为问卷设计、发放和回收。本文设计了两种情境下的问卷，一种是领取了商家在店铺首页直接投放的优惠券情景；另一种是通过与商家客服交流才能领取的优惠券情景。对于收集到的数据，使用SPSS 25.0验证本文的研究假设。通过研究分析发现：感知价值与品牌好感度具有正相关关系；感知价值与重复购买行为具有正相关关系；价格促销渠道在感知价值对品牌好感度的影响中起到调节作用；价格促销渠道在感知价值对重复购买行为的影响中起到调节作用。根据本文研究结果，总结了实验的局限和不足，并对之后的研究提出展望。

关键词：价格促销渠道；感知价值；品牌好感度；重复购买行为

一、引言

（一）研究背景

伴随着信息时代的飞速发展，“互联网+”行业逐步占据了市场主导地位，由于电子商务的快速兴起和在线支付技术的飞速发展，在线购物逐渐在人们的生活中兴起。为了在市场竞争中脱颖而出，人员、广告、价格促销都成了商家常用的营销工具，而在以上几种促销手段中价格促销已成为商家最常用且灵活掌握的手段。商家认为价格促销能够最为有效地刺激消费者的消费欲望，而消费者在选择商品时往往也将产品价格作为最重要的判断依据。作为消费者，我们在日常生活中会经常遇到以下场景：当我们去饭店吃饭时，会看到新的优惠菜品，以及会员充值赠送免单的优惠活动；当我们在商场购物时，会出现节假日发放品牌优惠券的宣传；当我们在淘宝等App网络购物时，会看到店铺发放的各种“满减券”。我们可以看到，在进行价格促销时，商家通常会选择为消费者提供各种各样的优惠券，以此达到增强自身竞争力、刺激消费者购买欲、增加利润的目的。发放优惠券的这种促销形式，尤其在电子商务平台中被更为广泛的应用。

作为一种信息媒介，优惠券赋予了持票人享受优惠的权利，持票人可以使用优惠券来抵扣部分现金，购买低于原始价格的产品。[①]人们对网络购物的热情不断增长，以及不同类型的优惠券层出不穷的现状无疑给商家开展优惠券促销活动带来诸多的挑战。先前众多学者研究表明，影

① 陈兰兰. 优惠券持有对品牌好感度的影响机制[D]. 福州：福州大学，2015.

响消费者购买心理和行为的重要因素之一就是感知价值。本文意在针对价格促销渠道进行实证研究，通过消费者的感知价值对品牌好感度和重复购买行为的影响分析，讨论价格促销渠道对其的调节作用。

（二）研究意义

本文以促销渠道理论和消费者心理、行为理论为基础，研究消费者在获取优惠券的不同渠道影响下的感知价值，通过感知价值来判断消费者对于商家的品牌好感度和重复购买意愿。根据不同渠道的优惠券发放在感知价值对品牌好感度和重复购买意愿的影响中的调节作用，为商家判断和制定价格促销策略、选择合适的价格促销渠道提供合理建议。本研究在理论上和实践上都有着重要意义。

1. 理论意义

国内学者对于有关优惠券的研究早已开始并且卓有成效，但是关于研究优惠券的发放渠道在消费者行为和消费者心理之间的影响，相关文献鲜而有之。本文从优惠券的不同发放渠道这一视角出发，通过其发放的两种不同渠道来研究它们会在感知价值对品牌好感度和重复购买行为的影响中起到何种作用，以丰富价格促销渠道的相关理论。

2. 实践意义

如今，电商平台的发展如火如荼，商家之间的竞争不断升级。在进行价格促销的过程中，该选择怎样的渠道才能有效地赢得消费者的青睐是企业值得探讨的问题。本文意在帮助商家认识到不同的促销渠道，会对消费者的品牌好感度和重复购买行为产生怎样的作用，使商家能够利用优惠券的不同发放渠道所产生的效应来提升自身的品牌好感度和增加消费者的重复购买率。本研究为商家针对不同的目的和需求选择优惠券发放的渠道提供了建议，在商家日后的促销策略制定、选择和调整方面具有实践意义。

（三）研究框架

首先，阐述本文将要研究的问题，查找国内外相关文献并系统地梳理和总结其研究成果，提出本文的相关模型和研究假设；其次，参考之前学者的研究，确定本研究将要使用的量表，设计调查问卷，选择研究对象，进行问卷的发放和回收；再次，通过使用SPSS软件进行描述性统计分析、信度和效度分析、假设检验，完成对问卷回收数据的处理，并对分析检验结果进行汇总；最后，根据分析结果得出结论，并指出本文研究中的局限及不足，提出展望。本文的研究框架如图1所示。

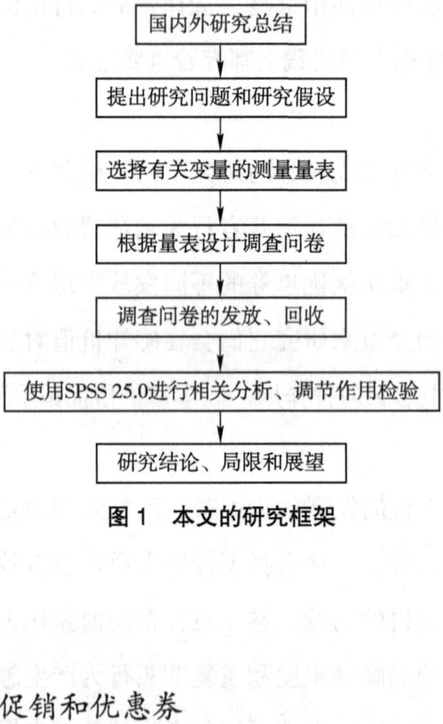

图1　本文的研究框架

二、相关理论

（一）价格促销和优惠券

1. 价格促销

销售促进、广告、人员促销和公共关系所形成的营销组合是广义上的价格促销。狭义上的价格促销即为销售促进，本文中所研究的价格促销为狭义上的定义。

优惠券、折扣、时间或数量限制优惠等都是价格促销有效且有力的手段。李先国（1998）认为，价格促销是指企业在短时期内刺激消费者，使其发生消费行为的手段。[①]价格促销是营销组合的重要组成部分，商家可以使用降低产品单价或在相同价格下增加产品数量的方法来刺激需求、增加销售额、提高市场份额。[②]Michel等（2001）认为，商家通过降低产品的价格来刺激消费者的需求，即为价格促销。[③]由以上观点我们认为，发生在短时期内，以价格为杠杆、由商家进行主导、面向消费者的一种营销行为即为价格促销。价格促销的主要目的是帮助商家增加销售额、拓宽市场，主要手段是给予某些产品或服务较低的价格或在相同价格下增加产品或服务的数量，具体方式为打折、特价、优惠券、赠品、现金返还等。

2. 优惠券

优惠券（Coupon）是在19世纪初期，由法语动词“Coupon”演变得来。[④]作为一个外来词，这个单词的本意是“消减”。可口可乐的合伙人之一亚特兰大商人阿萨·坎德勒（Asa Candler）在1887年进行的一场头脑风暴中创作了第一张优惠券，当公司的共同所有人看到这种无价的促销手段时，都对他产生了质疑。在1894年到1913年期间，坎德勒利用手写优惠券为消费者提供一杯当时售价为5美分的可口可乐，据统计，有1/9的美国人获得了免费的可口可乐，总计8500000杯。这一极富

① 李先国. 促销管理[M]. 北京：中国人民大学出版社，1998.

② Priya Raghuhir，Kim Corfiman. When Do Price Promotions Affect Pretrial Brand Evaluations? [J].Journal of Marketing Research，1999（136）：211-222.

③ Laroche Michel，Chankon Kim，Lianxi Zhou. Brand Familiarity and Confidence Determinants of Purchase Intention：An Empirical Test in a Multiple Brand Context[J]. Journal of Business Research，2001（37）：15-120.

④ 万孚阳. 浅析“优惠券”对消费行为的影响[J]. 现代商业，2019（6）：5-6.

创新性的促销方式使可口可乐从微不足道的滋补剂转变为市场主导的饮料。[①]

优惠券提供了一定的折扣，以供消费者在购买产品或服务时抵扣现金使用，为消费者节省一定的金钱。作为一种促销凭证，优惠券的目的是允许商家在短时间内以优惠形式向消费者做促销。传统优惠券是由人工派发给消费者的，而随着电子商务的出现和发展，交易方式普遍由线下交易转变为线上网络交易，传统优惠券逐渐消失，取而代之的是电子优惠券。电子优惠券的生产和传播成本比传统优惠券更低，吸引力更明显，能帮助商家更精准地计算优惠券的回收效率和收益成本。因此，在电商平台中，电子优惠券成了最流行的促销手段。电子优惠券的发放渠道多种多样，最为直接的是商家在店铺首页进行信息投放，提示消费者领取优惠券，本文将这种优惠券称为显性优惠券。另一种渠道属于间接投放，需要消费者主动与店铺客服联系，进行询问之后才有可能获得，本文将这种优惠券称为隐性优惠券。

本文将以价格促销方式中的优惠券为例，探讨两个不同渠道下发放优惠券的影响作用。

（二）品牌好感度

1. 概念

品牌好感度体现了消费者在购买时会优先考虑某一品牌的程度，在发生购买行为时会把该品牌作为优先考虑的对象。[②]Howard和Sheth（1969）提出，作为一种态度，消费者的购买行为和决策依据受到品牌好感度的指引。刁钢（2008）认为，客户根据其特征评估产品，选择价值较高的产品，然后重新评估以查看特定品牌的整体质量，发现某

① Brad Tuttle（6 April 2010）. “The History of Coupons” .Time Magazine.

② 马新喜. 跨性别品牌延伸对消费者品牌偏好影响研究[D]. 江门：五邑大学，2019.

一品牌比其他任何品牌优势都要大时，消费者会对该品牌产生好感。[①]由以上学者的观点我们可以总结，品牌好感度由品牌与消费者共同作用，是消费者的一种品牌态度，即消费者在多个品牌对比过程中对某一品牌产生的喜爱程度。消费者对一个品牌的好感度由该品牌产品或服务的质量、价格、品牌形象、销售服务等多方因素决定。

2. 感知价值和品牌好感度

消费者在某个产品或服务中所能感受和获取的价值即为顾客感知价值。在购买活动发生时，感知价值是影响消费者的重要因素。消费者通常会根据某一产品或服务的质量、价格、品牌形象等对该产品或服务形成一个心理预期的价值判断，当消费者发现其实际价值要高于自己的心理预期价值时，会增加发生购买行为的可能性。

（三）重复购买行为

1. 概念

重复购买行为即消费者在购买某一产品或服务后，愿意再次对同一产品或服务进行购买的行为。企业多以消费者所发出的重复购买行为为标准，制定营销战略，以促进企业的可持续发展。重复购买行为是由消费者的重复购买意愿决定的，重复购买意愿即消费者愿意再次购买某一产品或服务的倾向。Mittal等（2001）认为，消费者是否愿意将该品牌的产品或服务推荐给其他用户是衡量重复购买意愿的标准之一。[②]总而言之，消费者对于某一产品或服务的顾客满意度越高，他们就越会对该商家进行持续性关注，并且有可能与该商家继续保持交易，

① 刁钢. 消费者购买行为对品牌偏好影响的多维博弈分析[J]. 北京工商大学学报（自然科学版），2008（5）：66-70.

② Mittal，V.，Kamakura，W.A. Satisfaction，Repurchase intent，and repurchase behavior；Investigating the moderating effect of customer characteristics[J]. Journal of Marketing Research，2001，（2）：131-142.

这种交易行为的发生即为重复购买行为的发生。重复购买行为的本质意义就是为企业留住顾客，提高顾客对企业品牌的忠诚度，以此来打败竞争对手。

2. 顾客感知价值与重复购买行为

顾客感知价值是影响重复购买意向的最大因素。[①]董杰（2018）证实了顾客感知价值和消费者重复购买意愿之间存在着某种关联。[②]崔晓琼（2018）等认为，感知价值等多种因素都对重复购买意向有正面的影响，其中感知价值的影响作用最强烈。[③]人们的思想决定着行为的发生，因此重复购买意向可直接决定重复购买行为是否发生，通过以上学者的研究，我们不难发现，顾客感知价值在极大程度上影响着消费者的重复购买意向。

三、研究内容

（一）概念模型

本文中两种优惠券不同的发放渠道能够对消费者产生不同的刺激，使消费者产生不同的情绪。显性优惠券获取方式方便快捷，能使消费者在购物过程中一眼看见，清晰明了，我们认为这种类型的优惠券会对消费者产生积极情绪，以此来影响消费者的心理和行为。隐性优惠券获取方式较为隐蔽，需要消费者发动自身的主观能动性去寻找商家，这种获取方式较为烦琐且用时较久，我们认为这种类型的优惠券会对消费者产生消极情绪，以此来影响消费者的心理和行为。

---

① 杜思建. 顾客重复购买意向研究[D].上海：华东理工大学，2017.

② 董杰. 服装企业全渠道零售服务对消费者重复购买意向影响的实证研究[D]. 呼和浩特：内蒙古工业大学，2018.

③ 崔晓琼. 外卖O2O用户重复购买意向影响因素研究[D]. 哈尔滨：哈尔滨工程大学，2018.

在本文中，我们研究消费者的感知价值对品牌好感度和重复购买行为的影响，将价格促销渠道作为其中的调节变量，提出研究假设，探究其中的相关性和调节作用（见图2）。

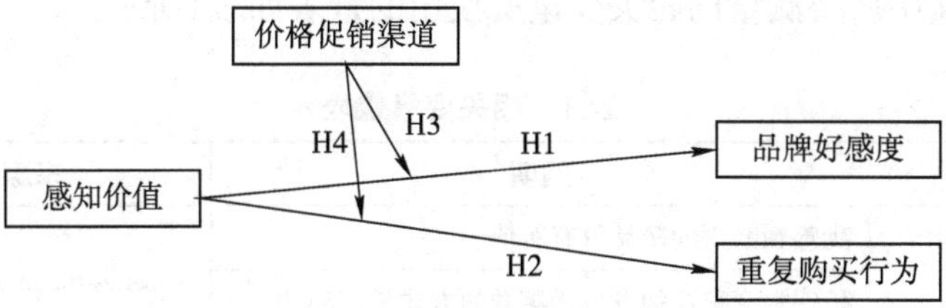

图2　概念模型

（二）研究方法

本文综合采用文献研究法、问卷调查法、定量分析法等，通过对价格促销理论、感知价值理论、品牌好感度理论、重复购买行为理论等相关文献进行研究归纳，通过对理论的阅读和学习，构建了本文的研究模型。对测量变量进行量表设计后，制作调查问卷并进行网络发放，以此收集数据，针对回收的有效数据进行信度、效度检验，利用相关分析、调节作用分析验证提出的研究假设，对价格促销渠道、品牌好感度、重复购买行为之间的关系做出分析。

（三）问卷设计

本文中设计了两份研究所要使用的问卷，两份问卷分别为两个情景，下设问题一致。问卷A中的情景为：在进行网络购物的过程中，消费者直接在店铺首页看到了优惠券，并直接领取；问卷B中的情景为：在进行网络购物的过程中，消费者在经过询问客服之后，由客服向消费者发放了优惠券并领取。两份问卷的下设问题分为两个部分：第一部分为基本信息，包括样本的性别、年龄、月可自由支配收入、是否进行过网络购物和月网购次数。第二部分为主题部分，主要用来测量研究的相关变量，包括优惠券的基本属性、感知价值、品牌好感度、重复购买行为，涉及的变量均用1到5的分值表示，从1到5表示从完全不同意到完全同意。

本文中所要测量的相关变量所使用的量表如表1所示。

表1　相关变量量表

变量	题项	来源
感知价值	我感到购买的产品价有所值	Sweeney和Souta（2001）；刘刚等（2007）；钟凯（2013）
	我感觉商家这种发放优惠券的方式是有趣的	
	使用优惠券购买商品让我觉得花的钱很值	
	这次使用优惠券的消费让我感觉很不错	
品牌好感	该店铺优于其他竞争者	Chang和Liu（2014）；Wang（2013）
	该店铺值得被考虑	
	我会向朋友推荐该店铺	
	我之后会经常关注该店铺	
重复购买行为	以后消费时，我会优先考虑该店铺	Posselt（2015）；史有春（2005）；Jones（2000）
	以后消费时，我将选择该店铺	
	在有其他选择的情况下，我仍然会选择该店铺购买物品	

（四）研究假设

1. 各变量相关性假设

消费者对产品进行价值评估时，会影响其购买产品后的感知价值。本文研究中，消费者在获得优惠券后，会因为感知到优惠券的经济价值而产生快乐、幸福等积极情绪。因此，当消费者得到价格促销后，所产生的积极情绪会让消费者感知的价值更大，进一步使消费者对品牌产生好感，并且进行重复购买。因此，本文提出如下研究假设：

H1：感知价值与品牌好感度呈正相关。

H2：感知价值与重复购买行为呈正相关。

2. 价格促销渠道调节作用的研究假设

在本文研究中，价格促销渠道以优惠券的不同发放形式进行展现。通过不同形式领取优惠券的消费者会由于领取难易程度、耗费时间多少等因素对该渠道产生不同的情感，比如显性优惠券领取方式简单，优惠券在店铺首页一眼可见，而隐性优惠券领取方式比较复杂，不是直接呈现在消费者眼前的，因此消费者会更喜欢使用显性优惠券，并且认为该优惠券的领取所耗费的时间也较少。不同的价格促销渠道会使消费者产生不同的情感，从而影响消费者的购买心理和行为。

因此，本文提出如下研究假设：

H3：价格促销渠道在感知价值和品牌好感度的影响中起调节作用。

H4：价格促销渠道在感知价值和重复购买行为的影响中起调节作用。

四、样本概况及数据统计分析

（一）数据收集和样本描述

1. 问卷发放与回收

本文的主要研究对象是具有网购经验的人，为保证样本的多样性，本次问卷发放采用网络发放的形式。在问卷星平台完成问卷A、B的制作，再将两份问卷通过各类社交平台向不同年龄、不同可支配收入水平的群体发放扩散，获取样本数据。最终，共回收问卷A数量为269份，问卷B数量为278份，去除乱填、错填的无效问卷之后，获得有效问卷A、B各237份、226份。

2. 样本基本信息

如表2所示，问卷A中，男性79人，占总样本数的33.33%，女性158

人，占总样本数的66.67%，样本主体为女性。年龄上，在30岁及以下群体中分布较多，共占比80.17%，年轻人对于网络信息的传播更为敏感，因此较为合理。收入层次上，主要分布在1001~3000元/月，占比46.84%，主要是因为被调查者以年轻人为主，学生居多，收入水平略低于其他收入人群。在237份有效样本中，拥有网购经历的人数为236人，1人没有网购经历，由于本文研究中所设计的调查问卷进行了情景设定，因此没有网购经历不会影响数据回收。在236名拥有网购经历的被调查者中，每月网购次数主要分布在4~6次，占比41.77%，较为适中。

表2　问卷A个人信息描述性统计

项目	内容	频数	百分比（%）
性别	男	79	33.33
	女	158	66.67
年龄	20岁及以下	79	33.33
	21~30岁	111	46.84
	31~40岁	26	10.97
	41~50岁	12	5.06
	51岁及以上	9	3.80
月可自由支配收入/生活费	1000元及以下	61	25.74
	1001~3000元	111	46.84
	3001~5000元	37	15.61
	5001~8000元	17	7.17
	8001元以上	11	4.64
是否进行网络购物	是	236	99.58
	否	1	0.42
月网购情况	3次及以下	58	24.47
	4~6次	99	41.77
	7~9次	47	19.83
	10次以上	33	13.92

如表3所示，问卷B中，男性87人，占总样本数的38.5%，女性139人，占总样本数的61.5%，男性比例比问卷A稍多一点，但也主要以女性为主。年龄上，主要集中在21~30岁群体，占57.96%。收入层次上，主要分布在1001~3000元/月，占比40.71%。在226份有效样本中，226名被调查者均拥有网络购物经历，每月网购次数主要分布在6次及以下，占73.9%，其中4~6次的分布略高一点，占42.48%。

表 3　问卷 B 个人信息描述性统计

项目	内容	频数	百分比（%）
性别	男	87	38.5
	女	139	61.50
年龄	20岁及以下	32	14.16
	21~30岁	131	57.96
	31~40岁	33	14.60
	41~50岁	23	10.18
	51岁以上	7	3.10
月可自由支配收入/生活费	1000元及以下	34	15.04
	1001~3000元	92	40.71
	3001~5000元	44	19.47
	5001~8000元	32	14.16
	8001元以上	24	10.62
是否进行过网络购物	是	226	100
月网购情况	3次及以下	71	31.42
	4~6次	96	42.48
	7~9次	33	14.60
	10次以上	26	11.50

（二）问卷分析

1. 信度分析

如表4、表5所示，问卷A、B中所测量量表的Cronbach α 系数均大于0.8，可见问卷A、B整体的信度都比较高。

表 4　问卷 A 信度分析结果

量表	项目	项已删除的α系数	Cronbach α 系数
感知价值	Q1	0.867	0.897
	Q2	0.884	
	Q3	0.867	
	Q4	0.848	
品牌好感度	Q1	0.841	0.880
	Q2	0.874	
	Q3	0.824	
	Q4	0.839	
重复购买行为	Q1	0.809	0.842
	Q2	0.766	
	Q3	0.763	

表 5　问卷 B 信度分析结果

量表	项目	项已删除的α系数	Cronbach α 系数
感知价值	Q1	0.824	0.863
	Q2	0.830	
	Q3	0.826	
	Q4	0.819	
品牌好感度	Q1	0.866	0.896
	Q2	0.867	
	Q3	0.866	
	Q4	0.867	
重复购买行为	Q1	0.867	0.885
	Q2	0.823	
	Q3	0.816	

2. 效度分析

本文研究中所设计的问卷量表主要是借鉴之前多位学者的研究成果以及参考其他学者设计的问卷而得来的，因此具有一定的内容效度。本文将运用SPSS 25.0，通过KMO值、Bartlett球形检验和因子载荷来测量问卷量表的有效性。

表 6　问卷 A 效度分析

量表	KMO值	Bartlett球形度检验		
		近似卡方	df	sig.
感知价值	0.837	564.864	6	0.000
品牌好感度	0.823	503.735	6	0.000
重复购买行为	0.725	291.182	3	0.000

由表6可知，问卷A的四个量表中，重复购买行为的KMO值均介于0.7~0.8，说明效度较好，感知价值和品牌好感度的KMO值均大于0.8，说明效度高，并且各量表样本充足；Bartlett 球形度检验中，各量表sig.<0.001，符合效度分析的要求。

表 7　问卷 A 因子载荷

量表	项目	因子载荷系数
感知价值	Q1. 在使用优惠券后，我感到购买的产品价有所值	0.873
	Q2. 我感觉商家这种发放优惠券的方式是有趣的	0.843
	Q3. 使用优惠券购买商品让我觉得花的钱很值	0.875
	Q4. 总而言之，这次使用优惠券的消费让我感觉很不错	0.904
品牌好感度	Q1. 我认为该店铺优于其他竞争者	0.867
	Q2. 我认为该店铺值得被考虑	0.805
	Q3. 我会向朋友推荐该店铺	0.891
	Q4. 我之后会经常关注该店铺	0.868

续表

量表	项目	因子载荷系数
重复购买行为	Q1. 以后消费时，我会优先考虑该店铺	0.855
	Q2. 以后消费时，我将选择该店铺	0.88
	Q3. 在有其他选择的情况下，我仍然会选择该店铺购买物品	0.883

由表7可知，问卷A的各量表题项的因子载荷系数均大于0.8，因此说明题项和因子有对应关系。

表 8　问卷 B 效度分析

量表	KMO值	Bartlell球形度检验		
		近似卡片	df	sig.
感知价值	0.827	404.422	6	0.000
品牌好感度	0.838	527.608	6	0.000
重复购买行为	0.74	379.463	3	0.000

由表8可知，问卷B的四个量表中，重复购买行为的KMO值均介于0.7~0.8，说明效度较好，感知价值和品牌好感度的KMO值均大于0.8，说明效度高，并且各量表样本充足；Bartlett 球形度检验中，各量表Sig.$<$0.001，符合效度分析的要求。

表 9　问卷 B 因子载荷

量表	项目	因子载荷系数
感知价值	Q1. 在使用优惠券后，我感到购买的产品价有所值	0.844
	Q2. 我感觉商家这种发放优惠券的方式是有趣的	8.836
	Q3. 使用优惠券购买商品让我觉得花的钱很值	0.840
	Q4. 总而言之，这次使用优惠券的消费让我感觉很不错	0.850
品牌好感度	Q1. 我认为该店铺优于其他竞争者	0.875
	Q2. 我认为该店铺值得被考虑	0.874
	Q3. 我会向朋友推荐该店铺	0.873
	Q4. 我之后会经常关注该店铺	0.872

续表

量表	项目	因子载荷系数
重复购买行为	Q1. 以后消费时，我会优先考虑该店铺	0.883
	Q2. 以后消费时，我将选择该店铺	0.909
	Q3. 在有其他选择的情况下，我仍然会选择该店铺购买物品	0.916

由表9可知，问卷B的各量表题项的因子载荷系数均大于0.8，因此说明题项和因子有对应关系。

综上所述，问卷A、B的量表效度均较好，都具有较高的有效性。

（三）假设检验

1. 相关分析

表 10　显性优惠券情境下变量相关分析

		品牌好感度	重复购买行为
感知价值	相关系数	0.276**	0.371**
	p 值	0.000	0.000

注：**代表p<0.01。

由表10可知，在显性优惠券发放情境下，品牌好感度和感知价值之间的相关系数为0.276，*p*值小于0.05，因此两个变量之间有着显著的正相关关系；重复购买行为和感知价值之间的相关系数为0.371，*p*值小于0.05，因此两变量之间具有显著的正相关关系。

表 11　隐性优惠券情境下变量相关分析

		品牌好感度	重复购买行为
感知价值	相关系数	0.412**	0.414**
	p 值	0.000	0.000

注：**代表p<0.01。

由表11可知，在隐性优惠券发放情境下，品牌好感度和感知价值之间的相关系数为0.412，*p*值小于0.05，因此两变量之间有着显著的正相关关系；重复购买行为和感知价值之间的相关系数为0.414，p值小于0.05，因此两变量之间具有显著的正相关关系。

从以上两种检验结果可以得出，在两种不同情境下，感知价值和品牌好感度与重复购买行为均具有显著正相关关系，H1、H2得到验证。

2. 价格促销渠道调节作用检验

本研究中自变量（感知价值）和调节变量（价格促销渠道）的处理方式为：中心化，因变量（品牌好感度）不处理。由表12可知，感知价值对于品牌好感度会产生显著影响关系（p=0.000<0.05）；感知价值与价格促销渠道的交互项呈现出显著性（p=0.000<0.05），意味着感知价值在对品牌好感度进行影响时，调节变量（价格促销渠道）在不同水平下，影响幅度具有显著性差异。

表 12　价格促销渠道对感知价值和品牌好感度的调节作用检验

	模型1	模型2	模型3
感知价值	0.285（4.718**）	0.284（4.729**）	0.361（6.009**）
价格促销渠道		0.119（2.113*）	0.151（2.787**）
感知价值 × 价格促销渠道			–0.309（–4.470**）
F值	F（1，224）= 22.255，p=0.000	F（2，223）= 13.532，p=0.000	F（3，222）= 16.448，p=0.000

注：因变量为品牌好感度；*代表p<0.05，**代表p<0.01；括号中为t值。

本研究中自变量（感知价值）和调节变量（价格促销渠道）的处理方式为：中心化，因变量（重复购买行为）不处理。由表13可知，感知价值对于重复购买行为会产生显著影响关系（p=0.000<0.05）；感知价值与价格促销渠道的交互项呈现出显著性（p=0.000<0.05），意味着感知价值在对重复购买行为进行影响时，调节变量（价格促销渠道）在不同水平下，影响幅度具有显著性差异。

表 13　价格促销渠道对感知价值和重复购买行为的调节作用检验

	模型1	模型2	模型3
感知价值	0.392（6.401**）	0.390（6.484**）	0.465（7.688**）
价格促销渠道		0.173（3.077**）	0.205（3.748**）
感知价值×价格促销渠道			−0.298（−4.295**）
F值	F（1，224）=40.967，p=0.000	F（2，223）=25.992，p=0.000	F（3，222）=24.834，p=0.000

注：因变量为重复购买行为；**代表p<0.01；括号中为t值。

综上可知，H4、H5成立。

3. 验证结果

由以上各检验可知，各研究假设结果均为成立，归纳后见表14。

表 14　验证结果

序号	研究假设	验证结果
H1	感知价值与品牌好感度呈正相关	成立
H2	感知价值与重复购买行为呈正相关	成立
H3	价格促销渠道在感知价值和品牌好感度的影响中起调节作用	成立
H4	价格促销渠道在感知价值和重复购买行为的影响中起调节作用	成立

五、研究总结

（一）实验结论

本文通过问卷调查获取实验数据，使用SPSS 25.0进行数据处理和分析，通过相关性检验和调节作用检验验证了研究假设，得到以下结论：

（1）感知价值的影响作用。感知价值与品牌好感度具有明显的正相关关系，感知价值与重复购买行为具有明显的正相关关系。因此，企业如果想要提升自身品牌好感度和重复购买率，应该重视消费者感知价值的形成。企业在制定促销策略时，为了提高品牌好感度和重复购买率，可以通过尝试不同的促销渠道，使消费者的感知价值得到提升，进而增强消费者对该品牌的好感程度和重复购买的意愿。

（2）价格促销渠道的调节作用。价格促销渠道在感知价值对品牌好感度的影响中起到调节作用，价格促销渠道在感知价值对重复购买行为的影响中起到调节作用。在结论（1）中，感知价值与品牌好感度和重复购买行为均呈现正相关关系，这时加入价格促销渠道调节之后，感知价值对品牌好感度、重复购买行为的关系强度就会减弱，或者说，感知价值对品牌好感度、重复购买行为的正相关关系可能会变成负相关关系。因此，在选择促销渠道时，若选择了与消费者预期不相符的促销渠道，则会减弱消费者对产品的情感和预期价值判断，使消费者对企业的品牌好感度和重复购买意愿降低。由此可见，价格促销渠道在企业开展促销活动时占据着非常重要的地位，企业在进行价格促销时，应从复杂多样的促销渠道中筛选出最利于消费者和企业自身发展的途径。

（二）研究局限与展望

（1）本文中的价格促销渠道主要以优惠券的不同发放形式来呈现，在实际的价格促销活动中，促销渠道更加多样化、复杂化，本文未能将更多的价格促销渠道方式展现出来，因此在研究结果上会有一定的局限性。

（2）本文研究中进行数据收集的调查问卷，是以网络发放的形式进行的，网络发放的不可控因素较多，被调查者是否能够清楚地理解问卷中各题目的含义是不能得到保证的，这可能会降低问卷的质量。此外，问卷样本的主要群体以精通互联网的学生群体为主，样本的多样性有所不足。

（3）感知价值具有较多分类，不同的维度所得到的研究结果可能会不同，但本文研究中未将其细致划分，因此研究具有一定的片面性。

针对本文研究的不足之处，提出以下展望：

（1）对于价格促销的渠道，可以进行多种不同渠道的分类研究，比如现金返利、折扣、线下活动等，不应拘泥于优惠券这一种形式，这样才能使价格促销渠道这一变量得到更加完整的分析。

（2）以后在进行数据收集时，选择更加科学、保质保量的研究方案。在可控范围内采用线下发放问卷形式，使被调查者能够更清晰地理解各题目的含义；对于线上问卷，在条件允许的范围内可以扩大地域、年龄、性别等基本特征的范围，保证问卷样本的广泛性和普遍性。

（3）对于感知价值的各个维度展开调查，使研究结果更具有全面性。

参考文献

[1] 陈兰兰. 优惠券持有对品牌好感度的影响机制[D]. 福州：福州大学，2015.

[2] 李先国. 促销管理[M]. 北京：中国人民大学出版社，1998.

[3] PRIYA RAGHUHIR，KIM CORFIMAN. When do price promotions affect pretrial brand evaluations？[J]. Journal of marketing research，1999（36）：211–222.

[4] LAROCHE MICHEL，CHANKON KIM，LIANXI ZHOU. Brand familiarity and confidence determinants of purchase intention：an empirical test in a multiple brand context[J]. Journal of business research，2001（37）：15–120.

[5] 万孚阳. 浅析“优惠券”对消费行为的影响[J]. 现代商业，2019（6）：5–6.

[6] Brad Tuttle（6 April 2010）. “The History of Coupons” .Time Magazine.

[7] 马新喜. 跨性别品牌延伸对消费者品牌偏好影响研究[D]. 江门：五邑大学，2019.

[8] 刁钢. 消费者购买行为对品牌偏好影响的多维博弈分析[J]. 北京工商大学学报（自然科学版），2008（5）：66–70.

[9] MITTAL，V.，KAMAKURA，W. A. Satisfaction，repurchase intent，and repurchase behavior；investigating the moderating effect of customer characteristics[J]. Journal of marketing research，2001（2）：131–142.

[10] 杜思建. 顾客重复购买意向研究[D]. 上海：华东理工大学，2017.

[11] 董杰. 服装企业全渠道零售服务对消费者重复购买意向影响的实证研究[D]. 呼和浩特：内蒙古工业大学，2018.

[12] 崔晓琼. 外卖O2O用户重复购买意向影响因素研究[D]. 哈尔滨：哈尔滨工程大学，2018.

[13] ZEITHAML V. A. Consumer perceptions of price，quality and value：a means–end model and synthesis of evidence[J]. Journal of Marketing，1988，52（7）：2–22.

[14] 牛晓晨. 基于B2C的内裤产品顾客重复购买行为分析与研究[D]. 西安：西安工程大学，2018.

[15] 符馨元. 消费者网购海南农产品重复购买意愿影响因素研究[D]. 海口：海南大学，2019.

[16] 王丽娜. 采摘型休闲农业旅游顾客感知价值对行为意向的影响研究[D]. 长春：东北师范大学，2019.

[17] 张晨鑫. 电商背景下消费者感知价值对电子口碑传播的影响研究[D]. 哈尔滨：哈尔滨商业大学，2019.

[18] 唐育海. 基于在线信任的网络零售商自有品牌重复购买意愿研

究[D]. 广州：暨南大学，2018.

[19] 胡新博. 酒店企业形象与目的地形象一致性对消费者重复购买意向的影响研究[D]. 青岛：青岛大学，2017.

[20] 孟亚. 电商购物节促销对大学生冲动性购买行为的影响研究[D]. 保定：河北大学，2017.

[21] 张喆，房茜蓉，韩斌. 产品优惠券价值的框架效应研究[J]. 管理科学，2011，24（1）：47–55.

[22] 卢长宝. 优惠券持有状态对品牌好感度的影响机制研究[J]. 企业经济，2019，38（11）：5–13，2.

[23] 闭海霞. 优惠券对在线补救服务后顾客满意度和重购意向的影响研究[D]. 广州：华南理工大学，2010.

[24] 吕玲. 促销购买限制对消费者冲动性购买的影响研究[D]. 重庆：重庆工商大学，2018.

[25] 仪星照. 连锁超市价格促销工具对消费者购买行为的影响研究[D]. 重庆：西南大学，2014.

附录

附录A 调查问卷A

各位同学：

您好！首先衷心地感谢您对本次问卷调查的大力支持！

我们目前正在研究优惠券发放渠道对消费者心理和行为的影响，并且进行学士论文的问卷调查，以作为进一步研究的依据。本次调查采取匿名的形式进行，调查结果仅供学术研究使用，不会涉及您的个人隐私，并且不会对外公开，您无须顾虑，也无须考虑对错，敬请放心填写，非常感谢！

一、个人基本信息，请您如实填写，您的回答将完全保密！

1. 性别：

A. 男　　B. 女

2. 年龄：

A. 20岁及以下　　B. 21~30岁

C. 31~40岁　　D. 41~50岁

E. 51岁以上

3. 月可自由支配收入/生活费为：

A. 1000元及以下　　B. 1001~3000元

C. 3001~5000元　　D. 5001~8000元

E. 8001元以上

4. 是否进行过网络购物：

A. 是　　B. 否

5. 月网购情况：

A. 3次及以下　　B. 4~6次

C. 7~9次　　D. 10次以上

二、调查问卷：假设您网购时在店铺首页发现了优惠券（见附图1），并在店铺首页领取到了优惠券（见附图2），请您浏览附图1、附图2中您发现和获得的优惠券并回答下面的问题。

附图 1　店铺首页截图

附图 2　您的优惠券卡包截图

1. 对于本次网购使用优惠券的看法，请选择与您最相符的情况。

问题	完全不同意	不同意	一般	同意	完全同意
	1	2	3	4	5
1. 我更喜欢面值较高的优惠券					
2. 我更喜欢有效期长的优惠券					
3. 我认为该情景中获取优惠券很容易					
4. 我喜欢通过这种方式获取优惠券					
5. 我认为这种获取优惠券的方式不会浪费我太多时间					

2. 对于本次使用优惠券的感受，请选择与您最相符的情况。

问题	完全不同意	不同意	一般	同意	完全同意
	1	2	3	4	5
1. 在使用优惠券后，我感到购买的产品价有所值					
2. 我感觉商家这种发放优惠券的方式是有趣的					
3. 使用优惠券购买商品让我觉得花的钱很值					
4. 总而言之，这次使用优惠券的消费让我感觉很不错					

3. 对于该商家的看法，请选择与您最相符的情况。

问题	完全不同意	不同意	一般	同意	完全同意
	1	2	3	4	5
1. 我认为该店铺优于其他竞争者					
2. 我认为该店铺值得被考虑					
3. 我会向朋友推荐该店铺					
4. 我之后会经常关注该店铺					
5. 以后消费时，我会优先考虑该店铺					
6. 以后消费时，我将选择该店铺					
7. 在有其他选择的情况下，我仍然会选择该店铺购买物品					

附录B　调查问卷B

各位同学：

您好！首先衷心地感谢您对本次问卷调查的大力支持！

我们目前正在研究优惠券发放渠道对消费者心理和行为的影响，并且进行学士论文的问卷调查，以作为进一步研究的依据。本次调查采取匿名的形式进行，调查结果仅供学术研究使用，不会涉及您的个人隐私，并且不会对外公开，您无须顾虑，也无须考虑对错，敬请放心填写，非常感谢！

一、个人基本信息，请您如实填写，您的回答将完全保密！

1. 性别：

A. 男　　B. 女

2. 年龄：

A. 20岁及以下　　B. 21~30岁

C. 31~40岁　　D. 41~50岁

E. 51岁以上

3. 月可自由支配收入/生活费为：

A. 1000元及以下　　　　B. 1001~3000元

C. 3001~5000元　　　　D. 5001~8000元

E. 8001元以上

4. 是否进行过网络购物：

A. 是　　　　B. 否

5. 月网购情况：

A. 3次及以下　　　　B. 4~6次

C. 7~9次　　　　D. 10次以上

二、调查问卷：假设您在购物中通过与店铺客服联系（见附图1）获得了优惠券（见附图2），请您浏览附图1、附图2中您通过私聊获得的优惠券并回答下面的问题。

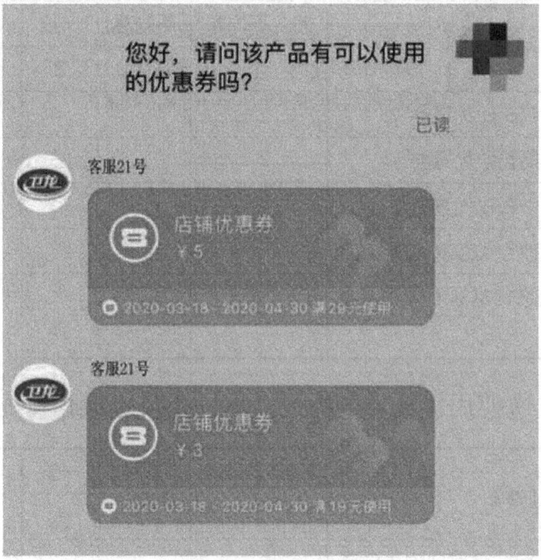

附图 1　客服聊天截图

附图 2　您的优惠券卡包截图

1. 对于本次网购使用优惠券的看法，请选择与您最相符的情况。

问题	完全不同意	不同意	一般	同意	完全同意
	1	2	3	4	5
1. 我更喜欢面值较高的优惠券					
2. 我更喜欢有效期长的优惠券					
3. 我认为该情景中获取优惠券很容易					
4. 我喜欢通过这种方式获取优惠券					
5. 我认为这种获取优惠券的方式不会浪费我太多时间					

2. 对于本次使用优惠券的感受，请选择与您最相符的情况。

问题	完全不同意	不同意	一般	同意	完全同意
	1	2	3	4	5
1. 在使用优惠券后，我感到购买的产品价有所值					
2. 我感觉商家这种发放优惠券的方式是有趣的					
3. 使用优惠券购买商品让我觉得花的钱很值					

<table>
<tr><td rowspan="2">问题</td><td>完全不同意</td><td>不同意</td><td>一般</td><td>同意</td><td>完全同意</td></tr>
<tr><td>1</td><td>2</td><td>3</td><td>4</td><td>5</td></tr>
<tr><td>4. 总而言之，这次使用优惠券的消费让我感觉很不错</td><td></td><td></td><td></td><td></td><td></td></tr>
</table>

3. 对于该商家的看法，请选择与您最相符的情况。

<table>
<tr><td rowspan="2">问题</td><td>完全不同意</td><td>不同意</td><td>一般</td><td>同意</td><td>完全同意</td></tr>
<tr><td>1</td><td>2</td><td>3</td><td>4</td><td>5</td></tr>
<tr><td>1. 我认为该店铺优于其他竞争者</td><td></td><td></td><td></td><td></td><td></td></tr>
<tr><td>2. 我认为该店铺值得被考虑</td><td></td><td></td><td></td><td></td><td></td></tr>
<tr><td>3. 我会向朋友推荐该店铺</td><td></td><td></td><td></td><td></td><td></td></tr>
<tr><td>4. 我之后会经常关注该店铺</td><td></td><td></td><td></td><td></td><td></td></tr>
<tr><td>5. 以后消费时，我会优先考虑该店铺</td><td></td><td></td><td></td><td></td><td></td></tr>
<tr><td>6. 以后消费时，我将选择该店铺</td><td></td><td></td><td></td><td></td><td></td></tr>
<tr><td>7. 在有其他选择的情况下，我仍然会选择该店铺购买物品</td><td></td><td></td><td></td><td></td><td></td></tr>
</table>

多向品牌联盟的路径及作用机制分析
——以京东为例

黄红丽

摘　要：人工智能时代为品牌联盟带来了新的机遇，本文从权力理论出发，以京东为例进行研究分析，得出品牌联盟是有方向性的，并建立了品牌联盟的方向发展模型，在此模型中，品牌联盟的方向分为向上、平级和向下三条路径，本文说明了不同路径下品牌联盟的作用机制，并对权力理论在品牌联盟的应用进行了拓展。

关键词：品牌联盟；权力理论；互补性逻辑；杠杆型逻辑；整合型逻辑

一、绪论

（一）研究背景及意义

在当今技术快速更新迭代、消费者需求日趋多样化和个性化、充斥着未知和不确定性的复杂市场环境中，企业随时会受到来自行业内的竞争者以及行业外的破局者的冲击。企业通过联盟，与联盟伙伴建立牢固的价值链和营销网络可以帮助企业在市场中获得优势。品牌联盟可以让企业有机会获得联盟伙伴的客户信息、数据和技术支持，扩大潜在客户群体、市场份额和品牌影响力。

已有研究表明，品牌联盟能提高品牌的知名度和美誉度。通过品牌联盟，可以提高消费者对低价值品牌的好感度。品牌联盟还影响消费者购买欲望。与单一品牌相比，客户更加信赖进行品牌联盟的品牌，并且在一定条件下，消费者愿意为其支付溢价。

杨晶等（2015）研究了品牌联盟对品牌的稀释作用；Desai和Keller（2002）研究了品牌联盟对消费者认知的影响。但关注品牌联盟的方向性以及不同路径下的机制问题的研究甚少，仅许基南（2008）将产业链扩张的方向引入品牌联盟的类型分析中，并将品牌联盟划分为三个类型：横向一体化、纵向一体化和无关多元化。但该研究并未对不同类型的品牌联盟的作用机制进行分析。

将权力理论运用到品牌联盟中的研究，也仅有品牌商的社交媒体影响力在品牌联盟中作用的研究，但该研究并未分析权力的方向性问题。然而，互联网的发展让企业进行品牌联盟的对象更为多元化，基于联盟的品牌的实力和规模的不同，品牌联盟也存在着不同的方向性，在不同的方向性下，品牌联盟的作用机制尚未可知。

（二）研究框架

本文的内容安排如下：首先，回顾品牌联盟与权力理论方面的经典文献，并陈述本案例研究问题的依据。其次，介绍数据收集过程和分析方法。最后，进行案例分析、提出关键结论、总结本文贡献。

（三）本文的贡献

本研究旨在探讨企业进行品牌联盟的多向性，通过建立一个基于权力理论的品牌联盟的方向发展模型框架，分析在不同方向下品牌联盟作用机制的内在联系与区别。

通过分析和研究京东的品牌联盟的案例，我们为研究和实践做出了三项贡献：首先，推动了权力理论在品牌联盟的拓展，在权力理论的视角下，本文发现了品牌联盟的方向性，这有助于企业界和理论界对品牌联盟的路径有一个全新的认识。其次，通过对品牌联盟不同路径的作用机制分析，为企业品牌联盟提供了理论指导，可以进一步提高品牌竞争力，推动企业发展。最后，弥补了品牌联盟在方向性的理论缺口，推动了品牌联盟理论的发展。

二、文献综述

（一）品牌联盟

联盟是指两家或两家以上的公司之间的正式合作，其重点是和上游或下游的价值链活动 。品牌联盟是在所有品牌名字都被保留下的多个品牌参与的商业合作形式。

史范隽（2012）从营销决策者实际决策的因素考虑，将品牌联盟分为四种形式：①“互补型”，联盟品牌资源互补；②“互利型”，同行品牌间具有共同利益；③“杠杆型”，美誉度较高的品牌与美誉度较低的品牌联盟；④“整合型”，联盟品牌之间存在系统与子系统的关系。

Mark（2012）将品牌联盟的过程分为六个阶段：Pre-alliance，Pre-partner，With-partner Planning，Alliance Launch，With- partner Delivery和Alliance Reviews。在本研究中，将在Mark的联盟六阶段基础上，进一步总结概括为三阶段：品牌联盟准备阶段（Pre-alliance；Pre-partner和With-partner Planning）、品牌联盟执行阶段（Alliance Launch和With-partner Delivery）和品牌联盟结果阶段（Alliance Reviews）。

（二）权力理论

为了区分品牌联盟的方向性，我们借鉴了权力理论，与权力概念在营销策略和组织理论中的广泛应用一致。例如，Gaski（1984），权力是一个人促使另一个人去做他本不该做的事情的能力。

企业的行为受到企业经济规模水平的影响。在联盟中，大企业注重联盟活动的稳定，并且建立联盟管理体制的意志较高；中等规模企业也想通过建立联盟管理体制来保证联盟的稳定，但是往往受资源限制（例如无法获得如管理体制这类的公共财产），或者获取这种管理体制的成本过高。

研究表明，联盟企业能力决定联盟权力的大小。以权力大小划分，可将企业分为三种类型：①“大企业”，权力大，企业可不接受来自其他企业的影响，但本身行为却给其他企业带来较大的影响；②“中级企业”，权力差距不大，联盟企业的行为相互影响；③“小企业”，权力小，企业主要接受其他企业的影响。

本文对品牌联盟方向性的分析，将以企业间权力为基础划分为三个方向：①“平级联盟”，与权力差距不太大的中级企业的品牌联盟；②“向上联盟”，与权力大的企业进行品牌联盟；③“向下联盟”，与权力小的企业进行联盟。

权力理论具有三个关键概念：权力的潜力（power potential）和权力的发挥（power exertion），然后决定权力的结果（power outcome）。权力潜力反映了一个结构性的立场。例如，网络的中心位置代表着一个潜在的力量，因为它允许访问和控制有价值的资源。如果将权力潜力的概念应用到品牌联盟的环境中，在品牌联盟中的权力潜力被定义为一个品牌商在品牌联盟中所能提供的资源。因此，在本文中将品牌联盟中权力的潜力定义为企业所拥有的大数据、场景、品牌背书和企业的中心位置等资源。

权力的发挥指权力的实际使用，它需要有权力的人消耗一些能量。我们将品牌联盟中权力的发挥定义为品牌商在品牌联盟中的实际行为。在本文中其表现形式有广告投放、广告置换、IP营销、事件营销等方式。

合作品牌权力的潜力和权力的发挥产生权力的结果，表现为品牌联盟的成功度，即为品牌商带来的知名度与销售量等。

三、研究方法

（一）研究方法及案例选择

根据研究问题，本文旨在探索品牌联盟的方向性及不同方向下品牌联盟的作用机制。该研究采用案例研究的方法，原因有两点：首先，本研究旨在在情景多样、难以量化的环境中解决“how”的问题，打开多向品牌联盟的作用机制。其次，品牌联盟的过程是根植于各个品牌商之间不同情境的复杂现象。鉴于研究现象的动态性，案例研究方法可以有效揭示主要发现的意义及对其的批判性反思，其他方法均不适用。虽然仅对单个案例进行研究可能缺乏概括性，但确实具有特定的优势，因为“许多情境变量保持不变，排除了以其他方式解释数据的可能”。

本文选择京东作为案例研究对象，原因如下：品牌联盟现象在零售行业十分常见，通过杠杆作用，零售商可以借力网络上美誉度和影响力较高的品牌，实现资源优势互补，建设平台生态，提高企业品牌竞争力，实现多赢。但目前多数企业的品牌联盟对象仅仅局限于1~2个品牌，具有单一性，无法发现不同方向的品牌联盟作用机制，而与这些企业相比，京东作为互联网时代下新兴的网络零售平台，在近几年内，与腾讯、百度、央视、好莱坞电影公司、各大电商等纷纷建立品牌联盟，联盟对象的多元化及其典型性为本研究提供了丰富可靠的案例资源。

（二）数据收集及分析

1. 数据收集

本研究主要于2018年4月至2019年12月收集研究数据，采取公开数据为主、访谈数据为辅的策略。公开数据来源多样，主要来自访谈记录、新闻报道、书籍、公司官方网站和电子文献等。访谈录音记录转制成近27000字的文档文本，作为案例可重复性研究的资料。

本研究还进行了定性分析。本研究利用叙说方法将大量数据压缩为便于编辑的形式（即图表形式），从而为提取品牌联盟发展过程中与权力和品牌联盟方向性相关的理论概念提供基础。

2. 数据分析

本研究根据案例研究的规范和要求进行数据分析，对访谈记录、新闻报道数据进行编码。在对数据的分析过程中，本文将企业品牌联盟的路径分为三个方向：平级、向上和向下。同时，三个方向的品牌联盟的作用机制有所区别。本文按照三个品牌联盟方向和分别对应的三种作用机制进行分类，最后通过归纳抽象，初步总结出一些概念，可以全面解释不同品牌联盟过程中的作用机制。

四、案例描述及分析

（一）案例描述

1. 企业背景

京东是由刘强东于1998年创立的一家以销售电子产品为主的企业，并于2004年开始涉足电商，到2019年，它的核心业务分为四大板块，分别为零售、物流、技术服务和数字科技。自2013年开始，京东通过东联计划、京X计划和超级品牌日等形式与多个企业进行品牌联盟。

京东利用品牌联盟杠杆打开了其电商平台发展的新局面。2014年，京东在美国纳斯达克证券交易所上市；2016年，京东入选《财富》全球500强，截至2019年年底，京东共四次入榜《财富》全球500强。

2. 第1阶段：联盟初始——与平级企业进行品牌联盟

“京X计划”是京东与多个企业进行品牌联盟的重要形式，将中国互联网近100%的用户和多种用户场景均覆盖在京东的范围内。“京X计划”即京东与腾讯、百度、今日头条、奇虎360、网易、搜狐等互联网九大媒体的一系列联盟。

以京东和腾讯的品牌联盟为例，2015年10月，“京腾计划”正式启动。京东和腾讯整合双方用户数据，刻画用户形象，进行精准营销。另外，也帮助品牌商对用户数据进行沉淀。

2018年4月，“京腾计划”已经更新到第三代，在第三代“京腾计划”中通过对数据、场景和链路的升级来追踪用户成长路径，并且实现了场景线上和线下的打通，实现了精细化营销。如德芙通过“京腾计划”整体ROI提升131%，就是品牌联盟很好的受益者。2019年8月，京东通过向京东PLUS会员与腾讯视频VIP发行联名卡，京东用户开通京东PLUS会员即可获得腾讯视频VIP年卡。

2016年9月起，京东与今日头条启动“京条计划”。该品牌联盟主要通过三种途径作用于京东和今日头条的用户数据效能：①在伙伴App内设置购物入口；②不同场景的数据融合，精准投放广告；③帮助伙伴实现内容变现。在2016年后，京东借鉴与今日头条的联盟模式，相继与百度、奇虎360、网易和搜狐等互联网媒体展开品牌联盟。

此外，京东自2013年以来，利用“东联计划”还与各大品牌商进行联盟，主要内容是品牌曝光、流量支持和数据赋能。各大联盟的品牌商与京东广告资源相互置换，联合展示，为品牌赋能，资源共享，相互背书。2019年6月18日，京东携手全球98个大品牌，在线上各大互联网媒体以及线下公交站牌、地铁、机场和高铁等地投放联合广告，提升联盟品牌在“6·18”期间的绩效。截至2019年9月，京东已经与超过1000家的品牌合作，与之合作的所有媒体占据的市场价值达到500多亿元。京东与超过100家电视媒体达成渠道合作，其中包括央视、上星卫视等高价值渠道，覆盖了腾讯、搜狐、爱奇艺等10多个视频平台以及各主要城市中的200余个主流户外媒体。

3. 第2阶段：联盟深化——向上进行品牌联盟

2016年，央视推出“国家品牌计划”，以培育具有国际竞争力的中国国家品牌为最终目标，京东入选其中。2017年3月15日，京东在消费者权益保护日基础上，进一步与央视联合发起首届“3·15京东国品日”，创立了一个注重品质和诚信的购物主题节，促进企业诚信意识的提高和发挥优质品牌的引领作用。为了保证“3·15京东国品日”产品的品质，满足京东在包括采销、质控、仓储、配送、售后等整个生产运营中产品高质量的要求，京东通过“360度质量保障体系”，严格筛选高质量产品。

通过“3·15京东国品日”，央视为京东背书，提高了京东的知名度和信任度；同时，京东也更好地推动了央视“国家品牌计划”，并将优质品牌直接转化成销售额。

京东除了与央视进行品牌联盟外，还与好莱坞影视公司建立了品牌联盟。2017年，《正义联盟》在上映后的短短几天内票房就突破了3.54亿元。同时，京东与其合作的TVC在微信朋友圈流行。该TVC主要是正义联盟中的主角（如蝙蝠侠、海王等）与京东的JOY联动，上演正义英雄集结。此外，用京东App上的AR扫描京东快递上的LOGO，用户就能看到正义英雄们展现超能力，并获得京东释放的购物优惠券，京东也实现了消费导流。

2019年，《复仇者联盟4：终局之战》进入院线公映并获得极高人气，京东作为该影片的官方合作伙伴在平台中举办复仇者联盟超级IP日以对该片及自身平台进行推广，并且通过TVC邀请复仇者联盟中主角来介绍京东超级App的使用过程。

京东借力好莱坞影视公司的电影实现了一次完美的品牌IP融合，好莱坞影视公司则通过京东强大的推广能力和互联网用户覆盖率引流，扩大了其在中国的市场，提高了票房。

4. 第3阶段：全方位联盟——向下进行品牌联盟

2018年，京东启动“百千千百”计划，即培育内容合作伙伴，提高内容合作伙伴营销能力，进而提高销售收入。2019年，京东启动“星火计划”，即计划在2019年到2021年打造一批全渠道数字经营服务商，并为其培育相应的技术人才。

此外，自2016年起，京东利用电商平台帮助国家级贫困县实现产业升级，利用自身品牌帮助农产品品牌实现溢价，依靠金融和物流提供服务保障和渠道通畅。自2016年起，京东开通“扶贫频道”，开设扶贫特产馆，招聘贫困地区员工2.5万人，提供电商培训13万余人次，推出了各项“互联网+金融+产业扶贫”项目。一方面，提高了贫困地区人民的收入水平；另一方面，京东的企业公民形象大大提升。

2020年，受新冠肺炎疫情影响，多地农产品严重滞销高达80.6万吨，京东自2020年2月起，为帮助解决国内各地滞销的80.6万吨农副产品并展示履行企业社会责任，京东专门设置疫情专项资金，并在平台内开设“京喜助农”农产品会场，农户通过绿色通道即可线上入驻，京东还为其降低平台使用费并提供专业指导。为减轻疫情期间京东平台上25万户商家的经营压力，京东又制定了费用减免、流量支持和物流支持等11项补贴支持措施，与广大线上商家共渡难关。

（二）案例分析

1. 开放式编码

开放式编码主要通过现象归纳、概念界定以及范畴提取对初始资料进行简化和提炼。本研究通过对访谈记录和微信文章进行整理，一共贴出170个标签，并对每个标签进行概念化和范畴化，最后得到52个范畴。因篇幅限制，本文仅节选部分范畴中1~2条初始语句，部分开放式编码如表1所示。

表 1　部分开放式编码

范畴	原始语句
与品牌商、媒体建共生体系	B9-4-2最下面画的是京东的生态营销合作伙伴开放连接，我们希望跟品牌商、媒体都能够共建一个生态，而不是说完全是京东自己的
	B9-4-3这套体系，一个生态，我们是希望共建的
平等合作	B10-4-1我想多说一下，这其实是我们的一个结盟的思路、共赢的思路，我们跟每一家都是平等的，跟每一家签约的时候都不会排他，我们的数据交换也一定是相互平等的，我不会把所有的数据都拿过来，如果我意图把所有的数据都拿过来，那么我估计这件事情推进就会非常难
	B10-4-2如果把这些媒体数据拿过来之后，因为你看你跟我的数据连接了，你的媒体投放，这个媒体可以获得更高的广告投放，那么你要把数据给我
场景创建带来曝光度提高	W19-34京东超级品牌日（Brand Super Day）：以放大品牌的影响力为重点，赋能品牌商。为了这个超级品牌日我们会和品牌商做联合外推，共同投资，然后做市场营销。同时也会做一些流量的引入，使它整个成为模式，进而产品化
场景连接承担流量引入作用	W7-5当京东与媒体的界限打破，共享流量后，不仅为京东生态带来了巨大的流量，还带来了更大的惊喜。以京X计划为例，京东已经和腾讯、百度、今日头条、360、网易、搜狗、爱奇艺、搜狐八大媒体形成战略合作，这八大媒体在各自领域都是第一流量入口，京东与它们结盟，意味着覆盖了中国互联网的近100%用户和各种用户场景
场景创建中定制IP产品	B15-2-2我们希望把它IP化，其实我们认为在狗年这个契机上，这是一个对我们很有机会的年，希望在买年货期间能够把关注点吸引到京东上来，所以我们也发动品牌商做定制的IP产品，我们不太会收授权费，如果做得好的，我们直接用
	B15-3-1同时我们还会做一个联盟日，在这一天我们会推IP商品，会来做这个

续表

范畴	原始语句
场景可连接、融合、创建	B9-4-8接下来我会把这几块，我们分成场景连接、场景融合、场景创建，这三部分来解读一下现在的一些做法
场景连接中要打通数据	W7-6流量的共享只是表象，数据的打通才是关键。当数据打通，带来的是更精准的用户画像，从而实现更精准的营销。以京腾计划为例，当腾讯的社交数据加上京东的交易数据，将能够更加精准地了解用户特点，结合这样的数据投放广告，点击率、转化率都比传统的腾讯广告高出不少
	B11-2-1在这一块，京东S计划是我们搭建的一个跟媒体数据打通的连接器，这个连接器更多是偏通用型的，就是跟媒体搭建数据连接
场景融合的模式	B20-1-3场景融合，像冬眠计划这种，在品牌上做营销的时候，我们加持一下，双方共同合力
	B12-1-3这个场景融合指的是其实这个品牌商有很多的营销场景，我们希望在它营销场景里边，京东做一些加持之后，产生更好的效应
人工智能将场景融合货币化、系统化	B12-2-2布置了之后，它的画面比例，做自动画面识别，这里边带了京东多少，符合了多少比例，这个规范自动识别，然后成立一个什么系统，人工智能做这些场景
	B12-3-1 把它做进来之后，都计算出来了，接着下来根据它的投放量、比例货币化，货币化之后，然后再跟内部的资源如何匹配、如何优化，整个是一套体系化的东西
场景创建+场景融合+场景创建	W1-2-3借助京X计划和京粉计划完成对购物场景的连接并覆盖全部中国互联网用户，然后又通过东联计划和京盟计划实现购物场景的融合，最后通过京东大数据和京洞察实现对全新购物场景的创建
场景创建+场景融合+场景创建降低成本、提高知名度	B14-3-2比如2017年6·18，我们启动一个王牌代言项目，我们希望这些品牌商，你跟我来合作，但是你一定要请你的代言人过来，我们会双方共同出资，你出一部分钱，我出一部分钱，我会推一个王牌代言人的项目，我出的广告会用你的代言人，我也希望你们的这些代言人参加我们的一些活动
	B14-4-3比如说2017年的“双十一”，推出的轰动“双十一”，它是跟商品层面的一个合作，我们主打的广告，出接了很多不同商品的广告，看起来很乐意为品牌商做贡献，其实连成一片的话，都是京东“双十一”各个品牌商，都在和京东在一起，费用其实也是共同分担的，基本都是这种模式
场景融合的行业认同	B12-3-3我右边讲的这个冬眠模式，这两个数字我来解释一下，这种模式我们做了以后，其实得到了行业的认同
场景融合的市场价值	B12-3-2 我们在2017年已经进行500家的这种合作品牌商，合作的市场价值达150亿元以上，这已经是习惯养成

续表

范畴	原始语句
场景融合的反馈与优化	做这个项目之后，发现你需要积累很多的能力，比如说这些媒体过来了，可能出现各种多样的问题，所以我们也建立了我们的问题库，现在来讲我们已经实现一个媒体排进来，我们会自动，不管你到底购买多少，因为每家的购买能力不一样，会有一个自动的布置系统

2. 主轴式编码

主轴式编码是发现开放式编码中提炼出的多个范畴之间潜在的联系，从而发展主范畴。本研究主范畴的编码过程主要参考品牌联盟过程，并且此处本文已有参考文献，将其概括为联盟认识和价值主张、联盟过程、联盟机制、联盟结果和联盟反馈主范畴。部分主轴编码如表2所示。

表 2　部分主轴编码

主范畴	范畴	关系的内涵
联盟认识和价值主张	与品牌商、媒体建共生体系	认为联盟是与伙伴共建一个生态
	平等合作	联盟的价值主张是与各伙伴平等合作
联盟过程	场景创建中定制IP产品	通过与品牌商制作IP商品，使品牌商的产品上出现京东LOGO，实现联盟
	与媒体进行场景连接	在媒体App上设置京东购物入口，实现认知场景和购物场景的连接，实现与各大媒体的联盟
	场景连接中要打通数据	与各大媒体联盟需要消费数据和社交数据的打通
	人工智能将场景融合货币化、系统化	人工智能计算品牌联盟伙伴的资源如何和内部资源匹配，并将品牌联盟过程货币化
	场景创建+场景融合+场景创建	先对购物场景的连接并覆盖全部中国互联网用户，然后实现购物场景的融合，最后实现对全新购物场景的创建
联盟机制	场景创建+场景融合+场景创建降低成本、提高知名度	与品牌商通过场景连接和场景创建的产品可以较低的成本投放到各大联盟的媒体上，使品牌联盟获得较好的效果

续表

主范畴	范畴	关系的内涵
联盟结果	场景融合的市场价值	市场价值的提升是品牌联盟的结果
	场景创建带来曝光度提高	曝光度的提高在潜移默化之中加深用户的品牌印记，促进品牌联盟的成功
联盟反馈	场景融合的优化	场景融合中出现的问题会反馈到联盟过程中，并且得到优化
	场景连接形成共赢促进与更多媒体合作	与九大媒体联盟的成功模式促进了未来与更多媒体合作

3. 选择式编码

开放式编码提取的主范畴之间的关系尚不明确，选择式编码就是用一些核心范畴有规律地将主范畴联系起来的过程，这一过程实际上就是提炼出一个可以阐述全部现象的核心范畴的关系，即“故事线”。企业在联盟准备阶段，会借助联盟机会展开详细讨论，深入地关注选定的合作伙伴，并且做好联盟的充分准备。在与联盟伙伴进行多次的讨论后，构建出有效的品牌联盟形式，如场景连接、场景融合和场景创建等。成功启动并稳定联盟后，联盟进入结果交付阶段，品牌联盟的结果可以概括为品牌知名度的提高、产品的曝光度提高、销售成本的降低、品牌市场价值的提高、行业地位的提升和企业形象的提升等。并且品牌联盟的成功会激励企业与更多的品牌进行联盟，以获得更好的效益。

4. 研究发现与理论模型

本文引入权力理论研究品牌联盟，将品牌联盟的过程概念化为权力产生作用的过程，并识别出影响品牌联盟的三个关键因素：权力的潜力、权力的发挥和权力的结果。在本文中，权力的潜力强调的对象是联盟伙伴；权力的发挥强调如何发挥出联盟伙伴的权力潜力；权力的结果强调的是依靠联盟伙伴的权力，为自身品牌带来的效果。

品牌联盟是品牌间双向合作的过程，权力作用也是相对的，但是权力作用的大小是有区分的。在本文中联盟合作伙伴的权力的相对大小，决定了权力的相对作用方向，并以此区分了品牌联盟的不同方向：平级、向上和向下，并运用权力理论分析了多向品牌联盟路径下权力的不同作用机制，这一过程具体如下：

在本研究中，媒体平台和品牌商属于“中级企业”，京东与其展开的联盟为“平级联盟”。在京东与媒体平台进行的一系列联盟过程中，京东与各大媒体相互合作、相互影响。在遵守双方用户数据平等交换原则的前提下，京东需要在各大媒体App上开设购物入口，并且借助各大媒体实现精准广告投放；同时，京东也帮助各大媒体实现内容变现，实现双赢；在京东与各大品牌商进行的一系列联盟过程中，京东与品牌商联合外推，共同投资，与品牌商流量共享。京东为了实现自己在联盟中的稳定地位，一方面，接受联盟伙伴的技术支持、用户数据和流量；另一方面，自身的行为和政策也在很大程度上影响着联盟伙伴，与媒体平台和品牌商建共生体系。因此，京东与这些企业权力大小不相上下。

央视和好莱坞影视公司属于“大企业”，京东与其展开的联盟为“向上联盟”。央视为国家电视台，属于国家副部级事业单位，自身的行为具有政策效应，能对国内的企业产生极大的影响，但是京东却无法建立对央视的管理体制；好莱坞影视公司面向全球市场，是全球最大的电影和电视娱乐制作公司，并且由于技术和成本原因，京东在与其进行IP影片联合的过程中，只能依靠好莱坞影视公司完成平片制作。因此，相对京东而言，央视和好莱坞影视公司能力较强，权力相对较大。

在“百千千百”计划中的内容合作伙伴以及贫困地区的农民属于

"小企业"，京东与其展开的联盟为"向下联盟"。内容合作伙伴实力规模较弱，且可替代性强；贫困地区的农产品缺乏品牌竞争力，且物流基础设施滞后，其销售量依赖于京东的推广与扶持。因此，相对于京东而言，"百千千百"计划中的内容合作伙伴以及贫困地区的农民权力相对较小。

由此根据联盟品牌的相对权力的大小，京东的品牌联盟路径具有三个不同方向：平级、向上和向下。与权力大小相近的中级企业联盟属于平级联盟；与权力大的企业联盟属于向上联盟；与权力小的企业联盟则是向下联盟。

在不同路径下，京东与各品牌联盟的内容和作用机制有所区别。

（1）平级联盟属于互补性联合，在互联网时代，平级联盟中权力的潜力蕴含在大数据与不同场景的流量中。消费者认知场景和交易场景的融合，对营销目的、路径和价值链等都带来了很大影响。京东作为平台，通过与媒体平台和品牌商联盟，可以获得媒体平台上用户数据和品牌商的流量，从而实现精准营销并提高曝光率。

与中级企业的联盟主要通过三种途径实现：①场景连接。场景连接为京东带来流量入口，京东的购物场景与联盟伙伴的各种应用场景对接，在联盟伙伴的App内设置京东购物入口，同时运用AI形成模型，定义用户生命周期，利用消费数据和社交数据刻画用户画像，实现精准广告投放。②场景融合。场景融合是基于流量回馈，与品牌商流量共享，起到的是提高品牌曝光率的作用。在品牌商广告中加入京东元素，并通过人工智能将场景融合货币化、系统化。③场景创建。场景创建是基于IP产品的聚合效应，获得品牌商的免费授权，设立超级品牌日，提高品牌的曝光率，赋能品牌商。并且，场景连接、场景融合和场景创建三种途径具有交互作用。京东与品牌商通过场景融合设计的产品可通过与媒体平台的场景连接实现精准投放，并且降低广告投放成本。场景创建不仅可以在产品中加入场景融合的京东元素，也可通过场景连接实现站外投放。

联盟的三种途径带来的主要结果：一是场景连接带来广告投放效率、效果的提高；二是场景融合通过杠杆作用，降低成本、提高企业的行业认同和市场价值；三是场景创建带来产品曝光度提高。并且场景连接、场景融合和场景创建三种途径的交互作用对结果具有放大作用，降低企业成本的同时，提高企业知名度，并且实现多方共赢，促进更多的联盟与合作的开展。另外，在联盟的过程中，经验的积累和结果的反馈使得企业不断优化联盟过程。

平级联盟的作用机制如图1所示。图中实心箭头的方向代表联盟过程中权力作用的方向，实心箭头的粗细大小一致，代表中心企业与中级企业权力大小一致，自身的行为和政策都能给予对方较大的影响。实线箭头代表联盟的过程发展路径，并且通过权力理论的三个关键概念打开了联盟不同发展阶段的作用机制。虚线箭头代表联盟过程中的优化与反馈，联盟过程中出现的问题会向其前一个阶段进行反馈，并得到优化。成功的联盟会激励企业扩张联盟对象。

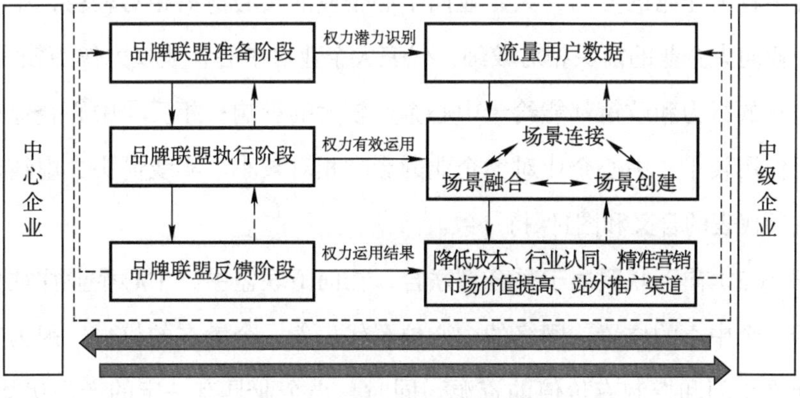

图1　平级联盟的作用机制

（2）向上联盟属于杠杆型联合，向上联盟中的权力的潜力区别于平级联盟的关键点在于联盟合作伙伴的品牌稀缺性、背书能力和先进的技术。大企业往往在国家层面或国际上拥有少有的知名度、美誉度和权威性，与其进行联盟，能充分利用联盟的杠杆作用，获得大企业的品牌背书和技术支持。

在向上联盟的过程中，通过为大企业量身定制的事件营销能增加中心企业和大企业联盟的吸引力，例如打造以诚信品质为主题的事件营销，通过IP联动，获得大企业的品牌授权和技术支持，实现导流与变现，即将消费者对大企业的热爱和认同转化为购买力，并对京东产生消费行为。平级联盟的场景连接的基础更进一步增加了中心企业和大企业联盟的吸引力，因为大企业可以获得中心企业在平级联盟中获得的站外资源，提高产品曝光率和精准投放。

与大企业进行联盟带来的结果是中心企业的品牌知名度和影响力在国内外的提高；并且IP联动使得中心企业获得了IP授权，大企业的技术加持，使IP联动获得成功，长远来看，这为与大企业的联盟合作提供了基础。

向上联盟的作用机制如图2所示。图中灰色箭头的方向代表联盟过程中权力作用的方向，大企业向中心企业的实心箭头相对较粗，中心企业向大企业的箭头相对较细，代表大企业对中心企业权力作用较大，自身的行为和政策都能给予中心企业较大的影响；相反，中心企业权力作用较小，中心企业对大企业的影响相对较小。实线箭头、虚线箭头所代表的含义和图1保持一致。

（3）向下联盟属于整合型联合，在向下联盟中，中心企业往往位于一个中心的位置，网络的中心位置代表着一个潜在的权力，因为它允许访问和控制有价值的资源。同时，小企业具有一定的产品优势，例如贫困地区优质的农产品，但是往往由于渠道堵塞、市场信息缺失和成本等原因，自身发展受碍。中心企业可凭借自身运营、技术和市场等优势，充分挖掘小企业的产品资源优势。

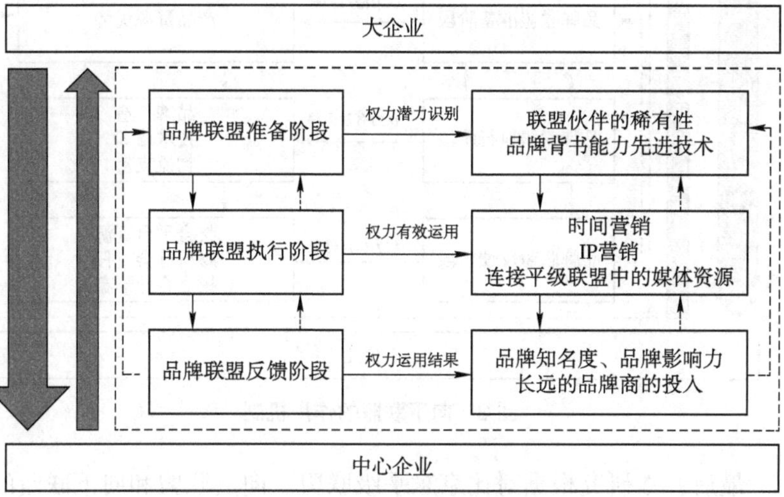

图2　向上联盟的作用机制

在向下联盟的过程中，需要通过开放资源与技术，培育和扶持合作伙伴；进行技术培训，帮助打造电商品牌，并将优质产品纳入自营；再通过物流仓储、金融科技、公益支持等方面实现企业自身与小企业共赢。

品牌商向下联盟一方面可以夯实基础和扩大自身规模，另一方面也是企业发展到一定阶段，树立企业良好形象、履行自己社会责任的需要。

向下联盟的作用机制如图3所示。图中灰色箭头的方向代表联盟过程中权力作用的方向，中心企业向小企业的实心箭头相对较粗，小企业向中心企业的箭头相对较细，代表中心企业对小企业权力作用较大，自身的行为和政策都能给予小企业较大的影响；相反，小企业权力作用较小，小企业对中心企业的影响相对较小。实线箭头、虚线箭头所代表的含义和图1保持一致。

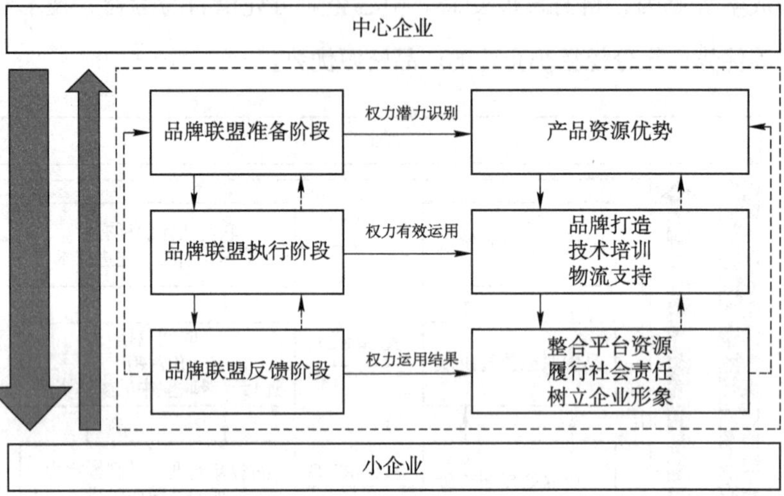

图 3　向下联盟的作用机制

最后，本研究根据对比京东平级联盟、向上联盟和向下联盟的开始时间发现，京东品牌联盟三个方向的发展是有顺序的，如图4所示。三个方向的发展顺序为：先是平级联盟，接着是向上联盟，最后是向下联盟。

平级联盟能为向上联盟和向下联盟提供中心企业站外的资源和技术支持；向上联盟建立在平级联盟的基础上，但也提高了中心企业在平级联盟中品牌背书的能力，即京东本身形象的提升能为与其联盟的更多品牌提供背书；向下联盟建立在平级联盟和向上联盟的基础上，京东需要有一定的实力才能带动小企业共同发展，向下联盟可以帮助京东夯实基础——京东作为电商平台，在一定程度上，与各电商在利益上具有一致性，同时帮助完善京东品牌联盟的方向性，实现京东全方位的生态联盟体系。

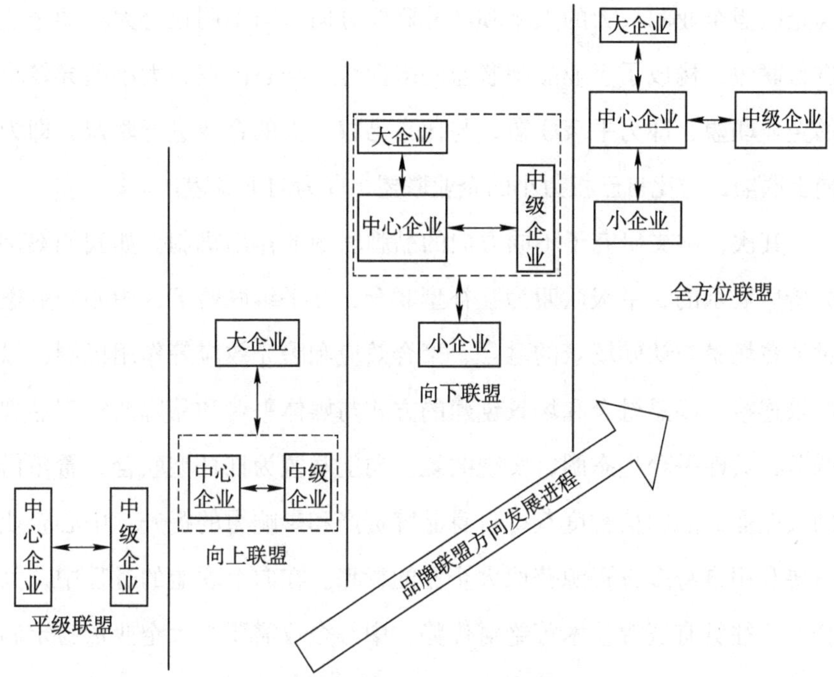

图 4　品牌联盟的方向发展进程

五、研究结论与未来展望

（一）研究结论

通过对本文开头提出的研究问题的回答，本研究的理论贡献与实践意义如下：

首先，从权力理论的角度，通过比较联盟企业的权力大小，提出品牌联盟的多向性及其定义。在文献中，大多数先前的研究都集中在以单方向为基础的品牌联盟的相关问题研究上，忽略了企业在与多方品牌联盟时，因企业间权力大小的不同，而使企业的品牌联盟具有多向性。我们的研究推动了权力理论在品牌联盟的方向性中的发展。案例研究表明，根据联盟企业间行为和政策给予其他企业影响的程度来确定联盟企业间权力的大小和区分联盟方向，与不同权力大小的企业进行联盟，构成了企业品牌联盟的多向性。与自己权力大小差异较小的企业联盟，即为平级联盟；与比自己权力大的企业进行联盟，即为向上联盟；与比自己权力小的企业联盟，即为向下联盟。

其次，本文研究了不同方向的品牌联盟的作用机制。如我们案例分析所展示的，平级联盟为互补型联合，在平级联盟下，中心企业通过消费场景与认知场景的融合、聚合效应和曝光效应等作用机制，以场景连接、场景融合和场景创建的方式与媒体平台和品牌商实现品牌联盟，共建平台生态圈，实现共赢。向上联盟为杠杆型联合，希望借助大企业的品牌信誉度获得自身品牌资产和影响力的提升，中心企业需要利用自身多方资源获取大企业的青睐。在向上联盟的过程中，大企业往往具有资源技术等绝对优势，中心企业需要为大企业量身定制品牌联盟合作方案，如事件营销、IP联动等方式满足大企业的需要，同时中心企业现有的品牌联盟资源能进一步获得大企业的认可。向上联盟的结果是给中心企业带来了品牌知名度和影响力在国内外的提高。向下联盟为整合型联合，向下联盟是建立在企业强大的实力基础上的，帮助小企业挖掘优势产品，并帮助小企业整合基础资源，有助于其长远发展和战略目标的实现。具体来说，企业需通过开放资源技术和渠道处理能力帮助价值链上的小企业提高获利能力，树立良好的企业形象和履行自己的社会责任，达到共赢，实现企业的长久稳定发展。

最后，本文发现品牌联盟三个方向的发展顺序为：先是平级联盟，接着是向上联盟，最后是向下联盟。具体来说，平级联盟能为向上联盟提供中心企业外部的资源和技术支持，向上联盟中大企业对中心企业的品牌背书提高了中心企业品牌的信任度，能反哺平级联盟，增加联盟的成功性；向下联盟夯实了企业发展基础，实现了企业全方位的联盟体系，同时也提升了企业的社会责任感。

（二）研究的局限与展望

与其他许多论文一样，本研究采用了案例研究方法，提出了具体企业的品牌联盟的多向性及其作用机制，其归纳可能有限。但是，这项研究的发现对于互联网企业进行品牌联盟路径的选择尤为重要。具体来说，本研究引导企业在进行品牌联盟时应关注其联盟的方向，进而帮助管理者根据不同方向的作用机制，制定不同的联盟战略，更好地实现企业品牌管理目标。未来的研究可以在本文模型的基础上构建数理统计模型进行检验，以期获得更具普遍性的结论 。

参考文献

[1] SAMU S，KRISHNAN S，SMITH R E. Using advertising alliance for new product introduction：interactions between product complementarily and promotional strategies[J]. Journal of marketing，1999，63（1）：57–74.

[2] LEVIN A M，DAVIS J C，LEVIN I. Theoretical and empirical linkages between consumers' responses to different branding strategies[J]. Advances in consumer research，1996，23（1）：296–300.

[3] OSSLEAER V，JANISZEWSKI C. Two ways of learning brand association[j]. journal of consumer research，2001，28（9）：202–224.

[4] 杨晶，李先国，王小洋.品牌联盟对合伙品牌个性的稀释作用研究[J]. 中国软科学，2015（10）：125–133.

[5] DESAI K K，KELLER K L. The effects of ingredient branding strategies on host brand extendibility[J]. Journal of marketing，2002，66（1）：73–93.

[6] 许基南. 基于产业链的品牌联合[J]. 经济管理，2008（1）：

61–66.

[7] KUPFER A K, PÄHLER VOR DER HOLTE N, KÜBLER R V, et al. The role of the partner brand's social media power in brand alliances[J]. Journal of Marketing, 2018, 82（3）: 25–44.

[8] 王海忠. 高级品牌管理[M]. 北京：清华大学出版社，2014.

[9] 史范隽. 奔驰汽车中国市场品牌联合策略[D]. 上海：上海交通大学，2012.

[10] MARK DARBY. Alliance Brand：fulfilling the promise of partnering[M]. UK：John Wiley& Sons，Ltd2 January 2012.

[11] GASKI，JOHN F. The Theory of power and conflict in channels of Distribution[J]. The journal of marketing，1984，48（3）：9–29.

[12] DAHL R A. The concept of power[J]. Behavioral science，1957，2（3）：201–215.

[13] 龙怒. 生态关系视角下的企业战略联盟研究[D]. 武汉：中南财经政法大学，2006.

[14] BACHARACH S B，LAWLER E J. Power and politics in organizations[M]. San Francisco：Jossey–Bass Inc Pub，1980.

[15] FRAZIER G L. On the measurement of interfirm power in channels of distribution[J]. Journal of marketing research，1983，20（2）：158–166.

[16] WRONG D H. Some problems in defining social power[J]. American journal of sociology，1968，73（6）：673–681.

[17] MINTZBERG H，MINTZBERG H. Power in and around organizations[M]. Englewood Cliffs，NJ：Prentice–Hall，1983.

[18] PAN S L，TAN B. Demystifying case research：a structured–pragmatic–situational（SPS）approach to conducting case studies[J]. Information and

organization, 2011, 21（3）: 161–176.

[19] LI C, GUO S, CAO L, et al. Digital Enablement and its role in internal branding: a case study of huanyi travel agency[J]. Industrial marketing management, 2018（72）: 152–160.

[20] Tan B C C, Pan S L, Hackney R. The strategic implications of web technologies: a process model of how web technologies enhance organizational performance[J]. IEEE Transactions on engineering management, 2010, 57（2）: 181–197.

小红书的营销策略问题及对策

李江睿

摘　要：在信息化时代的巨大变革中，随着信息全球化的不断深入，高新科技领域的快速发展以及社会需求的不断提高，传统电商平台早已跟不上人们日益增长的消费需求变化，在近几年，兼具社交属性和电商属性的社交电商平台异军突起，粉丝用户数量呈飞跃式增长，社交电商平台飞快的发展速度说明了它未来还有巨大的潜能和无限增长的空间。

从2016年起，我国就不断发布有关支持社交电商和粉丝经济等新的电商模式的相关条例。在时代的发展和政策的支持下，越来越多的电商企业打破旧的发展模式，敢于创新，从传统模式向社交电商模式转型。2013年正式上线的小红书就是这样一个敢于挑战的企业，它在成立不到十年的时间内，不受制于社交平台的初定位而向社交电商进行转型，其成功模式是值得深入分析的，它的成功经验也将会使整个行业收益。

本文通过案例分析法、文献分析法等研究方法，在对我国目前整个社交电商行业了解的基础上，对内容类电商代表小红书的营销策略进行分析，运用了传统的营销理论4P、4C、4R以及口碑营销、场景营销等新的营销策略的概念，全面地总结了小红书营销策略的优势与不足。小红书2019年下架风波的问题反映了其在快速发展的背后也面临着如产品、口碑、内容和企业形象等问题，同时，本文也分别对这些问题提出了相关建议以及设计解决方案。通过对小红书案例的研究，得出了社交电商模式发展至今始终无法成为一个企业的竞争壁垒的结论，因此社交电商企业应该不断优化内容和产品的供应能力以及平台的监管能力，才能保留老用户、吸引更多新用户，才能在不断变化的市场环境中取得更大的发展。

关键词：社交电商；内容类社交电商；营销策略；小红书

一、引言

（一）研究背景及意义

1. 研究背景

随着互联网技术发展的日益成熟，社交媒体已成为时代发展的主流，互联网流量已经与社交媒体融合，让社交媒体成了传统电商的切入点，并出现新的电商模式，如商品直播等，这将会更深层次地促进社交电商的发展。社交电子商务以一种全新的面貌通过提升社交媒体和互联网流量的商业价值将社交电商模式引入了电商行业。

相关资料显示，2018年我国电商市场规模达到9万亿元，其中社交电商市场规模已经突破了1万亿元且占据了整个电商市场的14%。随着人民消费水平的提高，接踵而来的是对于商品各方面需求的提高。而在2019年我国社交电商市场规模进一步扩大，较2018年增长了近70%，消费者人数近5亿。经济全球化的时代下，国际贸易和国际合作的开展促进了国际商品物流链的完善，跨境电商平台在此背景下汇集境外各类优质的商品，它的出现能够极大地满足消费者对优质商品的需求。2019年上半年，艾媒商情数据监测系统显示，他们对几家中国主要跨境电商平台：网易考拉、海囤全球、奥买家、天猫国际和小红书进行分析，这五个平台消费者的口碑指数分别为54.2、52.1、50.8、47.9和39.6。其中它们各自占领的市场份额分别为27.7%、25.1%、13.3%、1.9%和6.1%。与另外几大头部跨境电商相比，小红书虽然市场份额所占不高，但是仅通过小红书福利社上线短短几年的时间就占据6.1%，所取得的成绩也非同小可。2019年，小红书的粉丝用户已经超过3亿，在小红书新增长的粉丝用户中，超过一半是“90后”，说明小红书受到了广大年轻消费群体的青睐。

随着传统电商红利的日渐减少，越来越多的企业来抢夺社交电商的红利，在这一片看起来发展前景十分可观的红海之中，实则暗藏汹涌波涛。竞争者越来越多，意味着平均可获得的利润也越来越少，社交电商企业要想在这激烈的竞争中获取更多的利润，单靠创新模式是不行的，而是要在营销策略上狠下功夫，在消费者市场中另辟蹊径。因此，努力提高营销策略的创意设计开发水平，并结合新媒体传播完善整合营销推广和打造品牌建设迫在眉睫。

2. 研究意义

智能移动通信、云计算等创新技术的发展以及其在日常生活中越来越重要的作用，都充分体现了我国正在处于信息化时代的巨大变革之中，而电商行业在我国经济转型的过程中起到了不可逆转的推动作用。社交型电商通过以小成本的引流和流量变现的方式，实现了爆发式的增长。社交电商在未来发展前景是十分乐观的，可是同样还存在着产品质量、物流问题、关税问题、供应链管理等问题。本文将从案例研究入手，通过对小红书营销策略中存在的问题进行更深一步的分析，然后对社交电商的营销策略问题设计解决方案，最终再回归到其本质——社交电商。本研究将会对社交电商的营销策略产生一些新的启示，例如如何更好地采取营销策略、规避风险、平衡正负面影响，进而能够为整个社交电商行业做出更大的贡献，这就是对这个案例研究的意义。

（二）研究内容及框架

1. 研究目标

本文通过营销理论对小红书的营销策略进行分析，针对小红书目前的企业实际状况，探究营销策略对小红书的影响，找出如何解决小红书营销策略问题的方法，从营销理论的各个方面入手，提出有效的解决方案和制度保障。

2. 研究内容

本文首先对以小红书为代表的内容类社交电商的营销策略进行分析，通过依次对研究背景及意义、研究内容、思路与方法进行介绍，再对社交化电子商务理论和网络营销理论及本文理论依据：4P、4C、4R理论进行说明。其次，介绍案例小红书，通过对小红书各类数据的调查、统计和分析，以及对信息的搜集，从各个方面入手，更加全面地解析小红书目前的经营现状、营销策略、发展瓶颈与问题，总结出内容类社交化电商代表小红书现行营销中存在的问题：企业口碑、内容以及产品质量问题，再根据这些问题提出小红书营销策略建议：要加快自身监管平台的建设，鼓励优质内容的原创者，与其他电商平台进行合作等。最后，本文通过对小红书的营销策略中的优势与不足的分析，为内容类社交化电子商务在营销策略方面的问题上做出总结和分析并且提出建议。

3. 研究思路

本文将在现有的国内外社交电商研究的基础上，通过对小红书的案例分析，首先对我国整个电商行业市场的概况进行介绍并更深一步地分析小红书的营销策略，发现其中的问题，并且设计解决方案，提出解决措施。其次通过对小红书案例的分析，了解我国社交电商的普遍的营销策略。之后再对研究背景、研究方法等进行介绍，进一步对社交电商的概念、分类及特点和国内外文献综述进行描述，以及对相关营销理论进行解释，有场景营销、UGC模式、口碑营销，同时，对传统的营销理论4P、4C、4R理论进行系统的介绍。最后对小红书的营销策略进行分析，找出其中的问题并且设计相应的解决方案。最终本文将试图通过小红书的这个案例对整个社交电商行业提出建议：要进行准确的营销定位、把握发展的轨迹、规避风险。

4. 研究框架

本文的研究框架如图1所示。

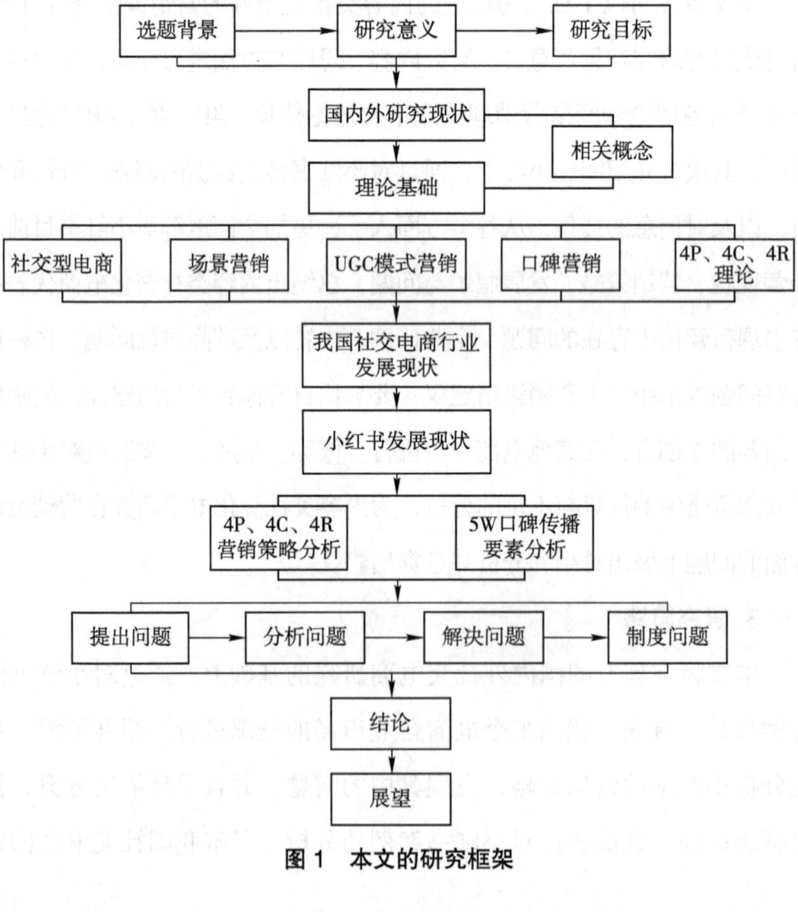

图1　本文的研究框架

（三）研究方法

1. 文献研究法

文献研究法主要是通过各种网络信息平台搜索查询各类与本选题内容相关的文献，从不同的方面入手，更加充分地了解关于社交化电商发展的全貌，获取现实资料的比较资料，根据本选题的研究目的来分析文献资料，将核心文献、经典文献和最新文献进行分类，从而更加全面、正确地了解并掌握更多关于本选题的历史问题和研究现状。

2. 信息研究法

信息研究法是在信息化时代通过对许多我们能够适用的信息来进行整理和研究的一种方法。通过社交化电子商务知识的搜集、传递、加工，最后整理运用于对小红书社交电商平台的营销策略的研究实践中。

3. 案例分析法

案例分析法是通过案例对社交化电子商务进行深入研究、具体分析，是所选课题的研究方法中最核心的方法之一。本选题对小红书——社交内容类电商以及它的营销策略进行分析，根据小红书运作的现实演绎，发现它在发展过程中的不足并提出建议。

4. 4P、4C 等相关营销理论分析

运用4P、4C等理论对小红书进行分析，从而找出小红书发展至今营销策略方面可以借鉴的经验和所遇到的问题。

二、理论综述

（一）概念界定

雅虎公司于2005年第一次正式提出社交化电子商务（social commerce）这一概念。但其实早在1999年就出现了“消费型虚拟社区”这个关于社交

电商理论的定义，它是由Kozinets提出的围绕着消费兴趣相关的中心虚拟的子群。而后于2007年学者才开始对这个新的电子商务模式予以重视，并对其展开研究，但是，其实至今也没有对社交电子商务的概念进行明确的定义。

1. 社交电商的概念及分类

社交电商是指通过社交关系在电商平台进行某一商品买卖活动的过程中，可以与其他的对此商品同样感兴趣或者已经进行过交易的用户进行的一些就该商品的探讨与交流的电子商务的平台。它是随着传统电商平台的红利逐渐流失而衍生出来的一种新的模式，在这个平台中，“人”是最重要的，因为从生产产品内容到下单一系列的活动都离不开用户，都是由用户自己完成的，电商只是一个媒介，通过和用户共同塑造的这样一个场景，把消费者刚好在此场景所需要的产品或者服务送到消费者的面前，而在电商平台的运营过程中，社交媒体的媒介作用主要是传递消费者的口碑，在用户自主选择的情况下他们更相信优质内容的创作者。因此，在社交电商平台进行消费，一切都是以用户为主，用户有更大的自由度选择他们所喜爱的产品，同时也靠用户之间的交流互动传递对该产品的内容，以不断扩大产品的知名度。

关于社交电商类型的分类，目前社交电商根据平台引流和运营模式的区别大体能分为四种类型：第一种是拼购类型，如拼多多等依靠薄利多销和庞大的熟人社交网络的拼购类型的电商平台；第二种是会员制类型，如贝店之类的平台是可以通过与其他人分享就可以省钱或赚钱的电商平台；第三种是社区团购类型，如松鼠拼拼之类在小范围的社区生活中进行与其他人拼购的电商平台；第四种是本文的主要研究对象内容类的电商平台，以本文的案例小红书为主的内容分享型的不限社交范围的社交电商。[①]

2. 内容类社交电商的概念定义

内容类社交电商与其他三种类型最大的区别在于吸引流量的方式不同，可以不局限于熟人关系链。用户在电商所搭建的社区平台，凭借自己的原创内容创造者的身份，发表与商品相关的内容，这些内容主要是通过真实性和有效性来吸引广大的其他消费群体，这些消费者往往是与内容创造者有着一定消费偏好的人群，他们的消费水平、生活方式往往都有相似的地方，因此他们会产生聚集效应，同时在这样的一个特定的场景下，会激发他们更大的消费潜能。主要特点：内容创作者多为具有KOL影响力的人，他们作为意见领袖将会聚集起与自己的欣赏水平和消费水平相类似的其他用户，他们是最具有敏锐洞察力和专业眼光的优秀买家，在自己的购买商品中“种草”优质商品，将会大大地降低其他消费者的试错成本，其他消费者可以直接下单适合自己的商品。

（二）理论基础

1. 场景营销

（1）场景营销的概念。场景其本质实际上就是一个剧本的专有名词，它是剧本中的角色在特定的环境背景下的一个具体的特定的生活或者其他的专门的画面或者片段。在“互联网+”“大数据”等技术不断发展成熟的时代，消费者的需求不再是只局限于得到物质层面的满足，而是追求消费体验感和个性服务水平的提升。

如今的场景可以分为两种类型：一种是指营销场景，它更注重的是企业要用特定的方式将信息传递给处于一定接收状态的消费者；另

---

① 中国社交电商行业研究 2019年[C]//艾瑞咨询系列研究报告[J]. 上海艾瑞市场咨询有限公司，2019（7）：236-303.

一种是指使用场景，它注重的是消费者是如何在产品的实际使用或者服务中处理信息的一个过程。而本文提到的“场景”就是指前者，即营销场景，它其实就是营销信息要素与消费者和客户对接的一个特定的现场。与传统的营销不同的是，场景营销强调的是与客户之间的交流，不仅仅是简单的信息的展示或者是推销，它更注重的是消费者的实时实地的对信息接收的状态。在场景营销的时代下，消费者的购物体验感，比如关于商品的使用感受和质量情况，以及适用人群的范围、价格是否实惠等，无论是从性价比方面还是产品实际的效果都可以在这样的一个为消费特意构建的一个场景里被放大，消费者都可以在这些被商家构建的所谓的场景中找到与自己的消费需求相契合的那一个点，从而可以极大地激发自身的购买欲望。

（2）场景营销的运用。

①获取新的用户：企业在将一个新的产品上线之前都会做充分的准备去对该产品的消费者需求进行调查研究分析，如市场前景、竞争者的市场占有率、精准的客户画像等，然后确定即将面对的目标受众。在新产品上线后，企业就需要从各个场景角度去考虑如何获得新用户，通过各种数字技术寻找到潜在的目标客户将该产品引荐给他，并且还可以通过各种丰富的折扣力度或者优惠活动引导更多的潜在客户的参与。企业的场景营销就是通过构建场景，通过场景营销将商品的内容传递给潜在用户，并且在潜在用户群里产生扩散效应。

②对转化率的提高：通过LBS定位推荐和用户画像推荐，掌握用户的实时状态和生活习惯，再通过对场景氛围的营造，就可以根据客户实时实地的需求对客户进行准确的推荐商品或者服务。在特定的场景下将消费者、场景和消费者需求进行正确匹配，使得消费者在线上的购物体验感越来越好。

2. UGC、PGC、PUGC模式

2011年，我国的电商行业深受美国耶鲁大学的本·希伯尔曼和友人共同建立的社交网站Pinterest的影响，国内陆陆续续开始出现了与此网站相似的内容社交平台。我国现有的关于内容类的社交电商平台主要是小红书、咸鱼、小红唇，等等，这些平台主要是用户自己生产制造关于产品的内容，并且依托社会关系，将商品的内容分享给其他用户，让更多的用户可以看到。用户创造内容（User Generated Content，UGC）是指用户可以就在此电商平台上购买的产品生产有关该产品的使用感受、性能、性价比等方面的内容，然后该电商平台就可以根据检索到的关于这个产品的内容在下方增加一个链接入口，这样对这个产品感兴趣的用户就可以直接点击链接进行下单，并且还可以就对这个产品的某方面的疑惑直接询问生产这个内容的用户，用户之间也可以直接进行分享和交流，也可以私信。这种模式不同于传统电商的只有平台对用户的单一方式，它可以激活用户的活力与购买力，调动用户购物体验购物分享的欲望。专家生产内容（Professionally Generated Content，PGC），也可以称为专业生产内容，是指在某个行业具有专业水平的用户在电商平台上生产内容。专家用户生产内容（Professionally User Generated Content，PUGC），也可称为专业用户生产内容，它往往是指在电商行业内，创新地把UGC和PGC结合起来的一种内容生产模式。

3. 4P、4C、4R理论

（1）4P理论。4P 营销理论（The Marketing Theory of 4P）是美国营销学家麦卡锡于1960年提出并在1967年由菲利普·科特勒进一步完善定义的营销组合。4P是指：一是Product，即产品，是指企业为满足需求所提供的具有某种性能的物质产品。二是Price，即价格，是指得到这个产品或者服务价值相对等的金额或者为了获得某种产品或服务所

付出的金额。三是Place，即渠道，是指产品从生产制造方向客户转移的整个过程中所经历的各个环节和动力的总和，也可以说当产品从生产地转到消费者手中所要经历的每个环节所需要消耗的劳力、物力和财力全部之和。四是Promotion，即促销，是指企业通过一定手段和方式传递可以获得产品价格上优惠的信息给消费者。

（2）4C理论。4C 营销力理论（The Marketing Theory of 4C）是20世纪80年代末90年代初由美国的营销学家劳特朋提出的，是指为了达到顾客满意的目标时的一种关联模型或者是消费者模型。4C理论代表着所谓营销，它并不是卖产品，而是增加顾客购买的愿望系数，它是一次导入全新营销文化的革命，代表着消费主义时代的来临。4C是指：一是Consumer’s need，即顾客需求，包括显性需求和隐性需求，显性需求的作用是为了满足消费者的需求，而隐性需求是起到对消费市场的引导作用。二是Cost，即顾客成本，所谓顾客成本不仅仅是顾客在购买这个产品时所需的金额，还包括对这个产品进行使用后要耗费的金额。三是Convenience，即交流，是指为了达到让消费者更好地理解这个产品的性能、功效等各种情况，为了更好地指导消费者到底有什么需要，怎样可以更好地满足消费者时所进行的与消费者之间的互动，交流不仅可以调动消费者在售前和售后的积极性，还能改进企业的产品质量和服务水平。四是Communication，这里的渠道与4P的渠道有所不同的是，强调渠道是作为一项资源而存在的，并且有着非常重要的作用，它能够影响别的营销策略。

（3）4R理论。4R 理论（The Marketing Theory of 4R ）是在20世纪90年代由美国营销大师舒尔茨提出的，其目的是为了在竞争日益激烈的环境下建立顾客忠诚，并且他强调了企业的真正的竞争力就在于顾客的忠诚度。4R是指：一是Reconnection，即关联，是指把企业和顾客相关联，并且把企业与顾客之间的关联当作发展的重要部分。二是Relation，即关系，是指在激烈的市场竞争中，真正的核心在于保持与客户的稳定关系。三是Reaction，即反应，是指对于企业来说，真正要解决的是要学会从客户的角度和通过客户的反馈判断企业应该如何发展。四是Repay，即回报，是指任何关系要想长期而稳固地发展都需要回报，企业与客户也是一样的，因此也要采取一定的回报策略。

但是随着移动通信技术、数字技术、社交媒体技术的发展，4R又被赋予了新的含义。在数字化时代，4R的含义又得到了进一步的延伸：Recognize、Relationship、Reach、Return分别所代表的含义是消费者的数字画像与识别、建立持续关系、数字化信息的覆盖和到达以及实现交易和回报。

4. 口碑营销的研究

21世纪科特勒将口碑传播定义为一种双向互动交流。在这种双向交流中，生产者以外的人可以用无论何种方式都能将关于某种指定的或者某种指定类型的产品信息传递给用户、卖方甚至是其他的会与以上有联系的人或者组织，在此传播的过程中却不会被第三方进行处理，并且能够使接受者获得信息。

本文的口碑营销是指企业为了实现盈利目标，向消费者传递有关企业想售出的产品或服务的信息。但实际上是企业专门设计的使用非直接与消费者或潜在消费者接触的方式，通过这些已经使用过该产品或服务的消费者从言语或者文字内容、视频直播等方式让目标受众接收到此类信息的一种新的营销策略。口碑营销具有三大特点：①可信性十分高。②较低的传播成本。③具有团体性。

（三）文献综述

在经济快速发展的时代背景下，移动通信技术和互联网技术呈迅猛发展之势，技术更新速度越来越快，随着大数据、区块链等各种新兴技术的发展以及各类社交平台的纷纷出现，为了使流量变现，一同争夺社交化电子商务这片红海，电商平台因此呈现出前所未有的欣欣向荣之景。如今，消费者可以不必运用以往的方法与企业进行交流，而是能直接在电商平台和各类社交平台与企业甚至其他的消费者进行交流和买卖，电商的红海时代到来，一种新型的电商模式——社交电商，它的浪潮正在不断侵吞着这庞大的网络消费市场的彼岸。

1. 国外文献综述

到目前为止，学者们仍对社交型电商各执己见。有一部分人认为这其实是一种新兴电商模式，也有一部分人认为这其实就是对电子商务领域的一种新的拓展，只是加入了其他的新兴网络技术和社交媒体，如在2009年由学者Ickler提出的社交型电商其实就是相当于“信息加商务”，即“通信技术”和“沟通和交互”相加，是在现行已有概念上的新的组合。Stephen和Toubia（2011）研究认为，社交型电子商务是一种在网络时代下产生的新的社交媒体，让消费者和客户在新的市场环境和购物平台上销售和购买商品或者服务，从而调动了顾客的积极性，使得整个网络消费市场更加活跃。Xiang（2016）总结得出，用户在社交型电商平台有以下行为特征：用户分享对产品的看法，互相进行产品图片的交流和共享，以及对他们的生活娱乐进行记录和实时实地在平台上进行分享等。

2. 国内文献综述

调查研究显示，2006年，社交型电子商务在我国最早出现，由于我国的电子商务正式开始发展的时间较晚，并且那时的发展比较迟缓，所以电子商务在当时中国整个市场环境下还有很大的发展空间。虽然有很多敢于挑战电商领域的创业者，但都基本没有取得成功。一直到2011年，通过在美国的Pinterest案例我国的电商企业获得了很大的灵感，随后开始陆续出现了许多相似的网站。我国学者冯敏敏（2012）以市场营销理论、社会学与传播学为基础，通过定量分析法和定性分析法分析了SNS平台的营销策略和现实意义以及存在的问题，得出了电子商务社交化的可能性，并对其做出了更深一步的探讨。宗乾进（2013）提出社交电商其实就是一种新的电商模式，社交电商通过社交网络的情景，整合了以信息的交互为基础的兴趣图谱和以消费者关系链为基础的社交图谱，来销售商品或服务。同年，田雨晴将社交型电商的关键属性定位为商业行为、群体互动和社交媒体技术，在这三者的相互作用下，社交型电商为消费者提供了详细的商品信息，并使其明确了购买目标。徐国虎（2014）提出，社交电商就是要通过搭建消费者与电商之间的信任桥梁来展开商品的买卖，这一观点是从产业链的角度为社交型电商进行定义的。朱小栋、陈洁（2016）认为，与传统电商相比，社交电商在营销、系统互动和客户控制方面都与其有所不同。同年，项伟峰也论述了较之传统电商，社交电商有三个方面的不同：消费者的需求、刺激就业和刺激消费，他认为在当时的商业网络背景下，社交电商能够更好地激发顾客的新需求。

我国社交化电子商务之所以能够在不到十年的时间取得飞跃式的发展，是因为随着移动通信技术、电子信息技术以及大数据的普及等，我国的经济建设取得了巨大的进步，为社交电商提供了一个非常良好的孕育空间，让其有足够的“养分”快速地生长。通过对国内外电子商务研究的梳理，能够知道其实对于社交电商的研究还有待进一步的探讨，随着技术的发展以及经济环境的变化，我们可以从其他的不同方面来研究和分析社交电商。社交电商为传统的电子商务注入了新鲜的养分，它能够使整个电子商务系统充满发展的活力，为我国的经济不断做出更大贡献。通过以上分析我们不难发现小红书就是属于第二类社交电商类，是一种以社交媒体为基础的、发展为电商平台的社交内容分享类的新型电商形式。

三、内容类社交电商现状及小红书营销策略分析

（一）我国社交电商行业发展

1. 我国社交型电子商务行业发展情况

（1）社交电商行业呈快速发展的态势。自2013年以来，社交电商逐步走入市场，通过其高效发展的能力已经夺得了电子商务领域的大半个市场。2018年的数据调查显示，我国的社交电商行业从业人员已经突破了千万大关，并且正在急速上升。随着社交媒体和电子商务的协同发展，社交电商获得了社会各界的认可，也有越来越多的就业者毅然选择投身于这个行业，他们正在为促进我国的社交电商行业不断努力着。同时，社交电商发展的可观前景也吸引了众多投资者的目光，通过资本行业的不断投入，我国社交电商行业的市场规模正在快速增长，2018年已经达到了6268.5亿元。在这短短几年，社交电商占我国整个电子商务市场的比重从最开始的仅为0.1%飞跃发展为7%，许多的社交电商企业也纷纷上市。综上所述，社交电商发展至今，与以往的销售行业不一样的是，我国的社交电子商务行业一直都呈快速发展的态势。

（2）我国社交电商行业竞争升级。虽然社交电商是一种基于移动通信技术和数字化技术，依托社交媒体的新兴的电商模式，但是它找准了传统电商行业日趋萎缩的时机，把握住了发展机会，吸引了大量的互联网流量。明显地可以看到，在过去的这几年该行业一直都在高

速发展着，但是根据2019最新的行业市场分析报告，从2019年，我国的社交电商行业就进入了稳步发展的时期，而社交电商企业的发展重点不应再是进行流量争夺的竞争，而是要有着更长远的目光，改变以往的运营模式，促进运营系统化的升级。

（3）我国政府鼓励支持社交电商行业发展。自2013年起，我国政府就不断地在完善关于电商行业以及社交电商行业的法律法规，及时颁布相关的鼓励政策，扶持并且促进社交电商企业的发展，并且我国越来越重视社交电商行业的发展，不仅在"十三五"规划中明确提出要鼓励社交电商等行业发展，并且专门还提供关于社交电商的培训师，等等。为了保障整个电商行业拥有更加良好的发展空间和规范的行业秩序，《中华人民共和国电子商务法》也于2019年1月1日实施。社交电商行业在政府的支持下发展得将会越来越好。

2. 我国社交电商行业的发展前景

（1）开拓线下新渠道。今后社交电商企业的发展将会不仅仅局限于线上的内容分享和产品销售。如今已经有很多的社交电商平台在跃跃欲试，成立自己的产品品牌并在线下布设店铺进行销售，也有一些企业通过在大型商场或者繁华的商区开设快闪店的形式提升企业的知名度，吸引更多消费者。所以，未来社交电商企业将会协同线上线下，扩宽销售渠道，不断巩固发展。

（2）不断提高产品水平。企业竞争离不开产品的竞争，要想保持发展，首先得保证销售产品具有能与其他企业相抗衡的竞争力。未来社交电商销售的商品应该朝着更加多样化、智能化的方向发展，保证商品品质，提高商品销售的服务质量。

（3）结合社交网络和热点发展。未来电子商务的交易应当与时下的社交网络与热点融合发展。

（二）小红书营销策略分析

1. 小红书的背景介绍

创办于2013年的小红书，以独特的商业模式走进消费者的视野，在过去成长的这几年间有着令行业惊叹的发展速度，以购物分享型社区起家的小红书，在其上线一年后正式登上了社交电商的舞台，推出了小红书福利社——小红书的自营电商平台。从最开始的“标记我的生活”到模式转型后的搜罗“全世界的好物”，小红书的slogan的转变也标志着它从一个纯分享型的社区到一个具有综合实力的跨境社区电商的巨大转变。无疑，小红书前期对社区的深耕为它建立了良好的业界口碑，吸引了很多粉丝用户，尤其是年轻的消费群体，促进了其作为社交电商平台的快速发展。短短的几年间，小红书快速崛起，并且在我国的跨境电商领域占据了重要的消费市场。如今的小红书，不仅仅是简单的社交网络平台加电商平台，它涵盖的内容也不仅仅局限于购物分享，它的内容社区有海淘攻略、购物分享、旅游攻略、学习攻略甚至游戏直播分享，等等，它不断适应着市场的变化发展，为用户呈现出更多优质的内容。小红书App作为当下备受年轻人喜爱的App之一，是许多人日常生活中不可缺少的内容库、口碑库。小红书的电商平台发展得也越来越完善，除了与其他商铺进行合作，小红书福利社是专门开设的自营旗舰店，产品由平台到消费者的每一个环节都由小红书自己把控，保证了正品货源和优质的配送服务。2019年的最新数据显示，小红书的月活跃用户量最高已破亿，可见小红书未来发展的前景是无可限量的，在我国社交电商行业一片形势大好、以拼多多为例的企业纷纷上市的背景下，小红书的实力与潜能同样获得了资本界的赏识。小红书凭着个性化的服务体验、精准的营销策略和优质的分享内容获得了好评，可是却又在快速发展的过程中危机四伏，既要兼顾内容运营，又要兼顾电商渠道管理和供应链管理，小红书多次被推到了风口浪尖上。2019年对于小红书来说是最具考验的一年，2019年4月小红书的内容分享涉嫌有推销烟草的笔记，随后两个月又因为涉嫌有其他非法内容而进行下架整改，直到2019年10月才又在各大应用商店重新上线。

2. 小红书的营销策略分析

（1）精准营销。

① 用户：小红书一直以来都有着精准明确的用户定位。小红书市场目标人群定位以18~39岁收入为中高层的城市白领、大学生、海外留学生等为主。他们有着较强的消费欲望和消费能力并且愿意尝试新的不同的产品，这类人群有着较开阔的眼界，热衷于追捧市场潮流和海外的商品，有着较高的生活水准。这类愿意为自己买单提升生活品质的消费群体，其中主要以女性为主。2020年最新百度指数显示，小红书在我国用户最多的地方排名前五依次为广东、浙江、江苏、山东、上海，其中女性用户所占比例为58.38%，而男性用户所占比例为41.62%，年龄一般分布于19~40岁，兴趣分布于影视音乐、软件应用、资讯、游戏、美妆等方面，说明小红书对目标受众具有较为精确的认知和定位。

② 内容：个性化推荐。每位用户在小红书所看到的内容都有差异，通过对每位用户兴趣爱好、阅读爱好、产品喜好和所浏览过的产品或者品牌的内容进行计算分析，得出用户的消费偏好结论，在后台进行对内容的筛选后将与之相关的优质内容推送到用户的眼前，因此每位用户所看到的内容都是不同的。无论用户是对彩妆产品感兴趣，还是对学习方法或者和平精英感兴趣，小红书都能对用户进行详细的分析，掌握用户的消费偏好，对每一个用户都做到个性化推送，提供每位客

户真正感兴趣的商品。在小红书的发现页面，如果你喜欢某类服饰或者某个服装品牌，就会有精准的推送内容出现在你的眼前，并且也会专门为你匹配合适的商品。后台也会实时根据你对内容的点击率进行分析，以适应你不同时段或者不同地点的消费需求，让每位用户都能得到“贴心”的服务。

当然，小红书也不会错过时下最流行的各类购物狂欢节，除了“11·11”和“12·12”全网的购物节以外，小红书还有自己的周年庆、店庆等优惠节日，为了更好地激发消费者的购买活力，小红书还会为用户设计折扣优惠发送各类优惠券，并专门以邮件或者App内消息通知的形式提醒用户。

③ 运作：精准运营。为了适应当下竞争日益激烈的市场环境，满足用户的个性化体验需求，提升平台用户的使用感受，小红书充分利用数字营销时代的4R理论实现精准运营，在4R策略实施的每个环节都能让用户得到充分的体验。小红书利用大数据识别出并且精准描绘用户的画像，然后把用户的信息进行整理，在用户使用小红书App时做到让用户的实时信息覆盖在全领域，让用户每时每刻都能享受到专门为自己设置的服务。因为平台所提供的优质的产品和服务，维持并稳定了与用户的关系，激发了用户自身在平台进行内容创作，以吸引更多的用户对平台所销售的商品进行购买，这样也就实现了用户的交易和回报，并且建立了与用户之间长期持久的关系。

（2）场景营销。小红书靠内容社区起家，所以消费者除了在小红书商城里的商品评论区可以看到的商品评论并且进行与其他消费者之间的交流和分享以外，商城外的小红书社区本身就为用户提供了一个社交分享的场景。在小红书平台购买一个商品的过程往往是这样的：在其他用户推荐分享了一个电商商品之后，可以在社交场景内的下单功能里直接下单，完成了购买之后该用户一般会再次对这个商品进行使用感受的分享和评价，产生的优质分享内容又会被其他用户看到，形成了这样的一个场景营销的闭环。小红书的场景营销的场景塑造主要是依托该平台上所有用户之间的联系。因为场景营销最重要的是需要在一定的场景下以及适当的时间为用户匹配到其所需要的商品信息或者是服务，所以小红书通过一系列的算法分析，根据用户精准的人物画像和用户的消费偏好，计算出他们会喜欢看的内容，因为根据后台对每位消费者浏览的商品或者内容的搜索记录，系统会自动匹配他们是哪类内容或者商品的潜在用户，然后自动向他们进行推荐。每当小红书App的用户或许是在闲暇时候没有任何购物准备的情况下点开了社区发现页面，这些社区所推荐的内容或许不是他们的刚需但确实是他们一直以来关注并且感兴趣的东西，在这样一个“精心”设计的场景下，消费者容易产生与这些内容创作者的情感共鸣，因为平台通常都会将与该商品相关的最优质的内容推送到最前面，不用发现几页，用户往往会想要对这个商品产生购买的欲望，尤其是当遇到一些用户所认同的代表着某一行业的大咖或者是一些具有较为庞大的粉丝流量能够产生粉丝效应的网络红人，抑或是具有意见领袖能力的素人时，都会被这样一个特定的场景和氛围激发购买欲望，随后将立即点开下方的商品链接。

当然，在小红书社区进行分享时，小红书商城本身就有的商品在社区内场景营销的效果肯定是要好于在商城里找不到的商品，如果本商城就有售卖的商品，加上一些使用过的用户的推荐，消费者就相当于获得了双重保障，既有平台的信誉又有其他用户的口碑保障。如果消费者在考虑要不要购买某个商品或者是对这个商品有什么疑惑时，就可以在社区平台找到其他使用过该产品的用户，根据他们分享的关于该产品的内容，更多地了解该商品，对于疑问还可以在内容下方评论咨询或者直接私信原作者。所以小红书打造的社区场景，较之于其他传统的电商平台，它的流量变现能力更强，通过场景营销，能够更好地调动用户的购物积极性。

（3）创新的UGC模式。小红书社区所打造的UGC创新模式在于构建真实的场景，为平台上的所有用户创造一个轻松且真实的交流环境，让用户在线上就能体验与其他用户之间的交流就像与自己的朋友一般，互相"种草""拔草"，也通过此种方式不断提升用户对平台的信任。同时，随着小红书受到消费者的喜爱程度和市场知名度的不断提高，许多明星、网红、行业的"大拿"纷纷都入驻小红书平台，或真实分享自己推荐的好物，或与某品牌进行合作推广，总之都拉近了与粉丝用户之间的距离，为粉丝创造了与偶像之间零距离的互动机会，看自己所喜欢的明星与自己只隔着视频聊天分享，就像是自己认识多年的好友。因此小红书也不断创新UGC模式的营销，如今已经发展成了UGC+PGC+PUGC模式。小红书内容主要由以下三部分构成，因此也分为三种不同种类运行的账号：①UGC模式，是指由用户自发生产的原创内容。即只要下载了小红书App，只是一个普通用户都可以分享内容，只要是优质的合乎法律规定的都可以在社区上进行发表，用户生产的内容相较于其他两个模式而言一直都是小红书平台的主要内容。②PGC模式，是指由专家生产的内容。在小红书平台上用户不仅可以自创内容，还可以看到很多由小红书打造的专业账号，都是小红书自己经营的内容，他们发表的内容相比于UGC模式下的单纯的用户分享，更增加了权威性和可靠性，也增加了分享内容的优质性。③PUGC模式，是指专家用户生产内容。比如某某明星或者小红书的一些合作商，小红书利用其知名度和粉丝效应，为平台引入更多流量。这也是小红书在前期知名度飞速提升的重要原因。

（4）口碑营销。小红书采用的口碑营销策略主要是通过一些具有KOL影响力的人入主平台并且发表内容，同时也为许多具有意见领袖能力的素人创造了口碑传播的机会，小红书App也孕育出了一批穿搭博主、拍照达人、美食博主等，他们作为在某一方面有着敏锐眼光和洞察力的有较高水准或者专业能力的人群，所发表的内容与推荐的好物一定是可以受到很多其他用户所追捧的，因为用户可以从他们以往的购买经历找到与自己志同道合的达人。口碑营销之所以能够成为小红书的竞争优势之一，就是因为平台上的大多数用户原创内容都是基于他们真实的购物经历并且根据自己的购物体验所编写的内容，是建立在每位用户的口碑之上。在这样一个快节奏的时代，不真实的内容很容易就会被摒弃和淘汰，所以建立良好的口碑对每一位用户来说都至关重要，小红书App通过口碑营销使得用户的关系更加紧密，也使得用户对平台更加信任。

小红书的5W口碑营销模式：口碑营销在传播的过程中有五个因素至关重要，也被称为5W模式，指在传播的路径上有传播者、信息、媒介、受众以及效果，这五个要素其实代表着传播是具有要达到影响目标受众的这个目标的。无论是小红书最初打造的UGC模式，还是转变后的UGC+PGC+PUGC模式，无论是普通用户还是明星达人，凡是在社区分享都是具有分享性的目的，都在向其他用户进行口碑传播。五个要素的具体分析如下：

① 传播者。在小红书社区，传播者可以是普通大众，也可以是流量明星、时尚达人，既不分年龄阶段，也不分收入高低。

② 信息。信息具有综合性、公开性、开放性和大众性的特点。凡是用户所用过，或者想分享推荐给更多的用户的，无论是产品还是服务，无论是健身干货还是学习资料，在这里都可上传至分享社区，人

人都可以看见，用户可以对其所推荐的内容进行搜集、整理、选择、加工与传播，但是同样受到小红书后台的管控，以保证每个用户推出的信息的优质化。

③ 媒介。传播媒介是一种为了使目标实现的物质手段。小红书着重打造的社区平台就是它的媒介，任何用户都可以在其上传播自己想分享的内容，打开App的界面，不同于其他的电商平台，它的界面就是热门用户所分享的内容，所以它又被称为“海淘版的知乎”“美妆版的微博”，所以他的创始人才会说，“社区分享负责貌美如花，电商平台负责赚钱养家”。而如今小红书也推出了类似于抖音、快手等社交型视频分享App的同样的视频分享内容，使用户传播内容的形式不再单一，增添了媒介种类。

④ 受众。无论是对信息的接收还是反馈，受众在整个过程中占有重要的地位。在小红书的社区分享平台中，用户既可以是传播者，又可以是接收者，每个用户下载此App就是想获得不同兴趣产品的“种草”经验，所以传播者可以根据对受众进行分析，从不同方面入手，提供给大众想要的信息，而受众也可以根据自己的喜好进行信息的筛选。

⑤ 效果。是指在受到接收到的信息的影响之后，在思想和行动层面所自发产生的一系列的变化。受众用户被传播用户“种草”以后，便会产生一系列的消费活动，无论是分享淘宝链接还是微商的微信号，或者直接在小红书合作的商家以及直营电商平台进行选购，都会促进人们的消费。比如现在的“小红书爆款××”“小红书同款××”“范冰冰小红书推荐××”，都会引发一波全民追随的潮流。

（5）其他营销策略。

① 广告营销。结合网络热点进行广告投资。2018年是中国团体偶

像热度最高的一年，有一批新生代的偶像以练习生的身份通过综艺节目选拔出道，备受年轻人和社会各界的关注，有着最热的话题并汇集了当时最多的流量。小红书抓住了这一难得的机遇，对其中知名度最高的两个栏目——由腾讯出品的《创造101》和由爱奇艺出品的《偶像练习生》都做出了赞助。从这两个节目录制到开播，热度一路狂飙，在节目口播和画面中多次出现的小红书的曝光度也不断增加，有了明星对粉丝群体的聚集力和号召力，小红书App的下载量也直线上升。

② 线下营销。线上结合线下多渠道销售。自小红书的原创品牌“有光”（Red Light）上线以来就采取了对线下渠道布局的策略。该品牌类似于网易的网易严选，同样也是将各类优质的好物呈现给消费者。当时平台的用户绝大多数是女性用户，所以企业就将目标用户设置为女性，挖掘“她能量”，为她们带来从生活用品到美容化妆的各类经过层层筛选的好物，小红书一如既往地在该线下店铺呈现自己独特的社交属性，在门店有诸如咖啡厅、水吧、娃娃机等社交场景，能让在繁忙的都市奔波劳累的白领丽人们有这样一个充满着温馨氛围的场所供她们购物，还能满足她们平时无法顾及的社交需求，在这里，有着同样兴趣爱好的好友可以直接面对面地线下聊天分享好物。

以上营销策略给小红书带来的影响主要体现在对入驻品牌的强化和产品转化率的提高。小红书的营销策略是对小红书的发展起到了巨大推动作用的，通过采取有效且适合的营销策略，让小红书这样一个年轻的品牌仿佛“一夜成长”成为现在年轻人甚至是更加广泛的消费者群体心中的无论是生活、工作还是学习、旅游，任何时间和地点都必备的“神器”，很多用户在购买某样产品或者是在其他非小红书的购物平台购买产品时都会先来借鉴一下小红书上的用户是如何评价该产品的，说明小红书已经成功地将信任植根于用户心中，它的营销是成功的并且是值得借鉴的。

四、小红书的营销策略问题分析

（一）用户原创内容的质量问题

涉嫌违法内容——小红书的下架风波。小红书里有的用户无数次打着社交的旗号在法律边缘试探，一些不法内容却没有被小红书的后台筛选系统过滤出来，被一些不法分子得逞了一阵子。但是自2019年7月底到8月初，小红书App在多个应用商店被下架，引起了社会的广泛关注和好奇，并且小红书官方一直没有做出说明，也没有对网上的一些言论进行回应，后来才了解原来小红书遭到下架的原因竟然是涉黄，这是我国法律所绝对禁止的，下架是要求小红书平台必须实行全面的整改措施，否则一直都不允许上架。众所周知，小红书的笔记内容涉及范围很广泛，并且内容的可信度较高，其中就有许多热爱旅游进行探店分享的普通用户或者是旅行博主，而不法分子就找到了这个契机，他们发表一些有关酒店分享的内容，可是从图片你可以看出这其实是在进行非法“约客”，他们或穿着暴露的服装或者发表一些有内涵的文字，总之能够让那些有这方面意向的用户明白，以此达成他们之间的非法交易。虽然小红书上的大部分博主是在消费过后向其他网友精心地推荐“种草”笔记，但却在不法分子的一些手段的操作之下，搅乱了这汪清水，使这些博主无缘无故地变成了炮灰。

小红书作为一个社交内容分享的平台，是广大网友的“种草圣地”，伴随着小红书的知名度日益提高，用户粉丝增长的速度越来越快，很多博主因为在小红书上发表自己优质的“种草”笔记，从而吸引了一大批粉丝，越来越多的人争相效仿，但却不断曝光出小红书代发代写的“一条龙”服务。在有的笔记中你所见到的“亲测有效”“必备神器”“某某网红同款”等这些吸引消费者眼球的安利词汇可能都是假的，但凡消费者稍有不慎，便会被欺骗。时至今日，小红书的名气上涨的同时也伴随着许多的恶评，小红书的内容质量严重下滑，让越来越多的消费者吃了哑巴亏。

以上问题仍归结于监管问题，在社交场景原创内容时代，一旦用户的原创内容质量差，那么社交场景的可看性也会变差，必然会引发用户群体规模的不断缩减。社交电商不仅要做到将内容和商品精准地投放到顾客的眼前，更应该要做到所有商品和内容都保质保量。因为只有将内容的质量稳定，才可以保留住用户，同时优质的生产内容也会更加调动消费者的积极性，提升消费者的购买率。所以要求像小红书之类的电商平台都能做到精准的内容、优质的投放，否则必将产生不好的效应，流失越来越多的用户。

（二）口碑营销的问题

负面口碑的危害。从“标记我的好生活”到“标记我的被坑生活”，负面口碑带来的危害不容忽视。自小红书的slogan“标记我的好生活”产生了很大的宣传效应之后，同时“小红书的×××都是套路”“标记我的鸡肋生活”等负面消息也同时在网上被曝光，因为小红书社区的用户分享的内容良莠不齐，其中不乏有过分的营销分子，把“雷品”吹成爆款，让消费者购入的产品无功无过，甚至过大于功，口碑大于效果，标记了消费者的被坑的生活。因此越来越多的用户在网上吐槽因为相信了小红书社区分享的高人气点赞好物而被坑的经历，使得越来越多的消费者对小红书的好物分享提出了质疑，一夜走红的社交电商小红书也陷入负面口碑传播带来的危机。

（三）产品质量的问题

小红书为了吸引流量，所以在所有社交电商平台中广告收费最少，很多小微商家为了减少广告成本的支出入驻小红书，有的商家甚至是没有任何执照的“三无”产品，因此在小红书平台上出现的商品也是鱼龙混杂，质量得不到保障。

在小红书的商城，除了我们所知道的小红书福利社以外还有很多各种商家的店铺，小红书福利社是小红书自营的店铺，里面的跨境商品能够得到质量的保证，并且还可以进行产品溯源，可是在其他商家经营的店铺消费者却无法获得商品的质量保证，许多消费者因为在社区的场景下对那些没有质保的商品进行消费，结果最后收到的实物与商家在线上展示的完全不符合。

五、小红书的营销策略改进方案

（一）改进方案设计原则、思路及目标

1. 改进原则

针对不同的营销策略的问题要采取不同的改进方法，小红书主要采取的营销方式是网络营销，所以可以根据网络营销方案设计的一般规律，找到营销内容和设计方案的相似性和一致性。主要有以下四个原则：

（1）系统性原则。要通过营销系统内部各要素进行分析，采取最有效的方式，让营销渠道的每一个环节和基本流程都能够得到把控。

（2）创新性原则。要通过对顾客不断变化的需求提供创新性的产品和服务。

（3）可操作性原则。根据企业在未来的营销活动进行方案改进，明确提出应该做什么以及对做的时间、地点、人员开展详细的安排。

（4）经济性原则。企业一切活动的开展必须要以经济效益为核心，通过提高方案实施的效率，实现帕累托最优。

2. 改进思路

针对小红书目前所暴露的营销策略问题，根据上述提到的四个改进原则，结合精准营销、口碑营销以及传统的营销策略为小红书的问题设计改进方案。

3. 改进目标

为小红书的发展提出真实可靠的营销改进方案，改进小红书平台的内容和商品的质量，以提升小红书的企业形象，维持老客户、吸引新客户，实现更大的流量变现为目标。

（二）改进方案内容

1. 建立用户的内容云备份库

平台可以对每位用户在任何时间和地点发表的内容进行内容的云备份，这个方案主要是针对违法乱纪内容或者一些触碰底线和国家明令禁止的内容，如果用户一旦在小红书平台有过发表记录，即使当时没有被筛查出来，但是后台已经将此内容自动备份至后台的云库里，后期还会进行排查，一旦有涉及违规内容被查出来便进行封号并且做出一定的处理。

2. 鼓励原创内容，并且对于原创作者进行一定的奖励

针对“代写”的问题，平台自身无法直接从源头进行控制，但是可以通过对优质原创内容的创作者进行鼓励且给予一定形式的奖励，激发用户的生产活力，主动生产出自自己手中的原创作品，减少他人代写的可能。并且会综合内容的获赞数量、收藏情况和好评程度对原创内容发放小红书福利社的折扣券、代金券或者是小红书福利社的优质好物。同时还可以举办一个类似于内容原创节的比赛活动，平台鼓励各个具有粉丝影响力的素人原创作者参与这个比赛，评选出最具影响力的原创作者，前三名将会获得小红书流量分红等丰厚的福利，并且优秀的原创作者还会获得一个专门的认证title，这样当其他用户看到他的内容时就会识别出他的身份。

3. 提升电商平台的产品质量

这是小红书在发展前期为了引流而遗存下来的历史问题。除了小红书福利社企业的自营商品店铺以外，还有许多与平台合作的店铺，有的店铺虽然顶着旗舰店的名号，但是售卖的却是名不副实的商品，导致小红书以全网的口碑库闻名的同时也身负骂名，因此小红书要提升品牌的入驻标准，与入驻的品牌都签订好合作说明，一定要把握商品质量，保证消费者的合法权益。

4. 对社区平台的内容进行细分

虽然小红书一直以来为顾客提供的都是个性化的服务体验，推荐的都是用户喜欢的内容。但是很多用户反映上面好多内容都是不属于大众价值追求的，比如有着关于小红平台人均爱马仕、豪车大别墅的言论。所以为了提倡量入为出适度消费、勤俭节约理性消费的消费观念，应该针对不同类型的产品细分为不同的内容。对于一些有着较高消费能力和水平的人设置专门的这类产品高奢档的内容，对于一些中产阶级用户设置关于这个产品轻奢档的内容，对于一些追求经济实惠的用户设置普通档的内容。比如当用户想要买一个新的包包，她在导航栏搜包包，他就可以选择要看哪类内容，在高奢档就会推荐如爱马仕、香奈儿，轻奢档的就有蔻驰、MK等，经济档的就是小CK之类的品牌，这样用户在通过平台对内容进行筛选之后就会进行理性的选择，根据自已的消费实力选择想要获取的内容。

（三）改进效果预期

1. 改进后将会提高社区分享内容的优质性

通过对用户的发布内容进行要求限制，保证了用户在社区平台发布的内容是经过条件限制和后台平台筛选的，并且平台会对内容进行实时监控，提高社区分享内容的优质性，改善一些过度营销分子利用在平台内进行广告过度宣传，欺骗其他用户，保证好物分享内容更加优质。

2. 改进后将提高内容库的真实性

对用户上传的好物分享内容进行筛选推广，打造更加优质的内容，为用户提供更加真实可靠的购物参考信息，打造一个良性的信息分享平台。

3. 改进后将吸引更多的客户群体

改进后能提高平台内信息传播的可信度，维持老用户，树立一个可靠的社区分享形象，将会吸引更多的新用户。

六、小红书的营销策略改进方案实施保障

（一）完善关于处理企业危机的公关机制

在不确定的市场竞争环境下，企业有许多的发展机遇，但伴随着的就是挑战，企业要想发展必须迎接挑战，有挑战就必须学会应对危机，因此企业一定要建立一套完善的危机管理机制以便在企业经营的过程中遇到危机时可以有效地采取应对措施，不至于慌乱了阵脚。当企业一旦置身于困难中，一定要及时通过各种信息渠道向社会做出声明，学会公关危机是企业的一门必修课，学好了这门课，才能减少企业不必要的损失。

（二）设置明确完整的产品质量说明书

对于平台内的产品都要仔细严格地编写产品说明书，内容一定要详尽并且概括说明要准确，对于产品本身的实际情况，除了对于功能性能等的基本介绍之外，还要对产品的使用感受以及使用的过程中将会遇到的情况以及产品专门的受众或者不适合的人群一定要介绍清楚，减少消

费者对产品误解的可能，才能维持和稳定平台在用户心中的良好口碑。

（三）建立完善用户的投诉处理机制，建立便捷的用户投诉渠道和有奖举报机制

在平台监管能力有限的范围内，一旦用户发现了其他用户发表了有违法乱纪、与事实相违背、一看就是代写等平台禁止的内容时，可以随时向后台举报，用最简便的方法向后台反映最及时的情况，如果后台在有限的时间内不作为的话将会对后台人员追责。鼓励用户投诉举报，保证社区平台环境的干净。

（四）完善平台的监督检查体系的建设

平台不仅要建立健全网络监察机制，还应该积极引进和专门培训与网络监察相关的专业技术人员，组建一支具有高水准的网监队伍。通过对平台的有效监管和对用户举报的及时反馈，为平台的整治提高效率。

（五）建立互联网商家的诚信体制

主要是对于一些消费者在电商平台进行投诉时找不到主要负责人的问题，平台应该与合作品牌电商建立完善的诚信体制，严厉打击假冒伪劣和虚假销售的情况，要做到为顾客提供的都是有品质保障的产品，若发现名不副实或者其他违规行为要采取严肃的处理并且进行追责，与其他电商平台联合起来针对品牌商家的口碑和信用水平建立一套统一的系统，一旦商家在一个平台有违规操作，那么在其他平台也会受到处理。

七、结论与展望

（一）研究结论与建议

本文运用文献研究法、信息研究法和案例分析法等研究方法。同时对小红书在目前的营销中存在的问题进行了深入的探讨，对小红书下架风波的问题进行了分析，并且提出相关的决策建议。通过本文的

研究分析，可以从小红书的案例获得关于我国社交电商发展的启示，也将会在如今日益激烈的环境中，为我国社交电商提供理论上的指导和解决问题的思路。

小红书作为社交电商的具有代表性的企业，它的营销策略和经营模式都是值得借鉴的，但这种新兴的电商模式其本身不能成为电商的竞争壁垒，因为这种创新模式是可以复制的，无论是社交电商还是其他类型的电商，是需要精细化的运营和提升其供应链能力的。对于像小红书这类的内容类电商平台，其内容类的模式无法成为它的核心竞争力，商品加内容驱动，也就是内容加电商双轮驱动是需要兼顾内容生产与产品供应链的，是同时需要丰富的优质内容和超强的供应链能力的，所以未来必须选择以流量运营为发展重心，与电商巨头进行合作或者是深化自身的供应链，加大建设和资金投入，这样才能应对今后越来越激烈的市场竞争。

（二）局限性与展望

本文虽然得到了一定的研究结论，但是受水平和专业技术的限制，本文的研究还有很多缺陷。首先是案例分析对象的局限，小红书是内容类的社交电商，小红书电商平台的发展属于社交内容的电商化，它采取的营销策略和经营模式其实代表的是少部分的电商，对于其他类型的电商来说，它的营销模式和策略可能也会不太适合。其次是受制于研究方法，始终停留在理论层面，没有进行实际的考察，比如说去小红书的总部进行更多的接触了解，因为实践经历才会更加有说服力和感染力。

通过此次的研究，受益匪浅，在对文献搜集整理的过程中发现其实对于社交电商还有很大的研究空间，希望今后有更多的学者投入到对社交电商的研究，利用专业学识的角度去分析，总结发展经验，为今后越来越多的企业提供发展借鉴的理论基础，从而不断促进我国的社交电商行业甚至是国外的社交电商行业的发展。也希望这些社交电商行业能够不忘初心，砥砺前行，不断学习，不断奋斗，以自身的发展带动行业朝着更优质的方向发展，结合日新月异的各类高新技术和移动通信技术促进我国的经济建设。

参考文献

[1] 李雨婷. 电商平台社交场景塑造研究[D]. 南昌：江西师范大学，2018.

[2] 朱小栋，陈洁. 我国社交化电子商务研究综述[J]. 现代情报，2016，36（1）：172–177.

[3] 王琦，李慧敏，翟江雪，等. 基于4R理论的在线社区营销——以小红书App为例[J]. 环渤海经济瞭望，2019（10）：67–68.

[4] 朱嘉琳. 小红书移动营销存在的问题及对策探究[J]. 甘肃科技，2019，35（8）：94–96.

[5] 柴琦. 社区跨境电商的口碑营销研究[D]. 杭州：浙江传媒学院，2018.

[6] 王孟博，吴植栋，肖巧玲，等. 跨境电商市场营销策略分析——以小红书为例[J]. 河南广播电视大学学报，2018，31（4）：21–26.

[7] 陈婉露，林洁. 小红书App营销策略分析[J]. 经贸实践，2018（19）：192，197.

[8] 庄宝英. 社交电商的现状、问题及对策研究[J]. 中国商论，2018（2）：28–29.

[9] STEPHEN A T，TOUBIA O. Driving value from social commerce

networks[J]. Journal of organizational computing and electronic commerce，2011，21（3）：202–220.

[10] XIANG L，ZHENG. Exploring consumers，impulse buying behavior on socialcommerce platform：the role of parasocial interaction[J]. Journal of clinical child psychology，2016，16（1）：9–18.

[11] AMIR AFRASIABI RAD. A model for understanding social commerce[J]. Journal of inforxnation systems applied research，2011，4（2）：63–73.

[12] 魏英华.浅谈移动互联网下社交电商的发展[J]. 中国商论，2020（7）：1–2.

[13] 朱凌萱，潘婷婷，张蕾，等. 基于消费偏好的场景营销模式构建及效果研究——以某品牌电商为例[J]. 品牌研究，2020（4）：128–131.

[14] 伍万坤. 面向社交商务的大数据分析方法研究[D]. 南京：东南大学，2015.

[15] 中国社交电商行业研究 2019年[C]//艾瑞咨询系列研究报告[J]. 上海艾瑞市场咨询有限公司，2019（7）：236–303.

[16] 陈莎莎. 社交媒体营销对产品销售有效性的研究——以手机购物客户端“小红书购物笔记”为例[J]. 新闻研究导刊，2016，7（17）：329.

[17] 杭丽芳. 社区电商小红书的口碑营销研究[D]. 昆明：云南大学，2016.

[18] 李惠. 腾讯社交化电子商务营销研究[D]. 开封：河南大学，2014.

[19] 王成浩. 社交化移动电商平台营销系统的设计与实现[D]. 上海：东华大学，2017.

[20] 王佳. 跨境电商进口平台网络营销绩效评价分析[D]. 杭州：浙

江大学，2018.

[21] 宋晗嘉，马坤. 我国跨境进口电商平台的营销策略研究——以小红书为例[J]. 农家参谋，2019（19）：163-164.

[22] 范旭瑞. 基于消费心理学的社交电商营销模式分析[J]. 现代营销（信息版），2019（6）：210.

[23] 熊岩.社交化电商营销策略研究[J]. 中外企业家，2020（12）：102.

[24] HONG I B，CHO H. The impact of consumer trust on attitudinal loyalry and purchase intentions in B2C e-market places：intermediary trust vs.seller trust[J]. International journal journal of information management，2011，31（5）：469-479.

[25] OLBRICH，R，HOLSING. Modeling consumer purchasing behavior in social shopping communities with clickstream data[J]. International journal of electronic commerce，2011，16（2）：15-40.

病毒营销对票房的影响机制研究

尤思敏

摘　要： 现阶段中国电影行业的发展势不可当，病毒式营销越来越普遍，致使意见领袖在口碑传播中发挥着越发重要的作用。本文主要运用案例研究法及实证研究法进行研究。在前人的研究基础上，本文的贡献主要表现为以下四个方面：①社交媒体的兴起为电影的营销带来了革命性变化，对电影的票房绩效产生了极大影响，本文对病毒营销、网络意见领袖以及网络口碑进行了重点论述。②本文收集了120部影片的数据，通过实证研究了病毒营销对网络口碑的影响和意见领袖的调节作用以及口碑作为影片要素影响力的重要因素对票房的影响。③本文从情绪维度以及趋同效应两个方面，试图用两个案例——影片《大护法》和《金刚狼3》分析网络意见领袖如何促进"病毒营销和口碑"之间的正相关关系。④大部分研究表明口碑越好的影片往往在票房的表现上越出色，然而口碑却不是票房高低的决定因素，口碑与票房的相悖现象如今已普遍存在，本文也针对此现象做出了合理解释。

关键词： 网络口碑；意见领袖；病毒营销；口碑传播；电影票房

一、引言

（一）研究背景及意义

1. 研究背景

电影产业作为我国文化产业的重要支柱，正处于蓬勃发展阶段，年总票房收入在近十年之间便增长了六倍，其迅猛发展不仅带动了其他相关产业，如游戏、出版等，也对我国经济发展模式转型具有一定的促进作用。电影是商业运作的大众艺术，作为现代社会最流行的视听娱乐方式，其传播速度在互联网的助推下越来越快，影响力也越来越大。如图1所示，2012—2018年中国电影票房年度总额以及观影人次不断攀升。据国家电影局数据统计，2019年我国年总票房达到了642.66亿元，同比增长5.4%，中国电影市场发展势头强劲，活力巨大，以电影票房收入衡量，我国已经成为全球第二大电影市场，相信在未来借由人口红利和经济发展，我国可赶超美国，成为第一市场。

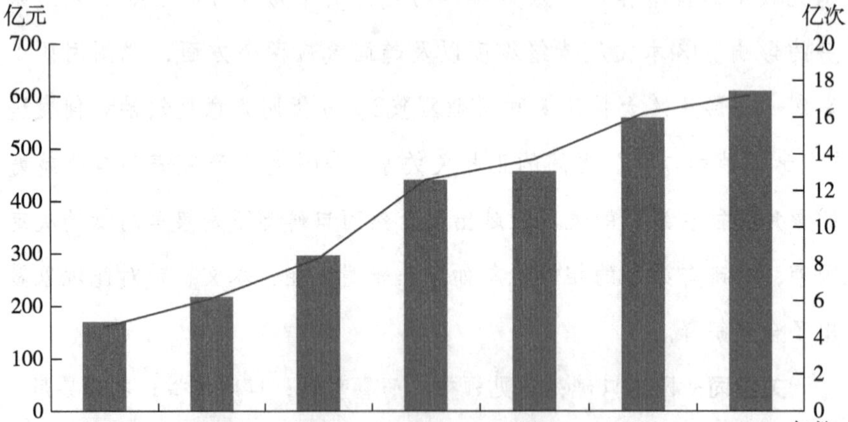

图1 2012—2018年中国电影票房年度总额以及观影人次

数据来源：中国产业信息网。

在众多电影营销手段中，网络口碑营销彰显出其独特的力量，同时社会化媒体的崛起促进电影口碑传播，口碑已成为消费者在消费之前的重要参考。2019年票房排名前十的影片豆瓣平均分达到了7.38分，而2018年只有7.1分。TOP10影片口碑提升，一方面说明电影质量有了明显提高，另一方面说明观影大众的欣赏水平在不断提升。

在口碑营销策略中，意见领袖营销成了一股强劲的力量。在社会化媒体阶段，意见领袖的传播机制主要是通过不同的传播平台，如微博、微信、知乎、豆瓣等社交媒体平台，将自己的观点和情绪传播给消费者，从而为消费者提供意见参考，引导消费者进行决策，降低感知风险。中国网络意见领袖的蓬勃发展始于“去魅”阶段，也就是“草根—职业型”意见领袖的发展阶段，这当然也得益于社会化媒体的崛起。一方面，与意见领袖在网络上的频繁互动使得他们不再被仰视，更多的是要受到网民们的批判性看待，互联网的极大自由性给了每个人分享观点的机会，由于每个人的偏好不同，其中有赞同，当然也有批判性审视；另一方面，一些普通网友凭借自己的特长和独特之处也能在社交媒体平台上产生影响力，成长为新的意见领袖，因此意见领袖的门槛逐渐降低，数量不断提升。图2是各社交媒体的月活跃用户数量。

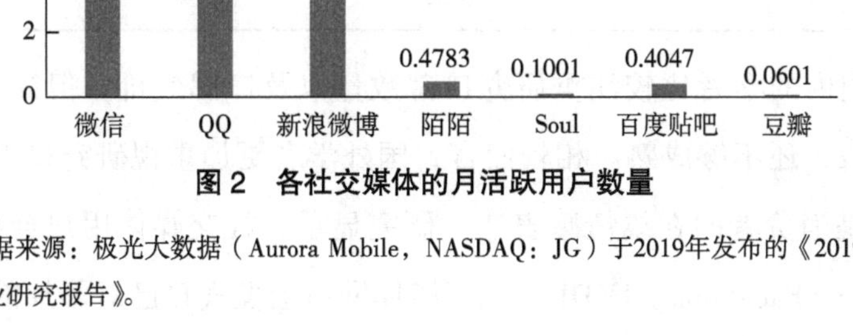

图2　各社交媒体的月活跃用户数量

数据来源：极光大数据（Aurora Mobile，NASDAQ：JG）于2019年发布的《2019年社交网络行业研究报告》。

2. 研究现状与意义

国内有关网络口碑与票房绩效关系的实证研究已颇有成就。表1为国内有关网络口碑与票房绩效关系相关研究文献总结。

表 1　国内有关网络口碑与票房绩效关系相关研究文献

著作	主要研究内容	主要结论
石文华等（2017）	在线影评和在线短评对票房收入影响的比较研究	比起影评数量，短评在在线电影评论中起到更重要的作用，其对票房收入的影响呈倒“U”形变化
辛愿等（2016）	关于中国电影市场中“高票房，低口碑”的相悖现象研究	中国电影市场出现的“高票房，低口碑”现象有两大原因：过分商业化的创作和宣传，产生了负面营销；中国观众的观影心理不够成熟，观影水平不高
赵亚凡等（2016）	网络口碑对电影票房影响实证研究	以影片的网络热议度、口碑效价等作为自变量。通过实证分析证明了网络热议度与电影票房收入积极相关，而网络口碑具有消极偏向
汪旭晖等（2015）	网络口碑数量的知晓效应和口碑效价的说服效应研究	以格瓦拉网站的55部国产电影为样本，通过实证分析证明了网络口碑的数量对电影票房有显著的正向影响，而网络口碑的效价对电影票房有显著的负面影响
史伟等（2015）	网络口碑情感表达的预测作用研究	基于新浪微博情感分析构建电影票房预测模型，证实用户评论的情感表达在电影票房预测中扮演了很重要的角色
马艳茹等（2014）	网络口碑对于电影票房的影响研究——基于中国内地电影市场的实证研究	电影产地、电影档期和演员号召力对于电影票房的影响不显著，电影类型、电影是否为续集、翻拍或改编这三个因素作为调节变量影响电影的网络口碑数量及网络口碑效价，进而对电影票房产生影响
袁爱清等（2013）	高票房、低口碑悖论模型的研究	票房与口碑的一致性，实际上是一种以受众认知为导向的缄默集合，它具有情境的驱动性及行为的趋向性，且与受众认知、情绪及因果归因高度相关

国内的学者比较注重研究口碑数量以及口碑效价，但尚处在探索阶段，还不够成熟。相较而言，国外学者更加重视研究口碑效价，尤其是消费者的在线情感表达。研究显示，社交媒体用户会积极在Twitter、Facebook、IMDB等社交媒体网络上发表自己对影片的评论、

评星、转发推荐等，这些行为都对电影票房有显著影响。由于电影具有体验性，线上网友的评论为观影经验较少的消费者提供了参考，以帮助他们规避风险，做出有利的观影决策。综合国内外的研究成果来看，口碑数量与电影票房具有高度相关性已成为普遍共识，但有关口碑效价作用的验证结果却存在一定的分歧。大部分学者认为口碑与票房是正相关的，对于口碑与票房的相悖现象，关于“低口碑、高票房”的研究较多，而“高口碑、低票房”的研究却很少。此外，现有实证研究大多采用单一传播平台数据进行分析，没有综合考虑平台使用者的特性，存在局限和不足。

关于专门研究网络意见领袖在电影病毒营销中的作用的文献相对较少，从消费者心理角度考虑意见领袖在病毒营销中对消费者的影响的文章则更少，本文将从情绪维度和趋同效应两个方面进行分析研究。现有众多研究表明，网络口碑和电影市场表现存在积极的相关关系。本文立足于互联网时代的中国电影市场，选取影片《大护法》和《金刚狼3》为案例进行分析，讨论基于我国未实行电影分级制度的状态下，意见领袖在病毒营销中对消费者以及口碑传播的影响，以及口碑对电影票房市场的影响。

本文的贡献主要表现在以下四个方面：

（1）社交媒体的兴起为电影的营销带来了革命性变化，对电影的票房绩效产生了极大影响，本文对病毒营销、网络意见领袖以及网络口碑进行了重点论述。

（2）本文收集了120部影片的数据，实证研究了病毒营销对网络口碑的影响、意见领袖的调节作用以及口碑作为影片影响力的重要因素对票房的影响。

（3）本文从情绪维度以及趋同效应两个方面，试图用两个案例——影片《大护法》和《金刚狼3》分析网络意见领袖如何促进“病毒营销和口碑”之间的正相关关系。

（4）大部分研究表明口碑越好的影片往往在票房的表现上就越出色，然而口碑却不是票房高低的决定因素，口碑与票房的相悖现象如今已普遍存在，本文也针对此现象做出了合理解释。

（二）研究方法与框架

1. 研究方法

实证分析方法：本文于第三部分建立了病毒营销、网络口碑与意见领袖的关系研究模型。收集了120部影片的数据，用SPSS进行了回归分析。主要探讨了病毒营销、网络口碑以及票房绩效的关系，同时分析了网络意见领袖对“病毒营销和网络口碑”之间关系的正向调节作用。

案例研究法：本文选取观众基础较为相似、影响较广泛的两部影片为典型案例进行对比分析，得出意见领袖在病毒营销中主要从两方面对消费者的行为产生影响：情绪维度和趋同效应。

2. 研究框架

本文共分为六个部分：

第一部分为引言。

第二部分为理论综述。主要将从网络口碑的概念及特征、病毒营销、意见领袖等有关内容进行总结和归纳。

第三部分为病毒营销、网络口碑与意见领袖的关系研究。收集了120部影片的数据，用SPSS进行了回归分析。

第四部分为意见领袖在病毒营销中的作用机制研究。主要以两部影片为案例进行分析。意见领袖在病毒营销中主要从两方面对消费者的行为产生影响：情绪维度和趋同效应。

第五部分为两部影片的“高口碑、低票房”相悖现象研究，进行了制度缺失的解释。

第六部分为结论、不足以及展望。

二、理论综述

（一）网络口碑

口碑作为影响消费者行为的重要因素，在网络营销领域被快速应用，催生出了网络口碑的概念，网络口碑是传统口碑发展而来的。

White于1954年首次对“口碑是什么”做出了解释，并在其著作《口碑网络》中提出：口碑对消费者购买决策具有引导性作用。之后，Arndt（1967）进一步完善了口碑的概念。

Tax（1998）等认为网络用户在网络上发布文章就是网络口碑，只是信息形式由声音转换成文字。

Newman（2003）在研究中将网络口碑定义为两个或多个消费者之间以电脑网络为中介交换的文本。

Henning（2004）等认为网络口碑是潜在的、实际或者先前的顾客通过网络传递给大众群体对有关公司及其产品正、负向的评论。

（二）网络口碑征

如表2所示，网络口碑的匿名性是大多数学者都认可的，匿名性使消费者能更自由地在网络上分享自己的观点，但是匿名性也可能会产生一些道德问题甚至法律问题。网络口碑的多样性包括形式多样（评分、评级、短评、点赞、转发等）和渠道多样（多种社交媒体平台）。广泛性是指在网络上，口碑传播在空间和时间上几乎不受限制，而且也不限于朋友圈，可以和陌生人交流，人际边界广泛。最后是高效率性，这和互联网的快速传播是分不开的，互联网的发展使信息传递越来越直接，传递效率也不断提高。

表 2 网络口碑特征学者观点

学者	网络口碑特征
Hennig Thurau等（2004）	传播信息范围广、速度快、信息量大、可存储、即时大量接收、匿名性和超越时空性
金立印（2007）	波及范围大、传播速度快、匿名性、强影响力
张晓飞、董大海（2011）	匿名性、多样性、广域性
赖盛强、朱敏（2011）	传播的范围更广、传播源的匿名性、传播的异步性、传播的多样性、相对可控

（三）意见领袖

意见领袖的概念由Katz和Lazarsfeld于1955年第一次提出，他们认为意见领袖就是在即时环境下能够影响他人的个体。网络意见领袖则是互联网时代的新产物。

网络的普及和发展为消费者提供了多样的交流平台，用户可以讨论生活的各个方面，如政治、经济、文化和娱乐等问题。网络意见领袖就是参与在其中的积极分子，他们拥有众多粉丝，每一次发言都有巨大的点赞、转发和评论量，拥有较大的话语权使他们能够对其他用户施加个人影响，成为互联网民意的引导者，即舆论领袖，最终影响事件的走向。意见领袖影响力巨大，可以对事件进行介入和重构，甚至可以分化和动员舆论场，最终“反转”事件的结果。

（四）病毒营销

病毒营销也叫网络口碑营销，近年来已经发展成为了一个新兴的研究领域，它的关注点在于“传播”。在这种营销模式下，品牌或产品信息通过消费者的口碑传播在社交媒体上形成热议话题，随着传播范围不断扩大，信息像病毒一样复制、传播和扩散，最终传达给数以百万计的受众。这与“口碑传播”“关系营销”的概念相似。

生物病毒传播依赖的是自身特性，而病毒营销依赖的是信息的价值和公众的积极性与人际网络。Jurvetson和Draper（1997）认为病毒营销就是“基于网络的口碑传播”。

作为一种更为强大和有效的网络营销手段，病毒营销有三点战略要素。①易于传播，经济有效。互联网的“口碑效应”尤为突出，消费者之间的口碑传播行为多为自发进行的。②利用他人资源和现有通信网络。得益于社交媒体平台的发展，用户通常同时活跃于不同的平台，可以在平台之间传播信息。③提供有价值的产品或服务。病毒营销结合了口碑营销、关系营销等元素，常用于进行产品或品牌推广等，有时为了刺激消费者的需求和兴趣，甚至提供免费的产品和服务，以达到“口碑相传”的效果。

三、病毒营销、口碑与意见领袖的关系研究

（一）模型构建

纵观近年来电影业的发展，可以发现其与移动互联网的融合是深入而紧密的，由于电影行业的利润极高、发展迅猛，许多大型互联网企业和资本已经大规模涉足电影业。电影业对接“互联网思维”也已成为市场宣传阶段的必要方式。同时，移动互联网使信息变得更加透明，传播速度更快，电影的信息在短时间内可以传递给全国的消费者，口碑像病毒一样在网络平台上迅速传递，市场的响应速度也更快。网络口碑是在互联网时代突破口口相传的口碑传播新形式，随着微博、微信、知乎和其他社交媒体平台的兴起，电影观众可以随时随地交流和分享他们的观看体验或对电影的评价，从而为其他消费者的观看决策提供参考，影院也会根据观众口碑更改排片决策，最终对电影票房产生极大影响，电影企业、观众和电影院之间的信息不对称性也被大

大缩小了。正因如此，网络营销和口碑营销在电影产业上走向了整合，形成了网络口碑营销，即病毒营销。

网络意见领袖在病毒营销中发挥着强大的作用，通过不同的社交媒体平台，将情绪传播给消费者，从而影响消费者的购买决策。电影产品具有无形性和体验性，是生命周期短暂的体验型产品，需要先购买后使用，所以在购买前很难辨别影片质量究竟如何，但是借助诸如豆瓣、时光网、猫眼电影和淘票票等平台，我们可以通过浏览他人的评论来对电影的质量做出初步判断，这就促使消费者在社交媒体上寻找可靠的影片质量信息，从而降低感知风险和决策结果的不确定性，提高电影产品被购买的概率。社交媒体平台的兴起使口碑传播不再局限于面对面的接触，这为电影口碑提供了强大的传播空间。

但是近年来虽然多有电影作品凭借好口碑收获高票房，却屡屡出现“高口碑、低票房”或“叫好不叫座”的现象。口碑与票房究竟有何关系？病毒营销是否会影响网络口碑？而意见领袖又在其中发挥何作用？为研究上述问题，本文将病毒营销与网络口碑引入电影行业的研究。基于 Liu（2006）对网络口碑的划分，以网络口碑数量和网络口碑效价作为自变量网络口碑的两个维度，以票房绩效为因变量，探讨网络口碑对票房绩效的影响；同时试图用实证分析的方法对模型进行验证，分析网络意见领袖如何调节“病毒营销和口碑”之间的正相关关系。图3为各变量之间的关系研究模型。

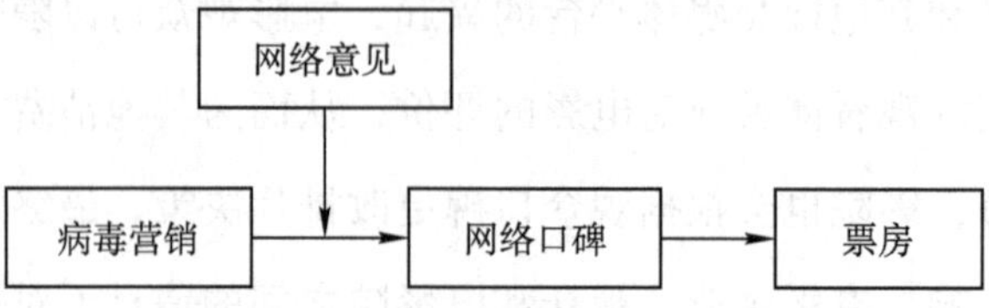

图 3　病毒营销、网络口碑与意见领袖的关系研究模型

（二）假设提出

1. 病毒营销对网络口碑的影响

病毒营销是网络营销和口碑营销走向整合的产物，通过消费者口口相传的宣传网络，借助互联网，有利于商业的营销信息像病毒一样通过快速复制而传播给其他人，从而创造了信息爆炸和成指数增长的效果。病毒式营销的迅速传播性、流动性和自发性与电影的体验性、情感互动、娱乐特征密切相关。病毒营销已成互联网时代的有效营销方式，巧妙地使用病毒营销工具，可以使口碑信息迅速在网上传播，吸引更多消费者，消费者自发的传播行为也能为口碑营销助力，从而使影片在市场上获得更大的利润。因此，本文认为，病毒营销加快了口碑传播速度，拓展了口碑传播空间，形成滚雪球效应，持续为票房带来输出。因此，本文提出如下假设：

H1：病毒营销正向影响网络口碑。

2. 网络口碑对票房绩效的影响

根据市场分析公司Cone Inc.的2011 *Cone Online Influence Trend Tracker*报告，网络上的正面评价会让87%的消费者增强购买意愿，而负面评价会使80%的消费者改变消费决策。根据美国创业公司Podium于2017年进行的一项调查，近60%的消费者有频繁浏览网络评论的习惯，并且有93%的消费者认为网络评论会影响他们的消费决策。由此可见，在决定购买之前先上网阅读网络评论已经成为大多数消费者的习惯，网络评论决定了商品的网络口碑，是推动潜在消费者从购买意愿转化为购买行动的关键催化因素。

由于电影是体验型产品，消费者对其的感知风险较大，因此消费者会在购买前付出更多的努力搜寻信息，网络口碑对购买决策的影响也更大（Nelson，1974）。网络口碑对电影的票房绩效发挥着正向作用，更好的网络口碑会带来更多的观影人次，从而提高电影票房收入。因此，本文提出如下假设：

H2：网络口碑正向影响票房绩效。

3. 意见领袖的调节影响作用

根据Lazarsfeld于1944年提出的“两极传播”假说，信息从大众媒介到受众，经过了两个阶段，首先从媒体流向意见领袖，然后再从意见领袖流向广大消费者。又根据易观智库于2014—2015年进行的调研数据：2014年影片要素影响力对比中，影评口碑占55.34%。而在互联网时代，每一个人都会是潜在的口碑传播者，电影行业受网络口碑影响程度大，发展意见领袖引导网络口碑已成为电影吸引观众眼球的关键因素。电影界或者文艺界作为中国电影口碑传播的意见领袖，对消费者的购买决策具有引导作用，通过在不同的社交媒体平台将情绪传播给广大消费者，会带动那些潜在的消费者，这些潜在消费者也能够为电影的网络口碑增加宣传力度。

由于电影是先消费后体验的产品，消费者会在购买前通过社交媒体寻找可信任的质量信号，这时网络意见领袖的评论是更有权威性的，能够影响消费者的购买决策，带动电影口碑传播。可见，意见领袖力量越大，病毒营销越能够对网络口碑产生积极影响作用。也就是说，意见领袖正向影响病毒营销对口碑营销的促进作用。因此，本文提出如下假设：

H3：意见领袖正向调节病毒营销和网络口碑之间的关系。

（三）实证检验

1. 变量测度与数据来源

（1）变量测度。

票房绩效：本文选取的因变量是电影的票房总额。电影票房是指电影的商业销售情况，即一部电影上映期间所获得的累计总收入，也是衡量一部电影在商业上是否取得成功的标准之一。本文选取2019年内地电影票房总排行前120部的影片，是具有时效性的。

网络口碑：对网络口碑的考察主要基于评论数量和评论效价两个维度。Liu（2006）认为评论数量可以影响甚至预测销售结果。Buttle（1998）认为，评论效价分为正面和负面两类。正面评价会使消费者增强购买意愿，而负面评价会使消费者改变购买决策。大多数学者都认同评论效价会影响消费者的购买决策。所以本文选取的自变量是网络口碑，两个维度分别用评论人数和电影评分来衡量。

病毒营销：营销效果一般从销售额、引导数、点击数等方面进行评估，由于本文研究的是电影的病毒营销对网络口碑的影响，可以在营销动作发布后，用对应的转发数、评论数和点赞数等直观地反映营销效果（肖兴辉、李波，2019）。百度指数也早已成为研究电影的“营销数据”，叶子（2017）就在其研究中使用百度指数作为自变量之一以研究网络口碑与票房的关系。本文的研究选取百度指数中可以更好地反映病毒营销效果的资讯指数①。

网络意见领袖：为研究意见领袖是否正向调节病毒营销和网络口碑之间的关系，本文借鉴唐文（2018）的研究，对研究的120部电影在豆瓣中的前十名热门影评中的影评发布人进行各指标的考察，如粉丝数量、动态数量、标记数量等，确定出网络意见领袖的数量以及对影片的平均评分。例如，电影《哪吒之魔童降世》热门影评中豆瓣 ID 为“凌睿”的用户，被关注数48416，广播数2154，看过电影数3092，影评数量367篇，并且其个人主页显示其已有能力建立电影群，

① 资讯指数是以百度智能发布和推荐内容数量为基础，将网民的阅读、评论、转发、点赞、不喜欢等行为的数量加权求和得出资讯指数。

在其他平台也有一定影响力，所以可以判定他为豆瓣电影中的意见领袖。

控制变量：导演影响力和一线明星数量。国内关于电影票房与口碑的影响因素研究中，相较于外部因素，电影的内部人员对评分的影响较大，如导演、编剧以及演员的影响因素与影片评分相关度较高（邹逸，2017）。本文借鉴王铮（2013）的研究，选取导演的获奖总额作为指标。我国电影圈的偶像文化较为浓厚，一线明星数量主要由演员的人气度决定，指标考察有粉丝数量、热门作品数量等。

（2）数据来源。样本的票房数据来自电影票房数据库的统计。影片百度指数的数据直接从百度官网获取。百度指数是覆盖较为全面的数据分析平台，作为当今数据时代最重要的统计分析平台之一，被广泛用于各种研究中，尤其是营销领域。网络意见领袖、导演影响力、一线明星和网络口碑数据都来源于豆瓣电影。豆瓣电影拥有庞大的资深影迷基础，用户较为年轻化，热衷于电影分享与评论，普遍具备较高的文化素养和欣赏水平，已成为现今国内最具权威的电影评论网站。本文数据直接从网站获取，数据来源具有一定的公信力和可靠性，样本数据全部在2020年4月8日前收集完成。

2. 回归分析

（1）统计描述与相关分析。如表3所示，在统计的120部影片样本中，票房总额最高为49.34亿元，最低为0.351582亿元。百度指数、热评前10意见领袖数量和评分、导演影响力以及一线明星数量的极小值都为0。获得评论人数最多的有1527374条，最少的只有904条。评分的最大值为9.3分，最小值为2.3分，均值为6.513分。可以看出差距都较大。

表 3　描述统计量

	极小值	极大值	均值	标准差
票房总额/亿元	0.351582	49.340000	5.11135024	8.522799134
人数	904	1527374	230293.79	299271.872
评分	2.3	9.3	6.513	1.4089
百度指数	0	211478	14273.01	31985.833
热评前10意见领袖数量	0	10	4.44	2.397
热评前10意见领袖评分均值	0.0	10.0	5.856	2.3209
导演影响力	0	91	5.93	11.448
明星影响力	0	17	2.21	2.487
有效的 *N*（列表状态）				

注：*N*=120。

为减少变量的数目，进行综合评价，使用主成分分析法，首先使用AMOS进行验证性因子分析，检验变量的收敛效度，得出KMO值为0.655，表明可以做因子分析；其次对评分人数和电影评分、热评前10意见领袖数量和热评前10意见领袖评分均值进行因子分析，将二级变量整合为一级变量，得到变量网络口碑和网络意见领袖，用以进行回归分析。

相关性分析是为了观察各变量之间是否存在一定的关系，采用Pearson双侧系数检验法。从表4所示各变量的相关性来看，病毒营销与网络口碑之间有显著的相关关系，且系数为正；导演影响力和明星影响力对网络口碑和票房总额都显示出显著的正相关关系；网络意见领袖对网络口碑和票房总额都显示出显著的正相关关系；网络口碑与票房总额也存在显著的正相关关系。

表 4　Pearson 相关性分析

	票房总额	病毒营销	导演影响力	明星影响力	网络口碑	网络意见领袖
票房总额	1					
病毒营销	0.447**	1				
导演影响力	0.211*	0.097	1			
明星影响力	0.475**	0.174	0.462**	1		
网络口碑	0.536**	0.429**	0.254**	0.202*	1	
网络意见领袖	0.232*	0.266**	0.228*	0.119	0.650**	1

注：*N*=120，*、**分别表示5%、1%显著性水平。

（2）回归分析。如表5所示，控制变量后，病毒营销的回归系数为0.403，且sig.P<0.001，说明病毒营销对网络口碑有显著的正向影响，H1得到验证。网络口碑的回归系数为0.477，且sig.P<0.001，说明网络口碑对票房总额有显著的正向影响，H2得到验证。

表 5　直接效应检验结果

	网络口碑		票房	
变量类型	模型1	模型2	模型3	模型4
控制变量				
导演影响力	0.214*	0.196*	0.080	–0.108
明星影响力	0.131	0.041	0.382***	0.428***
自变量				
病毒营销		0.403***		
网络口碑				0.477***
R^2	0.184	0.231	0.288	0.422
Adj R^2	0.177	0.211	0.282	0.422
F	26.648	11.619	47.655	29.948

注：*、***分别表示5%、0.1%显著性水平。

为研究网络意见领袖是否正向调节病毒营销和网络口碑之间的关系，本次回归分析设置了交互项为意见领袖×病毒营销，将相关变量以及调节变量的交互项纳入回归模型。

如表6所示，交互项回归系数为 0.376，且sig.$p<0.001$，证明调节效应存在，即网络意见领袖正向调节病毒营销和网络口碑之间的关系，H3得到验证。

表 6　调节效应检验结果

变量类型	网络口碑		
	模型1	模型2	模型3
控制变量			
导演影响力	0.204*	0.077	0.046
一线明星数量	0.107	0.054	0.082
自变量			
病毒营销		0.265***	0.020
调节变量			
网络意见领袖		0.555***	0.467***
交互项			
网络意见领袖 × 病毒营销			0.376***
R^2	0.074	0.505	0.567
Adj R^2	0.058	0.488	0.548
F	4.644	29.299	29.811

注：*、***分别表示5%、0.1%显著性水平。

（四）讨论与小结

研究结果显示，网络口碑对电影票房有显著的正向影响，这与大部分学者认为口碑与票房是正相关的结论一致。社交媒体的崛起激发了人们交流的欲望，对特定问题的讨论会迅速在网络上传播形成口碑；同时网络口碑所传递的质量信息又影响着消费者的购买决策，他们因为缺乏内部信息来确定是否观看电影，往往借助于网络上的评价以做出观影决定。但是基于平均算法的评分对电影票房的解释是有限的，虽然所选取的120部影片中大部分表现出了网络口碑对电影票房的正向作用，但是其中也有不少口碑与票房偏移的现象，商业片在这一点上表现得最为明显，如影片《比悲伤更悲伤的故事》，票房排名20，但评分只有4.8分。主流商业电影受众最容易被宣传造势所吸引，只要电影病毒营销做得好，再差的口碑也无法阻挡观众的好奇心，如此一来，一旦影片质量没有达到期望值，就会让观众感觉受到了欺骗，从而造成“高票房、低口碑”的状况，这一点国内已多有研究，如辛愿（2016）和袁爱清（2013）的研究。与此相反，很多优秀影片因为受国内不完备的分级制度影响，导致观众基数受限，再加上宣传力度或话题性不足，好口碑往往停留在小众范围内，导致了“高口碑、低票房”的现象，这一点国内学者少有涉及，我们将在第五部分中做出讨论。病毒营销对网络口碑具有显著的正向影响，说明做好病毒营销能够提高影片的关注度，促进消费者的口碑传播。网络意见领袖作为调节变量，可以正向调节病毒营销和网络口碑之间的关系，意见领袖的影响力越大，病毒营销越能够对网络口碑产生积极影响作用。国内大部分研究只涉及口碑和票房两个主变量，如石文华（2017）和汪旭辉（2015）的研究，而本文加入了病毒营销以及调节变量意见领袖，对研究做了拓展。

通过上述分析，本文对假设验证结果汇总如表7所示。

表7 自变量的假设检验结果汇总

	研究假设	验证结果
H1	病毒营销正向影响网络口碑	成立
H2	网络口碑正向影响票房绩效	成立
H3	意见领袖正向调节病毒营销和网络口碑之间的关系	成立

四、意见领袖在病毒营销中的作用机制分析

（一）模型构建

本部分采用案例研究的方法进行分析。意见领袖在病毒营销中主要从两方面对消费者的行为产生影响：情绪维度和趋同效应。

在病毒营销中，网络意见领袖主要通过不同的社交媒体平台将其观点和情绪传递给消费者。Banerjee（1992）指出，消费者存在着趋同现象，他们容易忽视自己所得到的信息并顺从他人的意见，所以网络意见领袖对消费者有着很大的影响力。本部分就基于此探讨了网络意见领袖在病毒营销中从情绪维度和趋同效应两方面对消费者的行为产生的影响。

一方面，网络意见领袖将情绪传播给消费者；另一方面，在消费前，人们由于信息的缺乏而依赖于网络上其他人的评价，会产生趋同行为。两者共同促使消费者产生了自发的互动、传播、参与、购买、信任等行为，从而使口碑营销产生了良好的效果。互动即消费者与网络意见领袖产生互动，增加转发量、点赞数等；传播即消费者在消费后自觉进行网络口碑传播，在社交媒体平台进行评论、交流、推荐等；消费者的参与行为包括其参与一个话题讨论的活跃度和持久度；购买是指在网络意见领袖的引导下进行消费决策，实施购买行为；信任不仅是对网络意见领袖的观点信任，也是在消费后对产品质量产生信任，信任可以促使消费者自觉地进行口碑传播。就本部分将进行分析的两个案例来说，活跃在各社交媒体平台的网络意见领袖的推广很具有说服优势，同时引起了全网热议，“自来水”集体援助的大浪潮使互联网口碑效应像滚雪球般越来越受到关注，互联网口碑也越来越真实可靠，在各大网络意见领袖的带动下，网络口碑持续发酵最终转化为票房价值溢出。

本部分构建的模型如图4所示。

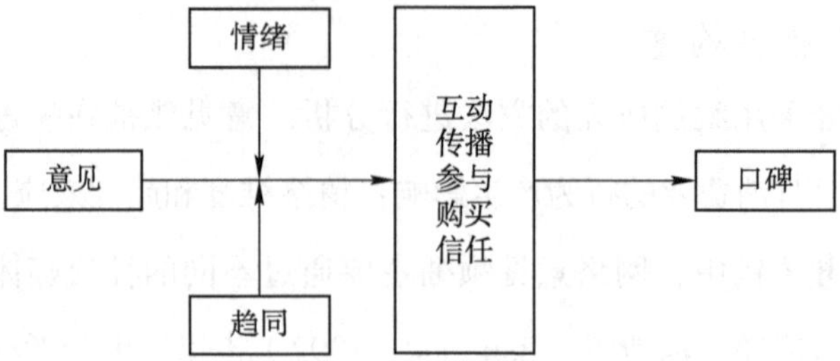

图 4　意见领袖在病毒营销中的作用机制

（二）意见领袖对口碑营销的情绪效应分析

谢晶、方平和姜媛（2011）认为情绪的测量往往是通过情绪维度和基本情绪状态两种方式组织起来的。Wundt于1896年提出了情绪的三维结构：愉悦、兴奋、紧张；Dvitz于1969提出了情绪的四个维度：活跃性、关系性、享乐倾向和胜任力；Frijda于1969提出来情绪的六个维度：愉悦性、活跃性、兴趣、社会评价、惊奇、简单或复杂。其中大部分研究者都认可的是情绪的愉悦性和活跃性，这也是目前较为公认的情绪的二维模型，即效价和唤醒度。唤醒的作用是调动机体的机能，为行动做准备。

在环境心理学的研究中，学者们把情绪分为三维度，包括愉悦、唤醒和支配。但支配维度尚存争议，因为有些学者认为控制（支配）维度在数据分析过程中几乎是不显著的，它对消费行为基本没有影响。所以本文主要从唤醒和愉悦两个维度研究网络意见领袖在病毒营销中对消费者的影响。

（三）意见领袖对口碑营销的趋同效应分析

张皓（2015）将消费者趋同效应定义为，消费者在互联网的互动中由于受到了社会性的影响，会感受到一定的压力，这时消费者自己对事物的认知就会被削弱，会更容易接受别人对事物的看法，跟其他人的观点保持一致最终达到群体心理趋同。

由于电影产品的特殊性，需要先购买再体验，消费者在进行电影消费时会面临更大的不确定性风险，这时参照他人的决策可降低这种不确定性，因此消费者受到参照群体和口碑等的影响便产生了趋同心理，即消费者心理上的从众，以降低感知风险或者获取群体认同。

（四）案例分析

1. 案例选择

本文选取《大护法》和《金刚狼3》两部影片作为案例进行研究分析。具体有以下两个理由：首先是同一性，从其观影群体来看，都较为年轻化，有着大量相同的观众。与此同时，二者均有较好的口碑评价，且都涉及由电影分级制度的不完备性带来的删减和观众流失。其次遵循极化类型的选择，这两部影片却在票房走势上表现出极大的不同，可以通过对比，分析其中原因；网络意见领袖在两部影片的病毒营销中对消费者所起的作用不同，在《大护法》中起主导作用的是情绪唤醒；而在《金刚狼3》中起主导作用的是趋同效应。二手资料来源于豆瓣、知乎、微信、微博等社交媒体平台。案例基础资料如表8所示。

表 8　案例基础资料

影片	《大护法》	《金刚狼3》
上映日期	2017-07-13	2017-03-03（中国大陆）
分级	PG-13	R级（美国）
票房	8760.3万元（中国内地）	73163万元（中国内地）
豆瓣评分	7.8	8.3
删减时长	30秒	14分钟
口碑	看过的观众几乎给出了一边倒的好评、主动分级获得极佳口碑、质量上乘扭转了观众对国漫低幼的印象、业内给出的评价普遍很高	从柏林国际电影节首映开始就俘虏了观众、全球口碑都非常突出、质量和情怀的双重叠加

续表

影片	《大护法》	《金刚狼3》
删减和分级对影片的影响	让一部分观众心理产生了隔阂，也就是失去了潜在的口碑传播者	打消了许多粉丝的积极性，情怀难兑现、删减+分级也限制了能够贡献票房的路人粉，也就是失去了潜在的口碑传播者，所以导致后期票房低迷
分级状况	主动分级	强制分级并删减
观影原因	网络大V等意见领袖推荐、朋友圈推荐	不需要大V推荐就会去看的电影、情怀因素
电影元素	暴力美学	反英雄主义
主要观影人群	大学生、年轻情侣	大学生、工薪群体
票房趋势	低走高	高走低
病毒营销效果	较差	较好

《金刚狼3》基于大数据的优势和媒体平台的特性，依靠众多线上营销手段，实现了在电影营销上新的突破。与中国信托银行、大众点评、猫眼电影等平台合作，投放了“泪别狼叔”的电影推荐广告；并结合了现场营销、娱乐营销以及精准营销来创建热点话题。大数据的智能匹配让广告投放更加精准，针对不同社交媒体平台的特性进行不同方式的营销也使电影营销更加有效。而《大护法》主要依靠网络意见领袖和消费者的自觉传播。数据显示，上映前传播目标受众反响良好，微博端共覆盖1820万+人次，微信端共覆盖639万+人次，总互动量达1.5万+人次，4条图文推送阅读量达10万+，达到了良好的映前预热和口碑引导效果。公映日传播引起热议，微博端共覆盖989万+人次，总互动量达3.1万+人次，在“二次元”群体中得到了广泛关注，与此同时，同人创作此起彼伏、接连不断，一个月中，粉丝就自发产出300+同人作品。表9为影片《大护法》和《金刚狼3》在各社交媒体上所截取的网络评论。

表 9　影片《大护法》和《金刚狼 3》的网络评论

	意见领袖	网友	行为
《大护法》	（微博）辣条娘：吃了这波安利啊！太可爱了！国产动画电影相互扶持好暖啊！大护法这个夏天加油！	1. 不思凡老师的作品真的很好看。 2. 期待！看看看，一定刷！ 3. 画风好燃！业界良心，国漫牛逼！ 4. 已经买票下午去看了！	信任 参与/趋同 唤醒 愉悦/购买
	（微博）非人哉：贺@电影《大护法》今日上映！献给时代高墙下清澈的灵魂。	1. 你看的是未剪辑版吧！ 2. 哈哈哈今天刚看完，整体不错。 3. 大护法超好看，推荐。	传播 购买
	（公众号）电影爬虫：这是部注定留在中国动画史上的影片。	1. 国内终于有了一部给成人看的动画片。 2. 感觉就我一个人没看过了！	情绪唤醒 趋同
	（知乎）罗罔极：影片放完之后，全场掌声雷动，不思凡说《大护法》还会再出两部。我愿意等它。	1. 确实是很棒的作品。 2. 希望这样优秀的国漫越来越多。 3. 没能去贡献票房，便是很遗憾。	情绪唤醒 愉悦
《金刚狼3》	（微博）电影通缉令：最好的谢幕，最后一幕牵起的双手令人泪目。	1. 大家一起去看吧！约起来！ 2. 希望别删太多。	参与/趋同 传播
	（微博）电影狙击手：16年，唯一的金刚狼。	1. 看的好心塞。 2. 狼叔最后一次出演了，哭了。	情绪唤醒
	（公众号）影檬电影：这是系列里最好的一部，却也是最后一部。周末，檬妹怀着沉重的心情去影院看了，没想到，最后还是毫不争气地哭了。	1. 结局被删掉了！！！那我还去电影院看什么呀，气人！。 2. 17年前，我才20岁，谢谢狼叔电影的一路陪伴，谢谢。 3. 最爱的金刚狼没了，心情沉重。	情绪唤醒 趋同

2. 案例讨论

在《大护法》的病毒营销中，网络意见领袖主要在情绪唤醒上起了很大作用。《大护法》的病毒营销紧随着国漫复兴的潮流，此前《大圣归来》《大鱼海棠》等国产动画电影的成功，使得国产动画崛起成了一个营销点，使得很多意见领袖在发表意见时，偏重对情怀的描述。不仅大圣和大鱼的官博纷纷对《大护法》进行转发宣传，为其助力，影片公映当天，各大微博漫画博主也集体发布同人贺图为其应援。并且影片的暴力美学，以及制作精良，具有“本年度最值得期待，最为新奇独特、充满风格和想象力的国产动画”的传播定位，也使许多消费者产生了兴趣。从情绪维度来说，该影片让消费者感受到了一种愉悦感，从而使他们有了购买和传播的欲望，影片的高质量也使消费者感到信任。这样的营销策略唤醒了消费者对国产动画以及传统文化的情怀与热爱。在支持国漫的口号下，越来越多的人参与到其中，成为《大护法》的“自来水”，互动越来越频繁，传播越来越广泛。最终，这种病毒式营销给《大护法》带来了一大批粉丝，但主要还是集中于二次元的小圈子，无法在更大的受众基础上达到良好的营销效果。

在《金刚狼3》的病毒营销中，网络意见领袖主要通过趋同效应引导消费者。周相吉（2005）认为消费者在认知过程中容易受到群体互动的影响，最后往往会导致趋同效应的发生。在从众心理的驱使下，很多消费者在不清楚看什么电影的情况下，会选择观众多的电影，跟风总不会错。张皓（2015）认为趋同的动机来自规范性社会影响以及去个性化的影响。大家都看，我不看则跟不上潮流或话题，这就使得“大片效应”以及超级英雄电影潮流在非粉丝消费者中产生了效应，被社会接受的欲望驱使着消费者的从众行为，个人失去个性以获得群体认同。最终，这种病毒式营销创造了更高的关注度，也在票房上显示出其价值，事实上，《金刚狼3》也获得了非常好的口碑。

案例分析发现，在病毒营销中，网络意见领袖通过不同的社交媒体平台，将情绪传播给不同的消费者；消费者由于信息缺失或希望得到社会认可而表现出对网络意见领袖的顺从。二者共同影响了消费者的购买决策和商品的网络口碑，促进消费者产生了自发的互动、传播、参与、购买、信任等行为。

五、对于“高口碑、低票房”现象的反思

（一）模型构建

我国电影分级制度一直处于不完备的状态，而如今消费者多元化的消费需求却在不断增长，这在一定程度上造成了我国电影市场面对日益多元化消费需求却非常无力的局面。而一直施行的电影审查制度制约着中国电影的发展，近年来也越来越受消费者诟病，原因就是其条例不仅严格规定电影内容，限制电影传作自由，而且为了让电影内容适合未成年人观看，赋予审查委员会删减影片的权力。在第四部分的案例中，《大护法》和《金刚狼3》在口碑上都非常突出，但是在票房上却不尽如人意，基于我国电影分级制度不完备的现状，本文对这两部影片的“高口碑、低票房”现象进行了解释。

詹庆生（2012）研究发现，我国的电影审查是一种行政控制而非法律控制，在控制手段上，主要是一种禁止手段而非疏导手段，同一个控制模式可能同时产生“过度控制”与“欠度控制”并存的现象。由于审查标准以软标准为核心，难以避免会在管理上产生一些问题，如管理当中的人治倾向会导致标准适用的主观化、模糊化和随意化，消费者的文化权利也被缩减和削弱。基于此，本部分试图讨论电影分级制度的不完备性对消费者的影响，以及最终对票房绩效的影响。

在第三部分的研究所选取的120部影片中，就有不少影片表现出了口碑与票房偏移的现象，如影片《比悲伤更悲伤的故事》，票房排名

20，但评分只有4.8分；影片《徒手攀岩》达到了8.9的高分，票房却排名倒数，只有区区0.365008亿元。我国电影口碑与票房偏移的现象一直较为严重，案例影片《大护法》因为受国内不完备的分级制度影响，导致观众基数受限，再加上宣传力度和话题性不足，好口碑停留在了二次元的小圈子里。《金刚狼3》是因为进行了大量删减，影响了消费者对观影方式的选择，从而对票房产生影响，导致了“高口碑、低票房”的现象。

本部分构建的模型如图5所示。

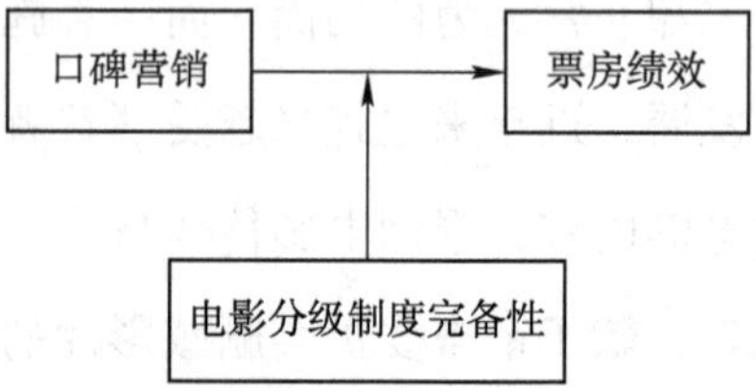

图 5　电影分级制度完备性对口碑与票房的影响

（二）电影分级制度完备性对消费者的影响

在消费者进行消费时，会收集不同的信息来为自己的购买决策做基础，比如在微博、知乎、豆瓣等社交媒体平台收集网络口碑信息。《大护法》涉及暴力美学元素，但是由于中国一直没有完备的电影分级制度，最终《大护法》被删减了30秒，也引起了不小争议。然而《大护法》的片方进行了主动分级，在影片宣传初期就把影片定为PG-13[①]，这一负责任的举动得到了消费者的肯定，也获得了不少观众的好口碑，本片导演易巧也表示好口碑与做了观影提示有一定的关系。但是这么做，《大护法》也付出了一些票房上的代价，因为《大护法》作

① “PG-13”是指美国电影分级中的一个级别，是特别辅导级的意思，主要是针对13岁以下儿童而定的级别，这一级是警告家长说，这部影片有可能包括不适合13岁以下儿童观看的内容，比如不算严重的暴力、裸体、性感、粗话等等。

为动画片，而13岁以下的儿童不适合观看，就导致了一部分观众的流失；分级也使一些观众产生了心理隔阂，对于这部分观众来说，电影只是提供娱乐的商品，他们并不会细究影片的深度和内涵，这也就导致影片失去了潜在的消费者。票房不佳和市场定位有很大关系，从影片宣传初期到上映之后，《大护法》PG-13的这个定位在市场表现上的确有些失控。

影片《金刚狼3》作为人气较高、口碑较好的主流商业电影，本身是不缺乏观众的，但是影片被删减接近20分钟，影片受众产生了一定的局限，限制了能够贡献票房的路人粉，也就是失去了潜在的口碑传播者，所以导致后期票房低迷，内地票房不到8亿。更重要的是影片删减打消了许多粉丝的积极性，导致情怀难以兑现，许多粉丝拒绝去电影院看删减版影片而等待盗版资源。由于没有电影分级制度，不仅国内电影制作受到极大的限制，国外引进的影片也多是可供全年龄段观看的合家欢影片，偶有像《金刚狼3》《死侍2》这样的R级影片被引进，却又是被删改得面目全非。可供观众选择的电影类型非常受限，恐怖片、暴力片、惊悚片这种类型基本上在大陆电影市场上是看不见的，或者已经被修改得与原片完全不同，这也是如今盗版如此猖獗的重要原因之一，因为观众希望看到更多类型的电影，盗版的存在以及影视作品播放平台选择的多样化，尤其是近年来主流媒体视频服务为更多消费者所青睐，这些都抬高了影院观影的机会成本。在对票房的影响力上，电影的分级对于电影的受众群体并没有太大影响，而是通过对观影方式选择的影响，从而对票房产生影响。

在相对成熟的电影市场中，分级制度和类型化电影满足了观众的多样化需求，所以不实行电影分级制度，对大尺度情节进行删减会极大降低消费者的观影兴趣，甚至会让粉丝产生厌恶情绪，也就失去了口碑传播者以及潜在口碑传播者。《电影产业促进法》表明，分级提示的目的是保护未成年人的心理健康，通过家长指导等，尽量避免他们遭受暴力、裸露、粗俗等因素的影响。然而这两部影片的受众年龄段显然是大学生和工薪上班群体，这种情况下删减实际上是没有太大意义的，反而是对受众群体观影乐趣的限制和兴趣的打击。近些年来，社会上对于实行电影分级制的呼声一直很高，但是由于中国有许多不可抗拒的现实因素影响，诸如法律、政治、文化和社会制度等，从审查制度到分级制度的过渡仍然充满着巨大的困难。

六、结论

（一）基本结论

在前人的研究基础上，本文做了以下工作：①社交媒体的兴起为电影的营销带来了革命性变化，对电影的票房绩效产生了极大影响，本文对病毒营销、网络意见领袖以及网络口碑进行了重点论述。②本文收集了120部影片的数据，通过实证研究了病毒营销对网络口碑的影响、意见领袖的调节作用以及口碑作为影片要素影响力的重要因素对票房的影响。③本文从情绪维度以及趋同效应两个方面，试图用两个案例分析网络意见领袖如何促进“病毒营销和口碑”之间的正相关关系。④大部分研究表明口碑越好的影片往往在票房的表现上越出色，然而口碑却不是票房高低的决定因素，口碑与票房的相悖现象如今已普遍存在，本文也针对此现象做出了合理解释。

本文的研究结论主要有三个方面：第一，根据网络口碑与票房关系研究的实证检验得出的结论有：①病毒营销正向影响网络口碑。②网络口碑正向影响票房绩效。③网络意见领袖对病毒营销与网络口碑之间的关系具有正向调节作用。第二，从影片《大护法》和《金刚狼3》的案例分析中可以看出，意见领袖作为口碑传播得以成功的关键因素，通过互联网信息的快速传播，从情绪维度以及趋同效应上对消费者产生了一定的引导作用，后期的网络传播和推荐，形成了强大的口碑传播空间，电影的口碑传输也为电影带来了更广泛的受众关注度，从而提高了票房。第三，观影群体的限制以及删减对影片完整性的破坏对票房产生了一定不利影响，导致了高口碑、低票房的现象。在我国电影分级制度不完备的情况下，广电总局对电影的手动分级删减始终会通过限制影片受众及影响观众观影方式的选择，从而对电影票房产生持续影响。

针对本文的研究成果，现对电影营销提出以下建议：①引入病毒式营销的概念是非常有效的。随着电影产业和互联网行业的发展，电影营销专业人士可以充分利用各种社交媒体平台来宣传电影，吸引消费者。②发挥好网络意见领袖的调节作用，在情绪上引导消费者，但网络意见领袖要遵守营销道德，本着对消费者负责的态度，分享自己的观点。③电影不仅是商品，也是一门艺术，保证艺术创作自由和承认艺术选择的多样性应该是中国电影管理发展的未来方向，电影分级制度的确立势在必行。

（二）研究局限及展望

最后提出本文的研究局限和未来展望。

研究局限：①本文只探讨了病毒营销、网络口碑、票房、网络意见领袖之间的某些单方面作用关系，而没有进行深入的相互作用研究，总的来说有较大局限性。②本文选取的案例对比性不强，尤其在口碑因素上缺少对比性。③本文只统计了我国2019年间上映排行前120的影片，样本数量有限。④除本文所选取的变量外，影响票房的因素还有很多，未能全面考察影响电影票房的所有因素。⑤对“高口碑、低票房”现象只做了我国电影分级制度不完备情况下的解释，研究不够深入。⑥对意见领袖的评估可能有误差。一方面，可能是因为数据不够严谨，因为对意见领袖的具体判定带有一定的主观选择性以及视野有限性；另一方面，影视行业数据造假、雇佣水军恶意竞争等行为大量存在，数据真实性遭到了破坏。

未来展望：①病毒营销、网络口碑、网络意见领袖、票房绩效的相互作用研究；②扩大样本容量，尽量描绘电影的网络口碑与票房全貌；③在网络口碑与电影票房的实证研究中加入其他控制变量，如编剧、影片获奖情况等；④针对“高口碑、低票房”现象做更深入的研究。

参考文献

[1] 石文华，钟碧园，张绮. 在线影评和在线短评对票房收入影响的比较研究[J]. 中国管理科学，2017（10）：162–170.

[2] 辛愿，隋欣. 关于中国电影市场中“高票房、低口碑”的现象的反思[J]. 艺术研究，2016（2）：108–109.

[3] 赵亚凡，刘伟. 网络口碑对电影票房影响实证研究[J]. 合作经济与科技，2016（8）：116–119.

[4] 汪旭晖，王军. 网络口碑如何影响电影票房——中国电影“高票房、低口碑”现象反思[J]. 湖南师范大学社会科学学报，2015（2）：153–161.

[5] 史伟，王洪伟，何绍义. 基于微博情感分析的电影票房预测研究[J]. 华中师范大学学报（自然科学版），2015（1）：66–72.

[6] 马艳茹. 网络口碑对于电影票房的影响研究[D]. 北京：首都经济贸易大学，2014.

[7] ARNDT J. Role of product-related conversations in the diffusion of a new product [J]. Journal of marketing research，1967，4（1）：291-295.

[8] TAX，STEPHEN S.，STEPHEN W. BROWN，MURALI，CHANDRASHEKARAN. Customer evaluations of service complaint experiences：implications for relationship marketing[J]. Journal of marketing，1998,60（April）：60-76.

[9] NEWMAN P. J. An investigation of consumer reactions to negative word-of-mouth on the internet[D]. Urbana：Univ. of Illinois，2003.

[10] HENNIG-THURAU，THORSTEN，KEVIN P. GWINNER，GIANFRANCO，WALSH，et al. Electronic word-of-mouth via consumer-opinion platforms：what motivates consumers to articulate themselves on the internet？[J]. Journal of interactive marketing，2004，18（1）：38-52.

[11] 金立印. 网络口碑信息对消费者购买决策的影响：一个实验研究[J]. 经济管理，2007（11）：36-42.

[12] 张晓飞，董大海. 网络口碑传播机制研究述评[J]. 管理评论，2011（2）：90-94.

[13] 赖盛强，唐雪梅，朱敏. 网络口碑对游客旅游目的地选择的影响研究[J]. 电子商务与信息管理，2011（06）：68-74.

[14] LIU Y. Word of mouth for movies：its dynamics and impact on box office revenue[J]. Journal of marketing，2006（3）.

[15] NELSON P. Advertising as information[J]. Journal of political economy，1974，82（4）：729-754.

[16] LAZARSFELD P. F.，BERELSON B.，GAUDET H. The people's choice：how the voter makes up his mind in a presidential campaign[M]. New York：Columbia University Press，1944.

[17] BUTTLE F. A. Word of mouth：understanding and managing referral marketing [J]. Journal of strategic marketing，1998（3）.

[18] 肖兴辉，李波. 营销节奏对网络剧播放量的影响因素探析[J]. 现代传播（中国传媒大学学报），2019（7）：139–142.

[19] 叶子. 2017年国产片网络口碑与票房的关系研究[D]. 北京：中国电影艺术研究中心，2017.

[20] 唐文. 社交媒体中电影口碑传播的意见领袖研究[D]. 上海：上海外国语大学，2018.

[21] ABHIJIT BANERJEE. Evolution and Rationality：Some recent game–theoretic results[R]. Working Paper，1992.

[22] 谢晶，方平，姜媛. 情绪测量方法的研究进展[J]. 心理科学，2011（2）：234–239.

[23] 张皓. 网络消费者互动对初始信任的影响——群体趋同的中介效应研究[D]. 广州：暨南大学，2015.

[24] 周相吉. 认知偏向与决策理性[D]. 成都：四川大学，2005.

[25] 詹庆生. 审查还是分级？——中国电影的管理困境与转型难题[J]. 电影艺术，2012（2）：74–81.

[26] 赵宇娜. 网站环境特征对消费者冲动购买的影响研究[D]. 长春：吉林大学，2010.

第三篇　数字营销环境

数字经济对产品营销能力的提升作用研究

何媛媛

摘　要： 产品营销的成功与否决定了企业的发展前景，是推动企业经营效益的关键环节，因此探索提升产品营销能力的因素十分重要。随着经济社会的发展，数字经济的增速惊人。据相关机构统计得出，在2018年我国的数字经济规模就占我国GDP的34.8%，其对产品营销能力的影响值得探究。本文从数字经济与产品营销能力的视角，借助全国31个省份的面板数据，借助GLS广义最小二乘法和IV-GMM修正回归分析方法检验数字经济和产品营销能力之间的关系。结果发现，数字经济总体上对产品营销能力有提升作用，同时数字经济业务规模增量对产品营销能力的提升作用最为显著。在此基础上，本文又按照地域对东部、中部和西部地区进行了检验，结果表明东部发达地区在基础设施、科技普及、经济基础、教育水平和财政支持方面占据较大优势，但数字经济业务规模这一指标在欠发达的西部地区却尤为突出。同时，在数字经济区域发展异质性条件下，数字通信基础设施系数在三个地区内均呈负值，这与理论假设并不相符合。这或许是由于通信基础设施投入数额大且回报周期长，样本数据仅仅包含2013—2018年数据，并不能完全体现通信基础设施对各地区产品营销能力的提升作用。最后，本文就如何通过数字经济提升产品营销能力提出了相关政策建议。

关键词： 数字经济；产品营销能力；营销；通信基础设施；数字业务规模

一、引言

2017年，“数字经济”概念首次在《政府工作报告》中被提出，旨在通过基于“互联网+”发展战略的数字化发展，为中国产业转型发展提供新的活力，通过技术创新提升传统产业的内在价值。可以说，数字经济发展是中国经济在新的发展态势下的新推动力量，同时也是供给方面实行结构化改革的主要方向，对数字经济的培养与发展有利于发现新的生产要素并实现新的经济增长，更能够推进传统产业的转型。与此同时，国家实施重大创新战略也离不开数字经济。近年来，我国所提倡的新发展理念以及供给侧结构性改革，以及网络强国战略等都离不开数字经济的发展，都和数字经济发展紧密相连。

数字经济已经蔓延到各个领域中，毫无疑问，数字经济的发展必定会对产品的营销能力产生影响。在数字经济的大背景下，消费者的决策过程一直在随着科学技术和商业的变迁而变化。时代变迁，生产商不断增加，产品的数目种类都在增多，此时消费者选择的范围也来越广，不再会被局限于某一范围，这一现象进一步扩大了消费者的决策权。在这时，传统的以产品为中心的营销策略和模式早已失效，而以消费者为中心才是王道。数字经济所带来的数据赋能与传统的决策方式是完全不同的。传统的营销决策方式先让数据分析团队收集处理数据，然后做出相关分析，再将分析报告交予团队的CMO作为决策参考。而数据赋能直接省去了数据团队人工分析和管理者人工决策这一步骤，通过大数据算法能够主动分析数据并根据内部反馈对决策不断优化，使决策更加准确、高效。数据赋能不仅可以知晓消费者处于哪一购买决策阶段，还可以精确、快速地为消费者匹配最符合他们个人要求的产品。经过这一系列的过程，数据赋能得以一步一步引导消费者的决策，从而进一步提高产品的营销能力。

综合而言，数字经济对产品营销能力的提升作用是得到肯定的。但是，这些分析大多还停留在逻辑解释上。数字经济最关键的因素是信息和数据，但信息共享同时会带来信息泄露的风险，消费者的信息安全可能得不到保证，企业产品同样会因此遭人诟病，影响企业产品的营销能力。所以，数字经济将会从哪些方面对产品营销能力产生影响，产生哪些影响，以怎样的方式影响？目前学术界对数字经济对产品营销能力的作用关系研究较少，因此这些问题都需要进一步分析。

中国经济目前正处于经济发展的新常态阶段，经济发展速度放缓，对经济发展的质量要求更高，因此国内不少企业都面临着转型问题。而一个企业的产品营销能力极大地影响着企业的利润收入，因此，对于企业能否转型成功，它是至关重要的一环。但是产品营销能力一直是我国大多数企业的劣势。多方面的研究结果都表明，产品营销能力极大地受到了数字经济的影响，而数字经济对产品营销能力的影响并不是单一方面，而是多方面因素相互作用的结果，从而我们需要挖掘出数字经济具体从哪些方面对数字经济产生影响，以此来促进我国经济的持续健康发展。从上述问题和现实意义出发，本文将研究数字经济的发展从哪些方面影响产品营销能力的提升，以及其对产品营销能力的内在作用机制。

二、文献述评

学术界就数字经济对产品营销能力的提升作用进行了深入研究。童锋、张革（2020）认为数字经济带来的数字化消费是当下乃至未来的主流消费形式，对数字经济时代消费转型的认识既是理论的要求，也是新时代背景下提高产品营销能力的必然需要。数字经济在产销平衡、需求结构优化、市场发展预测等多个方面发挥着积极作用。企业要充分利用数字经济带来的数据效能，形成生产者和消费者的良性互动，推动新零售业的充分发展，从而进一步提高企业的产品营销能力，推动高质量经济建设。黄群慧等（2019）以平台化、数据化、普惠化的经济发展现状为背景，分析企业面对网络、信息技术的发展进行创新营销的必要性，同时提出适合我国企业对外营销的创新政策，以此实现经济大国向经济强国的转变。韩先锋等（2019）构建了中小微企业与数字经济的价值链，从价值链角度探讨数字经济与中小微企业营销方式的融合过程，以数字经济促进中小微企业转型和发展，同时深化数字实践。呼吁中小微企业基于互联网、电子商务、大数据和人工智能等来开展运营和营销，将营销融入内部与外部价值链的每一部分中，使营销变得更加高效、智能。刘向东等（2019）将数字经济时代下的营销称为数字营销，他们详细列举了数字营销给当今世界带来的变革，说明了传播、销售、创意在数字营销中协同进行。他们认为虚拟和现实的融合在技术进步中加速，而由于这一技术，又产生了新的人机互动模式，新的交互模式使产品和消费者的交互过程失去了原先的交互界面，机械指令也不复存在，取而代之的是充分调动消费者主动性的自然交互方式和销售策略。陈艳霞（2020）认为当前我国经济正处于增速放缓、结构升级和经济发展动力转换的新常态阶段。寻找新的经济增长点和新动能是经济新常态时期的重要任务。而发展数字经济是目前的最优经济发展模式。数字经济必定会带来产品营销方式的变革，而目前我国对于此新发展模式带来的营销变革尚无完整的参考体系，需要我国自行探究发展道路。由此，她在研究数字经济内涵和发展战略的基础上，基于我国目前的企业营销发展现状和发展战略提出了具体发展路径。高太山等（2020）深刻分析了数字经济的大环境下企业所拥有的机会，并且就如何利用这些机会提升企业的营销能力这一问题给出了具体建议，其将企业的机遇和数字经济紧密联系起来，认为数字经济时代想要提升自己的营销能力，就必须拥有敏锐的商业嗅觉以发现市场先机。张芳（2020）从数字经济时代企业的电商平台出发，详细列出了大数据、人工智能、云计算等技术对营销模式和整个营销环境的影响，他还选取了相似产品的厂家的营销策略进行了分析，发现数字经济背景下不同营销策略的实施效果差异巨大，贴合数字经济发展趋势的营销策略往往能收到更好的效果。

有相当一部分研究也表明，在数字经济的大背景下，产品营销也面临着巨大挑战。秦品德（2020）认为，现代社会飞速发展，已经全面进入了数字经济时代。这一方面给市场营销带来了机遇，另一方面市场营销也面临着巨大的威胁。数字经济的背景下，商家间的信息战越发激烈，如何更快地获取更多、更准确的消费者信息成了令不少企业营销人员头痛的问题，这也对广大营销人员提出了更高要求。闵媛媛（2020）提出营销人员的职业素养和素质在当今时代背景下越发重要，从事营销的工作人员所需要的专业度要求越来越高，那么企业如果想要真正地提高产品竞争力，就必须要储备强大的营销团队，提高营销人员的准入门槛。赵永胜（2020）以如何利用大数据和转变营销理念为立足点，探讨了数字经济给营销带来的双重影响，其中着重谈到了数字经济时代的信息安全问题，正因为数字经济时代带来了获取消费者信息的便捷性，企业营销要更加注重保护消费者隐私，加强营销的针对性，积极控制营销成本。栗建（2018）通过分析数字经济带给产品营销的机遇，引出了企业营销在新时代背景下所面临的挑战，他提出机遇往往伴随着挑战，企业在享受数字经济带来的机遇时，务必要采取多种合理方式来迎接挑战，促进产品营销能力的提升。蔡昌等（2020）构建了以人为核心，以关系、行为、内容为边界的新营销模式网络，他们指出广告活动从原先的按照曝光（CPM）计费阶段，然后走向了按照点击计费（CPC）阶段，目前在向新客户获取成本（CAC）计费和以实际销售产品数量（CPS）计费阶段转变，营销活动效果受技术影响的程度不断增强。数据的数量和质量决定企业的营销结果这一观点普遍被营销从业者所认同，因此如何获取大量高质量的数据成了营销活动所面临的巨大挑战。周蓉蓉（2020）指出虽然消费者和产品都随着时代变化而变化，营销的大环境也由于数字经济发生了转变，但是我们要坚信万变不离其宗，无论时代怎样发展，营销如何变革，我们在营销过程中所要解决的基本问题都一样，那就是目标消费者、洞察力、创造力和营销媒介的组合问题。

经过梳理文献发现，学者们普遍认为数字经济可以带来经济增长，从而促进社会进步。同时，大部分学者就数字经济对产品营销能力有提升作用这一观点是持赞同意见的，但是也有一部分学者认为数字经济会给产品营销带来挑战与威胁。

首先，数字经济通过帮助企业降低营销成本的方式来提高企业的营销能力。由于产品营销需要投入多种生产要素，耗费大量的时间、人力资源和财务资源，这其中存在着很高的沉默成本，而营销效果又具有不确定性，使企业营销面临巨大风险，从而导致一部分风险厌恶型企业不愿意投入资源进行营销，从而影响产品营销能力的提升。但是数字经济时代的来临使生产要素数字化，流动过程更加高效快捷，数字化的信息使企业不再需要耗费大量的时间、人力、物力和财力去获取消费者的信息以及偏好，大大降低了企业营销所需要投入的成本，企业可以建立自己的消费者数据库，利用大数据和人工智能等手段实时更新，同时可以实时动态地监测营销效果，及时改变策略，发展和消费者之间的良性互动，从而提高产品的营销能力。

其次，数字经济时代使传统营销模式渐渐失灵，导致一部分营销人员无法适应环境变化，依然沿用陈旧的营销方式，从而给产品营销能力带来负面影响。数字化、信息化已经成为当今数字经济时代的突出特征，这两大特征对习惯于传统营销模式的营销人员来说是极大的挑战，企业营销人员必须要不断提高自身专业技能素质，加强自身硬件，比如更多的知识储备、先进信息技术的掌握、大数据统计分析运用能力等等。丰富自身知识储备、提升自身的职业道德素质、储备更多的相关法律知识的同时要对所处市场环境具有敏锐的嗅觉和洞察力，学会根据产品特征和消费者需求制定更有效的营销策略、更丰富的营销模式。而一旦营销人员无法适应环境变化提出的新要求去战胜这些挑战，则将会对产品营销能力产生负面影响，企业势必会走向失败。

综上所述，正因为数字经济对产品营销能力的这种双重性作用，才使得我们对数字经济与产品能力之间的作用关系研究显得十分必要。

三、理论分析和研究假设

（一）数字通信基础设施的完善对产品营销能力的影响机制

2019年《中国互联网发展状况统计报告》显示，中国目前是世界上网民规模最大的国家，网络基础设施以及配套设施也是全球增长速度最快的国家，与此同时，近几年我国电子商务发展势头也很强劲，由此可见，经济的快速增长与通信基础设施的不断完善有着密切关系。当今社会正是数字经济的天下，数字经济的信息化特征使全球对信息的需求度和依赖度都不断上升，因此完善通信基础设施已经成为全世界的共识，在对信息的需求增长和通信基础设施完善的双重作用下，数字通信基础设施支撑着当今的社会经济生活，其对产品营销能力的影响突出体现为传统行业被其衍生出的互联网产业所带来的改变。更多的传统行业正在加入互联网产业，原先的传统商业模式也逐渐被互联网商业模式所代替。“网络一线牵”，网络经济的发展拓宽了企业、消费者、政府三者之间的沟通路径。尤其对于偏远地区来说，原本由于地理位置、交通环境所带来的沟通不畅的情况大大减少。沟通促进了信息交流，而信息对企业的生产、研发、营销都有着至关重要的影响。除了我们传统所认知的网上购物外，如今更多的行业都开始运营网上服务，如传统的银行业务可以在手机上随时办理，给客户带来足不出户的服务，大大降低了地域和空间对产品营销能力的制约。数字通信基础设施已经成为推动社会经济发展、提升产品营销能力的重要因素。

基于此，提出如下假设：

H1：数字通信基础设施的完善对产品营销能力有提升作用。

（二）数字经济业务规模的扩大对产品营销能力的影响机制

中国互联网络信息中心有关数据显示，2019年我国数字经济规模升至31万亿元，居于全球前列。毫无疑问，数字经济的良好发展态势也不断推动着产品营销能力的变革。伴随着各行业对数字营销广泛而深入的需求，行业和企业的数字营销能力将进一步提升。数字经济业务是一种带给消费者体验式创新感的业务，它以消费者的需要为中心，使传统的营销活动向着智能化和在线化转变，将成为数字经济业务时代的主流营销方式和发展趋势。伴随着数字经济的不断发展，其带来的影响也愈加深入，越来越多的产业和产品与数字经济进行了融合，产业数字化和数字产业化同步进行，数字经济的业务规模也越来越大。在数字经济的业务活动里，我们一般用数字经济覆盖的宽度（如不同行业和地域）变化来体现数字经济业务规模的扩大，数字经济业务规模不断扩大，则在数字经济网络中的用户群体就更多。用户群体增多对于产品营销来说是至关重要的，因为只有更多的消费者选择了产品，才能直观地体现出自身产品营销能力的不断提高。

基于此，提出如下假设：

H2：数字经济业务规模的扩大对产品营销能力有提升作用。

（三）数字技术的普及对产品营销能力的影响机制

5G技术是当今世界的热门词汇之一，而5G技术目前的领先地位又属于中国所有。据外国媒体统计，自2020年起，全球5G网络技术的1/3将来自中国。数字技术不断带动传统产业进入新的技术领域。当前经济发展的主要任务是应用数字通信技术改造提升传统产业。数字信息技术是一个渗透性很强的产业，它不仅自身形成产业系统，并且还和其他部门融合，刺激这些部门的发展。当前，数字技术正加快同其他产业的融合，提升转变传统行业，拓展形成崭新的领域，改变传统管理方式和产业形态。例如数字技术和第一产业相融合使传统的农业部门得到新的发展，借助数字技术可以实现农业高科技化，建立信息服务和信息网络，不仅可以使农产品布局更加合理，也可以提高农产品营销能力。先进生产力的发展方向就是数字技术的发展方向，信息作为生产要素的重要意义和作为资源的战略作用有赖于数字技术的广泛使用，从而不断优化生产资源的配置，进一步推动传统产业大变革，进而使产品营销能力得到提升。

基于此，提出如下假设

H3：数字技术的普及对产品营销能力有提升作用。

四、模型构建和变量选取

（一）模型构建

通过研究文献发现，目前学界对于数字经济的研究大多基于国家层面，比较的通常是不同国家之间的差异，较少有学者选择省级层面的数据指标。又根据上文我们所做的研究假设，我们选取数字通信基础设施、数字经济业务规模、数字技术的普及率三个变量作为主要解释变量，同时以能够影响产品营销能力的多种因素作为控制变量来设定多元线性回归模型如下：

$$PPC_{it}=\alpha_0+\alpha_1 CF_{it}+\alpha_2 ES_{it}+\alpha_3 TP_{it}+B_i X_{it}+U_{it}$$

其中，PPC_{it}代表产品营销能力指数，CF_{it}代表数字通信基础设置，ES_{it}代表数字经济业务规模，TP_{it}代表数字技术的普及率，α_0为截距项，α_1、α_2、α_3为解释变量回归系数，X_{it}为控制变量，B_i为控制变量回归系数，U_{it}为误差项。

（二）变量选取和变量的说明

1. 核心解释变量

数字经济发展水平。以通信基础设施、数字经济业务规模以及数字技术的普及率三个维度的变量来代表各个区域数字经济发展水平。其中，通信基础设施以家庭宽带接入户数为代表，数字经济业务规模以电子商务销售额表示，数字技术普及率以移动电话普及率为代表。

2. 被解释变量

产品营销能力指数。研究各类文献可以发现，目前对于产品营销能力的测度相关的研究较少，学者们普遍采用的有两种方法，一种是通过企业调查问卷来收集数据，另一种是利用地区的营业收入来代表一个地区的营销能力。一方面，目前正处于疫情期间，想要对企业进行实地调研有一定难度，另一方面，产品营销能力和多种因素都有关联，问卷调查可能只能反映其中一些因素，不可能面面俱到，那么因素选取的不同一定会对调查结果产生影响。在研究文献中，学者们普遍认为产品营销能力和一个地区的营业性收入是有直接联系的，营销能力的提升直接会增加产品的销量，而产品销量的增加会带来营业性收入的增加，这是一连串的因果关系。因此在本文中，我们选取地区营业性收入来作为测算产品营销能力的指标。

3. 控制变量

采用不同地区人均GDP来反映经济发展水平；地方财政支出对产品营销也会有一定影响，财政支出越多，越有利于企业进行运作，越能够带动产品营销能力的提升，因此我们用前人常用的做法，即使用地方财政支出数额作为控制变量之一；在数字经济时代，R&D人力资本投入尤其是接受过高等教育的人力成本存量对经济的影响越来越重要，因此本文中人力资本投入的衡量采用周蓉蓉等（2020）的做法，即使用目前各省份高等学校在校人数作为人力资本的投入量指标。

（三）数据来源

核心解释变量数字经济发展水平主要由三个变量来衡量，即通信基础设施、数字经济业务规模以及数字技术的普及率。其中，通信基础设施和数字技术普及率的数据主要来源于国家统计局发布的官方数据和2013—2018年中国各省份统计年鉴，以及中国互联网数据平台。而数字经济业务规模的数据主要来源于《2018年中国零售服务业白皮书》以及《2015年中国城市电子商务发展报告》。被解释变量产品营销能力的地区营业性收入指标和其他解释变量相关数据也主要来源于国家统计局和《中国统计年鉴》。

五、实证结果分析

（一）描述性统计分析

本文采用2013—2018年我国各省份数字经济发展相关数据及其营

业性收入面板数据，拟构建多元线性回归模型探究数字通信基础设施、数字经济业务规模和数字技术普及率对产品营销能力的线性相关关系。各变量名称及表达方式如表1所示。

表 1　各变量说明

变量名称	表达方式	性质	数据选取及单位
产品营销能力	ppc	被解释变量	营业性收入（亿元）
数字通信基础设施	cf	解释变量	互联网宽带接入用户数（万人）
数字经济业务规模	es	解释变量	电子商务销售额（亿元）
数字技术普及率	tp	解释变量	移动电话普及率（每百人）
经济发展水平	pg	控制变量	人均GDP（亿元）
教育水平	ue	控制变量	普通高等学校在校人数（百万人）
财政支持	fd	控制变量	政府财政支出（亿元）

利用Stata15.SE对各变量进行描述性统计，可得到各变量统计特征如表2所示。

表 2　变量描述性统计结果

变量	均值	最小值	最大值	标准差
ppc	2092.586	71.54	9737.51	1872.616
cf	920.4811	19.1	3597.8	767.0155
es	3399.494	31.4	27829.9	4666.954
tp	115.9043	72.55	228.09	28.84083
pg	55820.01	23151	140211	25744.13
ue	84.06 267	3.35	214.08	53.3199
fd	4969.661	922.48	15 729.26	2646.337

由表2可以看出，除移动电话普及率以外，各省份产品营销能力、数字经济发展相关指标和社会经济状况标准差数值均较大。其中，数字经济业务规模总体标准差甚至超过了样本数据总体均值，这说明我国当前移动电话普及率地区差异较小，但在产品营销能力、数字通信基础设施和经济业务规模方面仍然存在着较大的区域异质性。

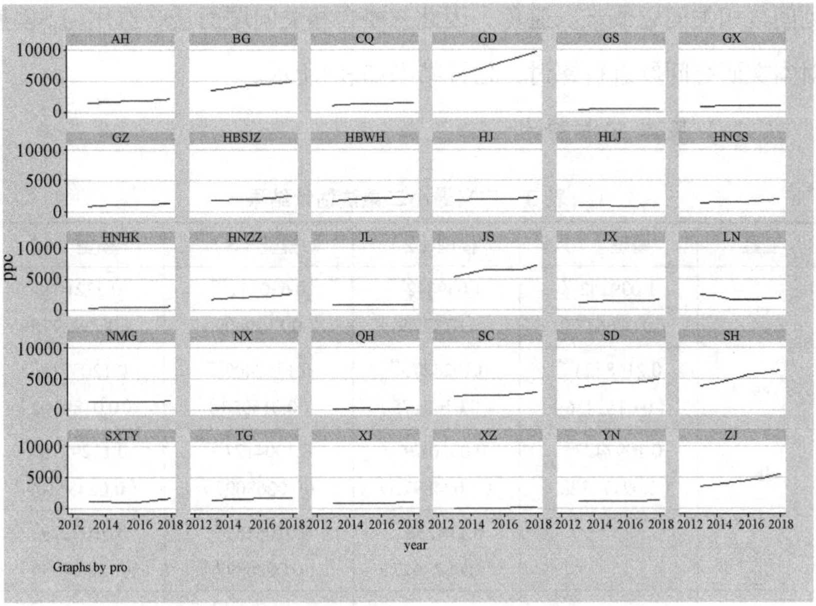

图1 2013—2018年各省份产品营销能力变化趋势

由图1可以看出，在给定时间跨度内，我国各省级行政单位产品营销能力呈现出参差不齐的发展趋势。广东、上海、江苏、浙江的营业性收入起步高，发展速度快，这一指标在其他大多数省份尤其是东北和西北各省份均表现出增长乏力甚至停滞的态势，这一现象与数字经济发展的区域异质性相吻合，但仅以此现象无法说明数字经济与产品营销能力的内在相关关系。为了更直观地体现数字经济对产品营销能力的作用机制和具体影响程度，本文首先通过OLS方法进行回归分析，并参考已有文献的常用做法，采用逐步添加控制变量的方式进行回归。通过Hausman检验和LSDV法，在不同效应模型的选择中认为混合效应模型拟合效果最佳，但在采用White异方差检验后，非聚类稳健标准差下的混合效应模型强烈拒绝了同方差原假设，所以在本研究中采用广义最小二乘法（GLS）对异方差进行修正。虽然GLS模型在自相关检验下认为序列间存在自相关，但鉴于数据为n=31、T=6的短面板数据，序列间自相关问题或难以避免，因此忽略自相关问题而最终选用GLS模型对本文研究问题进行探讨，估计结果如表3所示。

（二）基本回归分析

表 3　广义最小二乘法估计结果

变量	模型（1）	模型（2）	模型（3）	模型（4）
cf	1.039242*** （0.0766777）	1.039842*** （0.0732746）	0.630711*** （0.1199809）	0.2321043* （0.1392775）
es	0.2118523*** （0.0162436）	0.1924279*** （0.0162175）	0.1767409*** （0.015923）	0.1203718*** （0.0189102）
tp	0.1097477*** （0.02174328）	0.0530136** （0.0248972）	0.1004127*** （0.0263097）	0.1129776*** （0.02486109）
pg		0.114232*** （0.0027617）	0.0108189*** （0.0026397）	0.0102279*** （0.0024839）
ue			0.073054*** （0.01740816）	0.036838** （0.0179679）
fd				0.2594841*** （0.053215）
constant	-856.231*** （246.7279）	-770.8227*** （236.6796）	-1470.652*** （280.7757）	-2009.874*** （286.121）
N	180	180	180	180
Prob>chi2	0.0000	0.0000	0.0000	0.0000

注：*、**、***分别表示变量系数*t*统计量在1%、5%、10%的水平上显著；括号内为标准误。下同。

从表3中模型（1）至模型（4）回归分析结果可以看出，随着控制变量人均GDP（pg）、当地教育水平（ue）和所在地政府财政支出（fd）的逐渐加入，模型能够保持一贯的高拟合优度，各核心解释变量和控制变量的*t*统计量置信度高，表明模型对各变量的选取具有一定科学性和合理性。从纳入全部变量的模型（4）广义最小二乘法回归结果来看，核心解释变量数字通信基础设施（cf）在90%置信水平下能够通过显著性检验，数字经济规模（es）和数字技术普及（tp）在99%置信水平下能够通过显著性检验，控制变量和常数项都能在95%置信水平下显著，模型卡方值p值小于0.01，也说明该模型整体显著，具有统计学意义。

值得注意的是，在逐步添加控制变量进行GLS回归的过程中，各核心解释变量系数均显著为正值，说明以数字通信基础设施、数字经济业务规模和数字技术普及率为表征的数字经济对产品营销能力均有持续且显著的正向提升作用。在模型（4）中，数字通信基础设施变量的系数达到0.2321，意味着数字通信基础建设投入每增加1亿元将带来0.23亿元的营业性收入增加，在未加入控制变量的模型（1）中，该系数高达1.039，说明在仅考虑数字经济与产品营销能力的情况下，数字通信设施建设是推动我国产品营销能力快速提升的重要因素。而数字经济业务规模变量的系数达到0.1204，表明数字经济业务规模每单位（亿元）增量将构成营业性收入增量的12%，而数字技术普及率每提高1个百分点将构成11.3%的营业性收入增加额。控制变量中，经济发展水平、教育发展水平和政府财政支出三项的回归系数同样显著为正，这也说明经济发展基础、人力资源和政府支持是产品营销能力提升的重要影响因素。经济发达地区往往拥有通达便利的交通方式，更易于吸引优质人力资源从而加速数字经济发展，政府财政在基建、教育等不同社会经济发展方面的投入也对数字经济发展提供了必不可少的支持。GLS模型估计结果说明在经济、教育发展、政府财政支持的协同作用下，数字经济能够从通信设备基础设施建设、数字经济业务规模和数字技术普及率三个层面对产品营销能力起到较为显著的促进推动作用。

（三）IV-GMM修正回归分析

变量法的广义矩估计对原模型进行修正，对文中的核心解释变量通过Hausman检验进行内生性检验后，表明模型存在内生性解释变量，数字经济业务规模对产品营销能力提升的正向作用或因内生性问题被低估，对内生变量加以识别后引入tp自身滞后一阶和ue滞后一阶的工具变量进一步修正原有模型。工具变量法GMM模型估计结果如表4所示。

表 4　工具变量法 GMM 模型估计结果

变量	OLS	2SLS	GMM
cf	0.2321043 （0.1420673）	0.1222234*** （0.02800324）	0.1226516*** （0.02724651）
es	0.1203718*** （0.019289）	0.3359053** （0.1391102）	0.3652218** （0.1491021）
tp	0.1129776*** （0.02535908）	0.1027019*** （0.0205331）	0.0997968*** （0.0288295）
pg	0.0102279*** （0.0025337）	0.0100679*** （0.0027311）	0.0101855*** （0.0029798）
ue	0.03683885** （0.0183278）		
fd	0.2594841*** （0.0542809）	0.3220018*** （0.053188）	0.3137094*** （0.0610949）
constant	−2009.874*** （291.8521）	−2227.337*** （319.2126）	−2226.009*** （385.5474）
N	180	150	150
R^2	0.9219	0.9263	0.9261

从模型对比可以发现，两阶段最小二乘法回归结果和GMM回归结果R^2较高，但由于扰动项异方差的存在，通过Sargan过度识别检验和第一阶段弱工具变量检验后，最终选取IV–GMM作为修正模型。从估计结果可以看到，各核心解释变量和控制变量系数均为正值，且置信水平都在95%以下显著。进一步验证了数字经济发展对产品营销能力的正向提升作用。同时，教育的滞后一期值和数字技术普及率的滞后一期值为代理变量的工具变量加入后，模型整体拟合优度提升，数字基础设施建设变量显著性明显改善。

该结果也说明，数字经济业务规模单位增量会引起营业性收入增量

36%的变动，说明数字经济业务发展对产品营销能力提升至关重要，同时，政府财政支出增量能带来营业性收入31%的增量，财政支持对产品营销能力提升同样作用明显。数字通信基础设施建设的系数在2SLS和IV-GMM估计中明显下降，或是因为工具变量的添加使得模型稳健性增强，原模型高估了cf在数字经济发展中对产品营销能力提升的影响。

（四）分地区检验

为了更好地看出数字经济和产品营销能力的区域异质性状况，本文又根据国家统计局的地区划分标准，分东部、中部和西部地区对多元线性模型进行更为深入的分析（见表5）。

表 5　分地区检验结果

变量	东部地区	中部地区	西部地区
cf	−0.242551* （0.1408344）	−0.3846543*** （0.1191629）	−0.5856225*** （0.0973367）
es	0.0315949** （0.0128077）	0.1034307*** （0.0292451）	0.1193415*** （0.0193642）
tp	0.1507198*** （0.02392384）	0.07178973*** （0.02583886）	0.052090008*** （0.01705894）
pg	0.009945*** （0.0035589）	0.0089778*** （0.003335）	0.0043202*** （0.0016195）
ue	0.1065155*** （0.02435937）	0.03179772*** （0.009484972）	0.08985285*** （0.01020419）
fd	0.4215264*** （0.0469142）	0.184987*** （0.9484972）	0.2387476*** （0.0184862）
constant	−2514.703*** （389.5893）	−548.968** （253.5385）	−948.2503*** （147.8979）
N	60	36	59
Prob>chi2	0.0000	0.0000	0.0000

通过表5可以发现，除数字通信基础设施外，其余核心解释变量和控制变量系数均显著为正值，各模型均具备统计意义。其中，东部地

区除数字经济业务规模系数外，其他变量均高于中西部地区，这也在一定程度上说明了东部发达地区在基础设施、科技普及、经济基础、教育水平和财政支持方面占据较大优势，但数字经济业务规模这一指标在欠发达的西部地区却尤为突出，说明随着社会经济发展，数字经济或可成为交通通达度较差、科技发展速度慢、缺乏优质教育资源的西部地区提升营业性收入的重要渠道。

同时值得关注的是，在数字经济区域发展异质性条件下，数字通信基础设施系数在三个地区内均呈负值，这与理论假设并不相符合。这或许是由于通信基础设施投入数额大且回报周期长，样本数据仅包含2013—2018年数据，并不能完全体现通信基础设施对各地区产品营销能力的提升作用。数字技术普及率系数仅次于政府财政支出，说明我国各地区移动通信设备普及率也对区域内产品营销能力的提升具有显著的正向作用。而通过中西部地区对比则可以发现，西部地区在数字经济业务规模、教育水平和财政支持方面对产品营销能力贡献力度优于中部地区，这也说明在经济欠发达的西部地区，大力发展教育、扩大数字经济业务规模、提高财政支出会给区域内产品营销能力带来显著提升。

总体而言，实证检验结果表明数字经济发展有效提高了我国产品营销能力，数字基础设施、数字业务规模和数字技术普及率对于营业性收入增长呈现出显著的正向促进作用。

六、结论和政策建议

（一）实证分析结果

（1）数字经济发展对产品营销能力总体上呈现的是正向的促进作用，而且这一相关关系在全国各省份都有所体现。本文的实证分析中，在2013—2018年31个省份的面板数据动态变化下，这一实证结果更为显著，这表明我国在稳步持续发展数字经济的过程中将不断提升各地区的产品营销能力。

（2）在地方经济发展水平、人力资本投入、政府财政支持的协同作用下，数字经济能够从通信设备基础设施建设、数字经济业务规模和数字技术普及率三个层面对产品营销能力起到较为显著的促进推动作用。经济发达地区往往拥有通达便利的交通方式，更易于吸引优质人力资源从而加速数字经济发展，政府财政在基建、教育等不同社会经济发展方面的投入也对数字经济发展提供了必不可少的支持。

（3）从东部、中部以及西部划分区域来看，东部发达地区在基础设施、技术普及、经济基础、教育水平和财政支持等方面占据较大优势，但数字经济业务规模这一指标在欠发达的西部地区却尤为突出，说明随着社会经济发展，数字经济或可成为交通通达度较差、科技发展速度慢、缺乏优质教育资源的西部地区提高营业性收入的重要渠道。

（二）政策建议

（1）要缩小和弥补各省份之间的产品营销能力发展鸿沟，需要促进“数字经济”“地方财政”“人力资本”的有效匹配。如果仅仅只注重某一要素，或者单单依靠某一要素，可能在短时间内可以促进某个地区的经济发展，提升某个地区的产品营销能力，但长远看来，对这个地区的长期持续发展是不利的。此时我们需要去弄清楚各要素之间的相互连接关系，明白各要素和产品营销能力之间的作用机制，在此前提下再充分结合本省市目前所处发展阶段，以及自身发展的优势和劣势，因地制宜地制定合理的提升产品营销能力的政策和策略，利用好数字经济对产品营销能力的内在影响机制和作用机制，促使产品营销能力的提升，走高质量发展之路。

（2）坚持全国各省份的整体性思想，对于各省份层面要积极筹划推进各类产业的“双迁”，推动不同省份区域间的协同合作，构建整个区域的有效价值链。利用当今中国5G建设的契机，围绕通信网络建设，打造经济、人才、数字等业务的联合枢纽，以此来实现综合性与区域性并重的经济圈。与此同时，不断开发各省份之间的合作方式，如开设产能合作区和共建创新科技园区，将经济发达地区的资金、人力、数字设备向落后区域转移，以发达地区带动落后地区，鼓励落后地区利用自身优势构建具有当地特色的产业群，提高地区营业性收入，促进产品营销能力的提升，从而实现多方共赢。

（3）长期以来，我国东部发达地区行政单位相对于中西部行政单位一直具有巨大的优势，因此政府应尝试弱化地方行政地位差异，同时对各行政单位间的公平竞争表示鼓励。对于资源配置，我国政府一直处于强势地位，又因为不同省份存在行政地位上的差异，因此导致了一定程度上的资源配置不均衡和生产要素流动缓慢等问题。经济发达的省份行政地位处于优势，就容易获得资源配置的优先权，这就导致一部分地位较低的行政单位缺乏相应的生产要素，从而拉开了区域间经济发展差异，影响中西部地区产品营销能力的提升。因此弱化行政地位差异，促进不同省份公平竞争，有利于提升产品营销能力。

参考文献

[1] 童锋，张革. 中国发展数字经济的内涵特征、独特优势及路径依赖[J]. 科技管理研究，2020，40（2）：262–266.

[2] 黄群慧，余泳泽，张松林. 互联网发展与制造业生产率提升：内在机制与中国经验[J]. 中国工业经济，2019（8）：5–23.

[3] 韩先锋，宋文飞，李勃昕. 互联网能成为中国区域创新效率提

升的新动能吗[J]. 中国工业经济，2019（7）：119-136.

[4] 刘向东，刘雨诗，陈成漳. 数字经济时代连锁零售商的空间扩张与竞争机制创新[J]. 中国工业经济，2019（5）：80-98.

[5] 陈艳霞. 国内信息消费发展态势及前景展望[J]. 商业经济研究，2020（8）：77-79.

[6] 高太山，马源. 中国数字经济发展的问题、机遇和建议[J]. 中国经济报告，2020（2）：73-78.

[7] 张芳. 大数据精准营销在电商领域的应用与价值略述[J]. 中国市场，2020（12）：159-160.

[8] 秦品德. 基于"互联网+"的市场营销模式创新[J]. 经济研究导刊，2020（10）：64-65.

[9] 闵媛媛. 大数据背景下我国省会城市商业化程度影响因素实证分析[J]. 商业经济研究，2020（6）：157-159.

[10] 赵永胜. 互联网背景下企业市场营销创新研究[J]. 技术经济与管理研究，2020（4）：72-79.

[11] 栗建. 2019数字营销：欢迎进入中场时间[J]. IT经理世界，2018（23）：46-49.

[12] 蔡昌，林高怡，李劲微. 中国数字经济产出效率：区位差异及变化趋势[J]. 财会月刊，2020（6）：153-160.

[13] 周蓉蓉. 我国数字经济发展战略与路径研究——基于国际经验的考察[J]. 西南金融，2020（4）：90-96.

[14] 刘洪愧. 数字贸易发展的经济效应与推进方略[J]. 改革，2020（3）：40-52.

[15] 温珺，阎志军，程愚. 数字经济与区域创新能力的提升[J]. 经济问题探索，2019（11）：112-124.

[16] 刘钒，马祎. 数字经济引领高质量发展研究述评[J]. 社会科学动态，2019（12）：71–77.

[17] 张峰，刘璐璐. 数字经济时代对数字化消费的辩证思考[J]. 经济纵横，2020（2）：45–54.

[18] 陈权. 大数据背景下精准营销的机遇和挑战[J]. 现代营销（经营版），2020（3）：128–129.

[19] 郭庆秋. 浅析大数据背景下市场营销的机遇与挑战[J]. 现代营销（下旬刊），2019（12）：68–69.

[20] VALENTINA AMUSO，GIULIANO POLETTI，DONATO MONTIBELLO. The digital economy：opportunities and challenges[J]. Global Policy，2020，11（1）.

[21] PHILIP COOKE，JINHYO JOSEPH YUN，XIAOFEI ZHAO，et al. The digital，quaternary or 4.0 web economy：aspects，effects and implications[J]. International journal of knowledge–based development，2019，10（3）.

[22] WAQAR NADEEM，SAIFEDDIN AL–IMAMY. Do ethics drive value co–creation on digital sharing economy platforms？[J]. Journal of retailing and consumer services，2020（55）.

[23] CASEY R. LYNCH. Contesting digital futures：urban politics，alternative economies，and the movement for technological sovereignty in barcelona[J]. Antipode，2020，52（3）.

平台经济驱动营销能力提升的研究

谢爱宁

摘　要：平台经济作为数字化时代下重要的经济和产业模式，不断冲击着人们的思想观念和企业的经营方式，同时，国家政策方面也越来越重视平台经济。平台经济也在提升企业营销能力方面发挥着越来越重要的作用。如何利用平台经济来提升企业价值、发挥顾客价值也是企业要考虑的问题。本研究在分析平台经济、大数据和营销能力的基础上，增加了客户价值这个变量，对大数据、平台经济、顾客价值与企业营销能力四者之间的关系建立模型，并通过发放收集问卷的方式整理数据，用相关软件进行分析。研究的结论显示，大数据、平台经济和企业营销能力呈正相关关系，平台经济在顾客价值提升过程中发挥重要的作用，而企业通过提升顾客价值来进一步提升企业价值，从而实现营销能力的提升。

关键词：平台经济；互联网平台；顾客价值；营销能力；大数据

一、引言

当今，由于互联网的不断发展，新兴的数字技术也随之进入飞速发展阶段，网络平台作为新经济发展的动力引擎，逐渐影响和改变着人们的生产和生活方式。有研究机构预估，未来中国平台经济会有更大的影响力，规模也会有相当大的增长，预计到2030年会达到100万亿元。从进入千禧年开始，中国平台经济出现并不断崛起，对中国人民大众的生活消费方式产生了很大的影响，也对国内各大企业的经营模式产生了很大影响，众多企业利用平台经济转型升级，如今也取得较大的成就。平台经济是信息数字化时代最伟大的变化之一。2019年我国网络用户的数量高达8.5亿，线上交易人数日益增多，交易总额也就随之增加，仅2019年就达到30万亿元，可见平台经济对国内生产总值的贡献越来越大。时至今日，平台经济已成为推动经济发展的重要引擎。中国需要助力平台经济进行变革与发展，从而引领营销的新方向。

国家深入推进精准网络扶贫，为国内贫困地区开发2000多种农产品，并号召广大人民群众要大力支持。目前，国家提倡要大力发展高质量经济，不能一味追求速度，否则会带来更多的经济问题。全球经济的发展也趋于平缓，内部供应总是大于外部需求，在这种情况下，要使中国经济平稳发展，就要在保证足够供给的同时，拉动居民消费。而平台经济作为新经济中不容忽视的一部分，为拉动消费增长和提高人民生活质量起了重要的作用，而且，平台经济也在企业市场营销过程中发挥了很大的作用。平台经济模式，作为数字化时代下重要的经济和产业模式，改变着人们的生活方式，成为引领时代的重要经济模式。

本文利用科学的研究方法对平台经济和市场营销进行分析研究，结合国家政策及平台经济发展现状，提出平台经济在市场营销中发挥的作用，以进一步发挥平台经济对营销能力提升的导向作用，这样企业就可以充分利用平台的有效性来提升营销能力。

二、文献述评

随着国家对“互联网+”的大力支持和发展，我国经济生活的方方面面都发生了翻天覆地的变化，不论从居民生产生活，还是社会发展都随着互联网的到来而发生改变，互联网在带来各种便利的同时也有其不利的方面。对个人而言，各种不利不言而喻。本文主要说明“互联网+”对企业的影响。“互联网+”时代的到来给传统企业带来了冲击与挑战，尤其是传统的经营方式和营销方式。如果企业故步自封，不能与时俱进，就只有在时代的潮流中被淘汰，所以企业要与时俱进，积极创新，特别是要迎合科技的发展和依据国家政策的调整来改变企业经营策略和营销方式。

从全球而言，我国平台经济已经成为第二大平台经济体。今天，全球平台型企业在上市企业中占有很大比重，且大多数市值很高。在我国，市值最高的大型企业绝大多数都是平台型企业，而且这些企业的消费者几乎都是普通消费者，如阿里巴巴、腾讯、京东等。我国平台经济已经出现了大发展的趋势。平台经济现在已经成为专家学者开展学术研究的热点，而且，它对已有经济理论产生了较大冲击，而国内外众多学者对平台经济相关研究也有了一些进展。平台经济核心资产就是数据，企业拥有庞大的用户数据，就掌握了资源。但是数据的所有权、使用权以及在数据采集过程中出现的大量问题，也引发了更多的社会问题。所以，国家和企业要加大监管力度，与时俱进地改进监管模式，尽量避免平台企业责任的扩大，也要控制平台治理成本。

如今，平台经济是经济发展的全新动力，中国也在加大力度发展平台经济。平台经济主要有网络购物类、搜索类、互联网金融类、服务类等多种类型，未来可能会拓展到更多的领域。

根据咨询机构发表的关于未来六年《中国移动购物App行业的市场前景和投资分析》的研究，预计八年后，互联网用户将达到6.59亿，交易量将达到6.82万亿元，这是一个趋势。这些数据都充分证明了平台经济的发展和平台企业未来发展的良好前景。平台经济为社会经济发展带来新的动力，可以通过优化资源配置，提供新的消费场景，扩大消费市场，同时也形成了新的组织形式。特别是在创造就业机会方面，发挥着重要作用。

事实上，平台经济深深扎根于我们的日常生活中，如商人与消费者之间的贸易，在天猫平台上商人与消费者之间的平台模型，是一个商业平台；微信和QQ连接用户到互联网，是一个社会平台；Google和Facebook是为用户提供搜索引擎和社交通信服务的数字平台；科大讯飞是智能语音平台；虎扑、斗鱼等是直播平台。在数字经济时代，企业之间的竞争已经不再单一，而是在方方面面，尤其体现在平台之间。构成平台的用户规模越大、活跃度越高、数据越完整、算法越精准、行动越敏捷，平台越具有竞争力。

平台经济有助于中国经济提升质量、增加效益，同时也是中国经济转型升级的新蓝海，所以中国要在互联网行业异军突起，势必要充分发挥和利用平台经济的优势。企业是一个平台，而平台的营销能力则是企业未来的影响力、发展力。有限的企业营销能力和一个差劲的平台可能会使企业产品和服务无法销售出去，那么企业就无法获利，企业则会发展受限甚至会被时代淘汰掉，所以经营好一个优质的平台并且不断提升其营销能力对于一个企业而言是至关重要的。平台在驱动企业营销能力提升过程中发挥着重要的作用。

三、理论分析与研究假设

（一）平台经济的概念界定与特征

1. 平台经济的概念界定

徐晋（2014）将平台定义为允许两个或多个客户通过收取适当的

使用费进行交易的空间或场所。平台是新经济时代的重要经济体，是互联网时代的引擎，在现代生活中发挥着重要作用。平台模式的本质在于创造一种环境，使更多的主体在这个环境中互利互惠，例如企业可以成为客户和雇员的平台。因此，当今最高层次的商业竞争是建成一个入口平台，最终实现精密市场营销。

平台经济是一个新的以数字技术为基础的经济体系，由以数据为基础的经济活动单位组成，由平台和网络支持，即它是以数字平台为基础的各种经济关系的总称。为了发展平台经济，城市需要一个微观经济基础，即需要大量中小企业和大型企业，通过创新的企业模式促进城市平台的经济发展。通过支持小企业和通过政策基金提供制造业服务，城市平台的经济发展加快了工业现代化和城市发展的进程。如天猫、北京东城商贸、阿里巴巴、宜龙等，都是优秀的企业发展平台。它们通过以数据为基础的经济活动、对平台的支持、协同经济活动来支持企业发展。

刘群英（2018）认为平台经济就是一种虚拟或真实的交易场所。买卖双方通过互联网这一平台进行交易，而平台只是作为交易的空间或场景存在，也就是说平台只起着一个媒介的作用。平台在买卖双方交易过程中收取部分费用从而实现盈利。平台的良好运行离不开云计算、云存储等现代信息技术，所以平台经营者和维护者要与时俱进地学习和应用这些技术。平台经济是一种全新的经济模式，有利于经济的转型升级和产业结构的优化。

作为平台新经济战略的一部分，李洪教授和孙道教授详细介绍了平台重组价值链战略的执行情况，帮助传统企业制定向上的过渡模式，并为企业家和管理人员提供一个关于时代发展的实际方向的概览。

国内学者在研究过程中更多地单一研究平台经济以及各种机制和

它的正负效应等。虽然人们很少将平台经济和其他方面结合起来研究，但平台经济在现代经济发展过程中的作用是不可忽视的，尤其是它在企业或个人营销能力提升方面的作用。它不仅实现了企业成本的降低，提供了创新的动力，而且也为营销推广带来了机遇与挑战，在营销能力提升过程中发挥着重要作用。

2. 平台经济的特征

平台经济的特征如下：

第一个特征是双边市场，平台经济是一种双边市场的概念。传统企业之间普遍存在着竞争关系，而双边市场之间就是合作关系。卖家和买家同时选择该平台，买家是卖家现有或潜在的消费者，而卖家为买家提供了产品或服务，平台则为双方提供一个交易的空间和场景。双边市场特征指买卖双方通过平台这个中介来交易，而平台经营者就借助平台交易的信息以及其他渠道挖掘来的大量数据信息对双边用户进行划分和需求定位，从而连接双边用户，让他们对平台产生更大的依赖和兴趣，这样就利于平台顺利运行。

第二个特征是开放性属性，平台经济最初是双边市场，平台的作用是连接供应商（商家）和消费者，但随着平台经济不断发展和研究的不断深入，平台经济联合其他的资源共同建立了一个互利互惠的商业系统。第三方服务主体能够为平台提供更加丰富、快捷、多元化的服务，从而增强平台的服务能力，为平台吸引更多的用户，提高平台的竞争力。

第三个特征是网络的外部性，平台网络的外部性意味着一个平台的用户规模和价值相互影响。若其他用户对平台的使用频率高，而且在平台的交易规模很大，那么这部分用户的行为会对其他用户行为产生影响。此外，如果某个平台的用户数量很庞大，基于用户宣传、从众或是盲目跟风等原因，这些用户可能会为平台带来更多的注册用户，这样，平台规模就会越来越大，而平台的品牌效应就会凸显出来，平台就此进入一个良性的循环发展状态。这种平台用户双方之间相互影响的现象就是平台经济网络外部性属性的具体体现。

第四个特征是智能终端化，网络信息技术的发展为平台提供了技术支撑，而智能设备以及移动终端的普及为平台提供了动力引擎，智能终端在平台经济发展过程中起着至关重要的作用。因为平台发展的基本条件是移动智能设备，所以只有移动智能终端得到普及，平台经济才能得到很好的发展，而当今信息社会已经有了平台发展的这一条件。所以，在这种情况下，平台的竞争已经不仅仅体现在品牌和产品的竞争上，更体现在平台对于用户的精准定位、内容的及时推送等方面。

（二）大数据的内涵界定及其价值

1. 大数据内涵的界定

“大数据”不是依靠简单的工具就能够收集到的，而是要用现代新兴的数据挖掘和处理技术，对互联网上的各种庞大复杂的信息查明线索并进行优化处理，从而提高决策能力，以应对高增长率和多种多样的信息。

大数据是信息化革命中的重要组成部分，但是由于技术方面的不足，“大数据”始终都不被看重。自2008年起，随着云计算、云存储等网络技术的兴起和发展，大数据才开始被广泛运用于互联网等新兴科技领域，这使得数据呈现出爆发式的增长，我们真正进入了大数据时代。

2. 大数据的价值

企业利用大量数据可以准确地进行营销和节省成本，同时可以更有效地将产品与消费者对接起来。企业通过营销获得的数据可以助力企业更好地针对消费者和产品进行广泛的大数据研究。精密市场营销的基础是精确定位和利用现代化的网络信息技术开发相对独立和具有特色的通信服务体系，以实现企业经营成本的降低和服务效率的提高，进而增强企业绩效。

大数据主要有以下几个价值来源：

（1）企业利用大数据进行精准营销，节省成本，从而向广大消费者提供精准的产品或服务；

（2）小微型企业利用大数据挖掘技术进行转型；

（3）互联网以外的企业利用大型数据的价值来调整经营方式或升级理念。

（三）营销能力概念

直到20世纪90年代，国内外学术界才开始关注和研究营销能力，但营销能力的概念在20世纪中叶就已经出现，但对这一概念没有统一的定义。国内外研究人员以各种方式解释营销能力。

1. 国外学者对营销能力的解释

通过对国外学者的研究总结发现，他们主要研究三个方向：第一，市场营销能力理论研究；第二，营销战略是营销能力的核心；第三，战略整合营销能力。这是国外研究人员对市场营销能力的新的研究方向，其基础是企业要保持持续的竞争优势，应具备较高的战略水平。

2. 国内学者对营销能力的解释

国内研究人员对营销能力的解释分为五大类：

第一，资源理论。企业的营销能力是一种资源，包括它在市场中的份额、它的企业战略，等等，取决于它的份额和使用情况。因此，企业的营销能力定义为企业创新能力、分销能力和理解消费者需要的能力。

第二，竞争理论。企业通过获得竞争优势、满足客户需求以及激发客户价值来提升营销能力。营销能力包括了解市场和开发市场，实施综合营销和营销战略，以满足消费者的需求和潜在需求，并为消费者创造需求，以刺激消费来提升企业效益。

第三，要素理论。营销能力由不同的营销要素组成，但对这些要素的理解各不相同。刘秉君将其分解为核心、外显和动态三大要素，构成“三力”营销模式。它对分析营销能力要素构成研究有一定指导作用。

第四，综合流派。它的理论包含了各种观点，包括资源设计、竞争概念等，根据这一理论，一个企业的营销能力是一种在市场竞争环境中利用企业资源的综合能力，能够不断地创造产品和服务，满足消费者的需要，实现市场目标、市场地位和提升企业的营销水平。

第五，动力学说。四川大学李蔚给营销能力做了这样的定义，他认为营销是个完整的链条，而营销能力就是在这个链条之上持续不断地运行，以使得企业所拥有的资源发挥其有效性且产生持续不断的动力。营销能力作为营销流的动力系统，由营销动力和营销阻力两部分构成。

（四）研究假设

1. 大数据与营销能力

大数据对于企业而言是至关重要的，企业利用大数据技术进行用户信息数据的挖掘，并通过分析庞大的数据来了解客户需求、消费偏好和行为特征，从而制定企业市场营销策略，使得消费者从消费过程中获得满足，进而提升客户满意度和增加客户忠诚度。大数据有利于推动营销进展。冯超（2016）分析了S银行零售市场的现状，并根据分析结果，指出了银行营销中的许多弊病，这些弊病严重阻碍了银行业务的开展，所以要采用大数据技术挖掘用户信息，并通过精准销售方案的实施，推动银行发展，最终验证了数据挖掘技术在S银行零售业务市场营销中的作用，这样就可以降低成本、提高企业绩效。可见，大数据对营销有促进作用，自变量大数据与因变量营销能力之间存在相关性，因此，本文提出以下假设：

假设1a：大数据与企业营销能力有正相关关系。

2. 平台经济与顾客价值和营销能力

王超（2019）提出运用平台思维进行新的商业模式创新，提升企业营销能力，进而实现合作共赢。企业目标是实现客户价值，因此要树立以“客户价值为导向”的营销理念，充分利用现代互联网的营销平台，提高为顾客创造价值的能力。客户价值是营销管理的灵魂，企业营销就是在客户价值增值过程中实现企业价值的增值。周荣辅等（2016）研究发现，平台推送信息内容的趣味性、个性化、利益性显著正向影响顾客感知价值，而顾客感知价值正向显著影响顾客满意度和忠诚度。客户对企业的忠诚和对企业产品及服务的满意则体现了用户黏性，从而增强企业营销效果，因此平台信息和资源的有效利用能够为企业带来更大的顾客价值。综上所述，平台对企业顾客价值有促进作用，而顾客价值能够提升企业营销能力，自变量顾客价值和平台与因变量营销能力存在相关性，因此，本文提出以下假设：

假设2a：平台经济与企业营销能力有正相关关系。

假设3a：平台经济在顾客价值与营销能力的关系中起中介效应。

四、模型构建

营销是企业甚至个人发展都要面对的问题，它是我们真正进入市场的前提，客户对我们的产品和服务是否感兴趣，就要看我们营销水平的高低和产品或服务的质量。营销对于企业至关重要，因此，企业制定战略要回到基本的层面——营销上来，因此企业必须要着力提升其产品营销能力。虽然目前对营销的研究很多，但相关研究主要集中在传统营销和互联网在营销方面的作用方面，很少从大数据、平台经济、顾客价值等角度来研究对企业产品营销能力提升方面的作用。

（一）建立模型

本文从平台经济、顾客价值和互联网大数据角度出发，通过对大量理论和相关文献的分析，提出了互联网大数据、平台经济、顾客价值与企业营销能力的关系模型（见图1），并通过实证研究对模型加以验证。

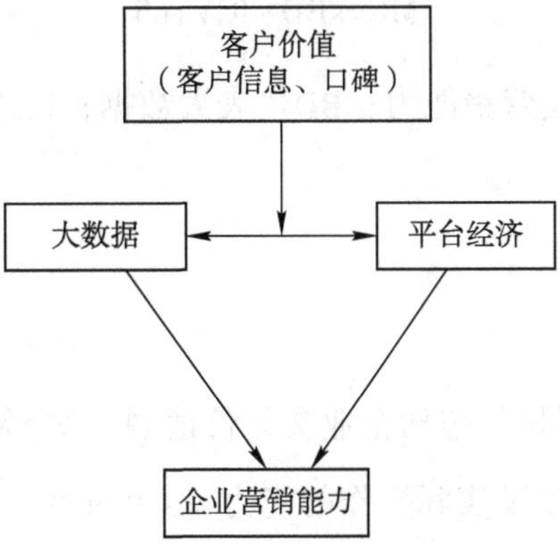

图 1　概念关系模型

（二）变量界定

在以上概念模型中，将大数据、平台经济和顾客价值作为解释变量，营销能力作为被解释变量。平台经济又作为顾客价值与营销能力的中介变量存在。根据已有研究分析，客户价值是企业价值的重中之重，企业要更好地发挥企业价值，实现企业良好运营和获得更高的经济效益，需在实现顾客基础价值上对企业价值进行增值。企业要用整个系统去贡献价值，去满足顾客价值，去维系顾客。企业那些潜在或现有的顾客资源都是企业生存的关键，而平台型企业利用大数据对这些顾客信息进行收集、整理和变现就是抓住了互联网大数据发展的绝佳时机。

在这里，解释变量大数据和平台经济同时可以作为交互式中介变量。中介效应的检验，这里采用温忠麟等2004年提出的三步骤方法，同样，为检验自变量大数据和平台经济对因变量营销能力的相关性，利用信度和效度检验以及KMO和Bartlett球形度检验，若系数显著，则相关性越强；反之则反是。根据以上分析，建立回归模型如下：

$$MC=aBD+e1; \quad MC=bPE+e2 \tag{1}$$

$$BD=a1CV+e3; \quad PE=b1CV+e4 \tag{2}$$

$$MC=aBD+dCV+e5 \tag{3}$$

其中，MC代表营销能力；BD代表大数据；PE代表平台经济；CV代表顾客价值。

五、实证分析

营销能力的测量，包括企业文化价值观（2个条目）、战略层面的能力（3个条目）以及实际操作的能力（2个条目）三个维度。顾客价值的测量采用了产品（5个条目）、价格（5个条目）、服务水平（4个条目）、顾客体验（3个条目）等四个维度。平台经济的测量，用徐晋（2019）提出的文化维度（3个条目）、业务维度（2个条目）、组织维度（3个条目）、竞争维度（4个条目）、社会维度（3个条目）五个维度。

笔者采用了文献资料以及问卷的方式收集数据。通过SPSS进行检验分析，分析出以下结果。

（一）信度和效度系数检验

表1　Cronbach's α（信度）系数检验

构念及其维度	Cronbach's α
平台经济（PE）	0.809
文化维度	0.736
业务维度	0.714
组织维度	0.845
竞争维度	0.756

续表

构念及其维度	Cronbach's α
社会维度	0.814
顾客价值（CV）	0.865
产品	0.704
价格	0.757
服务水平	0.833
顾客体验	0.849

通过信度系数检验可知，表1中各构念的α系数分别为0.809和0.865，均大于0.8，数据样本信度较高；两个构念的维度的α系数也都大于0.7，样本数据信度较好，这说明了量表的内部一致性较好。

表 2　KMO 和 Bartlett 球形度检验

取样足够度的Kaiser-Meyer-Olkin度量		0.893
Bartlett的球形度检验	近似卡方	688.052
	df	120
	sig.	0.000

上述检验结果如表2所示，Kaiser-Meyer-Olkin度量值为0.893，远大于0.7，因为理论规定Kaiser-Meyer-Olkin值存在于0和1区间，越趋向于1，则说明几个变量的关联性越高，分析效果越好，反之亦然。这里Kaiser-Meyer-Olkin度量值接近0.9，说明效果很好。Bartlett球形度检验的值为688.052（df=120，$p<0.001$），同样说明样本数据适合进行因子分析。

表 3　因子分析结果

构念及其维度	条目	因子载荷
平台经济（PE）		
文化维度（CUD）	CUD1	0.679
	CUD2	0.714
	CUD3	0.736

续表

构念及其维度	条目	因子载荷
业务维度（BD）	BD1	0.672
	BD2	0.737
组织维度（OD）	OD1	0.727
	OD2	0.811
	OD3	0.696
竞争维度（COD）	COD1	0.667
	COD2	0.723
	COD3	0.734
	COD4	0.674
社会维度（SD）	SD1	0.765
	SD2	0.758
	SD3	0.697
顾客价值（CV）		
产品（PRO）	PRO1	0.649
	PRO2	0.764
	PRO3	0.673
	PRO4	0.758
	PRO5	0.731
价格（PRI）	PRI1	0.612
	PRI2	0.732
	PRI3	0.708
	PRI4	0.682
	PRI5	0.723
服务水平（SE）	SE1	0.671
	SE2	0.715
	SE3	0.669
	SE4	0.638

续表

构念及其维度	条目	因子载荷
顾客体验（CE）	CE1	0.747
	CE2	0.814
	CE3	0.635
营销能力（MC）		
企业文化营销能力（CUMC）	CUMC1	0.883
	CUMC2	0.874
战略性营销能力（SMC）	SMC1	0.756
	SMC2	0.796
	SMC3	0.831
操作性营销能力（OMC）	OMC1	0.941
	OMC2	0.892

如表3所示，对平台经济、顾客价值、营销能力等构念进行检验，因子分析结果显示题项的因子载荷基本上都大于0.7（除了少部分略小于0.7但大于0.6），测量的结果说明样本数据具有良好的内部一致性和可靠性。综上所述，研究采用的量表具有较好的信度和效度。

（二）模型检验

如表4所示，模型（1）中的数据显示，系数a显著（$\beta=0.706$，$p<0.05$），表明大数据和营销能力有正相关关系，假设1a得到验证；系数b显著（$\beta=0.561$，$p<0.05$）也表明平台经济与营销能力有显著的正相关关系，假设2a得到验证。模型（2）中的数据显示，系数a1显著（$\beta=0.527$，$p<0.05$），表明顾客价值对大数据有显著的正向影响；系数b1显著（$\beta=0.613$，$p<0.05$），表明平台经济对顾客价值有显著的正向影响。模型（3）中的数据显示，系数d显著（$\beta=0.498$，$p<0.05$），表明大数据和平台经济在顾客价值与企业营销能力的关系中起中介效应，假设3a得到验证。

表 4　模型检验

	模型（1）	模型（2）	模型（3）
	营销能力	顾客价值	营销能力
大数据	0.706***	0.527***	0.258*
平台经济	0.561***	0.613***	0.313*
顾客价值			0.498***

六、结论与政策建议

（一）结论

本研究通过文献述评和假设检验，对平台经济、大数据、顾客价值与企业营销能力的关系进行实证分析，得出以下结论。

1. 大数据与企业营销能力正相关

企业利用大数据技术，在互联网平台上应用广告来进行网络推广，其核心在于能够使企业品牌广告在有效的时间内，通过有效的载体（平台），用适当的方式投放给适当的人（消费者）。这种精准式营销推广既节约了成本，又能够缩短推广周期且达到最有效的推广效果。大数据营销来自于互联网产业，并在互联网产业中发挥作用。它为企业发展提供大量数据，同时也为客户提供了更好的消费体验。它利用分析和预测大数据的技术能力来提高企业投资的回报率。因此，目前大多数企业都是依托大数据技术发展起来的。

2. 平台经济与企业营销能力正相关

也就是说，平台经济能够驱动企业营销能力的提升，平台发展得越好，企业营销能力越强。企业以自身营销为目标进行平台规划，利用多种针对性的手段将网站访客转化为客户。因此，企业可以获得越来越多的客户，使得客户越来越依赖平台，最终成为企业忠实客户，企业营销能力也随之不断强化。

3. 平台经济在顾客价值与营销能力的关系中起中介作用

现代平台型企业以平台为中心，以顾客价值为导向，以实现顾客价值，提高企业价值。平台经济是顾客价值和营销之间的中介桥梁。企业通过数字平台和技术收集用户信息，分析用户的消费偏好和消费行为，从而制定更好的企业营销策略，充分利用顾客价值，增加顾客满意度和忠诚度，最终实现企业价值增值的目的和企业营销水平的提升。所以，平台经济在顾客价值和企业营销能力的关系中起着中介效应。

（二）政策建议

2018年《政府工作报告》中首次提出平台经济概念。平台经济的发展有助于提高整个社会资源分配的效率，建立新的工业和企业，建立新的经济增长中心，增加就业和市场繁荣。利用平台经济将农村特色农产品销售出去，增加农村GDP，并促进中国不同地区的经济均衡发展。同时，可以有效地消除资源的浪费和过度开发，创造无害环境、低碳环保可持续的经济发展模式。然而，平台经济的发展面临许多问题，如恶性竞争、消费者欺诈、信息泄露等。因为平台经济的核心就是各种数据资源，数据所有权、使用权以及如何合理地采集数据就出现了大量纠纷。企业可能侵犯消费者权益，用不道德的方式采集、使用或者转让消费者信息等。这些都是比较紧迫的问题。由于平台经济的快速发展，行业垄断也愈加严重，对实体经济的健康发展带来不利影响，因此国家在发展平台经济的同时，也要尽量减少对实体经济的冲击。针对以上问题，提出以下解决方案：

（1）探索新型监管机制。平台经济的飞速发展和传统监管模式的滞后，无法解决当今社会信息的不对称问题。因此，要及时改进监管模式，打破数字壁垒和技术壁垒，从而实现信息对称，避免市场扭曲。要正确界定政府、平台和平台经营者三者之间的关系与责任，既要缩小平台企业的责任，避免无限度扩大，也要尽可能减少平台治理成本。

（2）国家实施政策保护实体经济。随着平台经济快速发展，实体经济发展遇到很大阻碍，实体店很难在市场立足，因此，政府实行优惠政策，支持实体经济发展，同时加大平台的打假力度。

（3）全方位监管。对平台经济的监管可以采取政府—企业—消费者（用户）—第三方四位一体的监管体系，并定期进行评价，及时根据监管效果改进监管方式。

（4）法律监督。国家应采取一些反垄断措施，坚持竞争环境的公平性，公平对待各行各业。完善相关法律，保护消费者信息，当出现恶性窃取并使用他人信息的行为时，要严惩不贷。

（5）企业营销能力——营销的系统能力提升。实行企业一体化，发动整个企业为销售目标做出努力。从长远出发关注企业市场结构，而非销售规模。同时注重顾客资源和顾客价值，为实现顾客价值去努力。

（6）企业营销能力——以整合的方式进行营销活动。从产品研发、生产到销售渠道的开发和运用都是至关重要的，并且要达到最终宣传的形象和终端形象相匹配的效果。

参考文献

[1] 曾凡珂. 互联网+背景下企业营销创新方法研究[J]. 农村经济与科技，2019，30（22）：111–112.

[2] 陈红玲，张祥建，刘潇. 平台经济前沿研究综述与未来展望[J]. 云南财经大学学报，2019，35（5）：3–11.

[3] 徐晋. 平台经济学（修订版）[M]. 上海：上海交通大学出版社. 2014：5–6.

[4] 刘群英. 互联网平台经济发展中存在的问题及解决探讨[J]. 时代金融，2018（33）：195–196.

[5] 王超. 运用平台思维提升企业营销能力[J]. 石油库与加油站，2019，28（3）：35–38，6.

[6] 郭庆秋. 浅析大数据背景下市场营销的机遇与挑战[J/OL]. 现代营销，2019（12）：68–69.http：//kns.cnki.net/kcms/detail/22.1256.f.20191225.0444.074.html.

[7] 陈开朝. 营销：在"平台时代"[J]. 上海经济,2012（3）:30–33,7.

[8] 张效羽. 互联网平台经济下地方立法边界的重构——以网约车立法为例[J]. 地方立法研究，2019，4（3）：19–30.

[9] 赵薇，李秀辉. 基于平台经济理论的自贸区研究述评[J]. 江苏商论，2019（9）：46–49.

[10] 周克清，李霞. 平台经济下的税收治理体系创新[J]. 税务研究，2018（12）：75–79.

[11] 刘舜. 我国企业持续营销能力模型构建与提升策略研究[D]. 北京：北京交通大学，2009.

[12] 顾明毅. 面向客户全程价值的协同营销研究[D]. 上海：同济大学，2007.

[13] 刘俊. 基于大数据挖掘的D公司市场营销策略提升研究[D]. 西安：陕西师范大学，2017.

[14] 冯超. 数据挖掘在零售银行精准营销中的应用研究[D]. 上海：华东理工大学，2016.

[15] 刘泉宏，汪涛. 市场导向如何影响企业绩效——基于营销能力与环境不确定性的整合研究[J]. 华南理工大学学报（社会科学版），2015（3）：19–26.

“不倒翁”与西安的城市营销

周健飞

摘　要：西安市之所以会成为国内一流旅游城市，除了自身丰富的旅游资源之外，由西安市政府所主导的针对性的城市营销策略也起到了关键作用。2019年下半年，西安市大唐不夜城景区“不倒翁”演出活动在各大新媒体平台持续火爆，也吸引了更多游客前往西安市旅游。对“不倒翁”演出活动与西安市城市营销策略的研究有助于借鉴其成功经验，为西安以及其他旅游城市的营销活动提供指导，兼具理论和现实意义。

本文首先梳理了“不倒翁”演出活动以及西安市营销活动所涉及的相关营销理论，然后从演出活动自身以及西安市整体两方面分析本次城市营销活动的成功之处，从而帮助我国其他城市进行城市营销活动。

关键词：“不倒翁”；旅游城市；城市营销

一、引言

（一）研究背景及意义

1. 研究背景

随着新媒体技术水平的迅速提升，传统的营销模式已不足以满足企业进行营销活动的需求。在抖音之类的短视频平台迅速走红的背景下，短视频营销开始受到各大商家的青睐，展现出了强大的社交属性，再加上技术要求不高，因而获得了极快发展，成为时下最受欢迎的营销方式。西安市抓住市场机遇，与抖音平台合作开展城市营销活动，“摔碗酒”“毛笔酥”等网红景点先后走红，采用单点突破、体系协同的营销策略，使西安成为国内最受欢迎的旅游目的地。

2019年11月，西安市大唐不夜城景区组织了一场别开生面的“不倒翁”艺术表演，而这场表演被投放到抖音平台之后，迅速引起了全国人民的广泛关注，使西安大唐不夜城景区知名度迅速提升，同时吸引了很多游客前往西安旅游，是西安市采用单点+体系进行城市营销的又一成功案例。

2. 研究意义

本文对本次西安市成功的营销活动进行理论研究，从“不倒翁”的文化营销策略出发，结合西安市体系化的城市营销策略，能够探索西安市在此次城市营销活动中取得成功的原因，从而为西安市后续的城市营销活动以及其他城市的营销活动提供借鉴意义。

（二）研究内容及框架

1. 研究内容

本文包含五大部分，具体详情如下：

第一部分是引言。该部分主要涉及本次研究的背景，并阐述本次研究的意义，同时梳理国内外文献研究成果，从而进一步探索该问题中需要完善的地方，最后，明确本文的研究内容和研究方法。

第二部分对本次研究所使用到的相关营销理论进行简要的介绍。

第三部分主要以大唐不夜城“不倒翁”文艺演出活动为例，说明西安市借助本次文化营销活动进行单点爆破式营销所采取的策略，以及这次营销活动的成功之处。

第四部分说明西安市政府为了配合本次单点爆破式文化营销活动

所采取的体系化的城市营销策略。

第五部分就以上四部分进行小结，并指出西安市城市营销活动的优势与不足，为西安市以及其他城市提供有益参考。

2. 研究框架

研究框架是整个论文设计思路的结构骨架，能够更加直观和鲜明地表达出文章的核心内容和逻辑思维。根据本文的研究内容，本文的研究框架如图1所示。

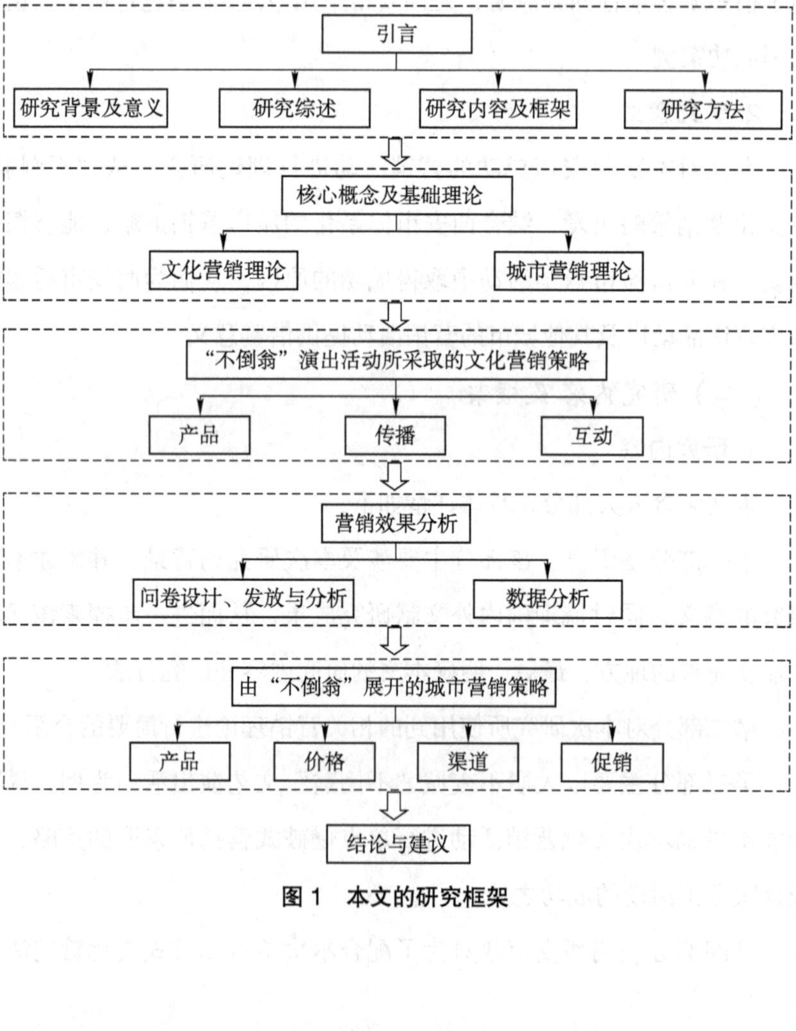

图1 本文的研究框架

（三）研究方法

1. 问卷调查法

通过对消费者的线上问卷调查，详细地概括和归纳出被调查者对演出活动的看法与意见。

2. 文献研究法

收集相关文献，梳理和明确此次营销活动所采取措施的理论依据，并形成本次研究的整体框架。

二、理论综述

（一）理论基础

1. 文化营销

20世纪90年代，文化营销理论由国外传至国内。王芳华指出，进入21世纪之后，人类社会诞生出了六个新的、影响力颇大的营销理念，而文化营销便是其中之一。所谓文化营销，是指企业有目的和有规划地构建某种文化价值观念，并通过各种方式将之传输给消费者，和他们产生价值观念层面的共鸣，最终服务于营销工作的开展。

综观文化营销，它是建立在文化价值观基础上的，其核心是传播企业的文化价值观念，用企业的文化价值观念来满足消费者的文化与情感需求，并通过文化亲和力将消费者转变为忠诚顾客。在我国人民物质生活水平不断提高，但文化生活还相对匮乏的今天，文化营销受到了越来越多企业的重视。

2. 城市营销

菲利普·科特勒是地区营销这一概念的首位正式提出者，他认为“地方营销”的实质是，把地方当成企业，把地方拥有的各类资源当成产品，剖析其内外环境，把握其优劣势，明确机会与威胁，找准目标市场，并在此基础上予以专门创造、包装以及营销的一系列过程。

综观城市营销理论可知，它脱胎于地区营销理论，具体指的是通过梳理和把握自身的内外在条件，将自己的城市营销给目标市场客户，以满足目标客户的需求，最终通过改善城市的各个方面来提升城市形象，赋予其更高的价值。所以，城市营销的核心表现在，依托适宜的营销理念及措施来实现对城市的科学化、高效化管理，具体而言，即参考企业管理做法对城市的各项事务进行管理，把投资者、观光者以及一般市民当成客户，把自身所拥有的软硬环境当成是“城市产品”，利用企业的那一套管理模式去打造和营销“城市产品”。为更好地服务于客户，将“城市产品”顺利、高效地营销出去，需要政府发挥好主导职能。

（二）文献综述

1. 国外文献综述

对城市营销相关理论的研究一直是西方学者研究的重点，2010年之后，不同学者也从不同角度分析了城市营销理论在实践中的应用。国外学者的研究内容如下：

Sergey Ignatyev和Inese Ratanova（2011）以拉脱维亚为例，从理论和实践两个方面对区域开发管理、城市发展以及城市营销进行研究。指出城市可以视作一种“商品”，而政府是这种“商品”的销售者。

Mihalis Kavaratzis和 Mary Jo Hatch（2013）提出地方品牌理论，指出城市应当创建与自身相符的品牌，从而提升游客对城市的认可度与归属感，从而吸引游客进行二次旅游。

Boban Melović、Slvica Mitrović和Arton Djokaj（2017）结合前两者的研究成果，指出将城市视作一种商品，并结合城市的文化特征与历史背景塑造城市品牌，将对城市的营销转变为对城市品牌的塑造。

M. Blair Thomas等（2020）以佛罗里达为例，以政府的角度分析当地进行营销活动所应当采取的战略举措与营销策略。

2. 国内文献综述

受限于我国人民的生活水平，我国的旅游产业起步较晚。因此国内的学者对于城市营销理论的研究相对滞后于国外学者，研究成果以及可供进一步研究的成功案例也少于国外。国内学者围绕该问题的研究内容如下：

程艳（2005）基于旅游文化营销理论，提出旅游营销应具有文化特色，应尽量实现旅游产品文化价值的最大化从而为游客提供和谐且独特的旅游体验。

朱妍（2012）结合西安市历史悠久的特点，指出西安市在进行形象塑造与传播时应立足历史文化名城这一鲜明的城市特色，依托政府有的放矢地运用各种手段进行城市形象传播，从而实现城市营销。

杨瑒（2012）通过对西安城市营销的SWOT分析，指出西安应通过体系化的营销策略来进行城市营销，从而改善城市形象，吸引游客。

聂梦秋（2015）以成都大熊猫文化品牌营销为例，指出城市文化营销在吸引游客、促进城市经济发展的同时，还能够提升城市的文化软实力。同时指出政府在城市文化营销中要创新体制机制，更好地适应营销活动。

金星月（2019）以西安为例阐述了新媒体时代下抖音等短视频平台具有受众广泛、传播方式灵活的优势，是进行城市营销的重要且高效的手段。

三、“不倒翁”演出活动的文化营销策略

西安市大唐不夜城景区“不倒翁”文艺演出活动在2019年下半年取得了重大成功，从本文研究角度看，其原因主要在于该演出活动依

托唐朝文化符号，与西安市作为唐朝古都这一特性相结合，进行文化营销活动。该文艺演出活动以唐朝文化作为基础，依靠游客对于唐朝文化的喜爱以及对民族文化的认同来满足旅客的文化需求。此次文化营销活动从旅游产品、广告传播和游客互动三个方面进行，取得了巨大的成功。

（一）产品策略——“盛世大唐”的文化符号

“不倒翁”文艺演出活动以“盛世大唐”作为其特有的文化符号，吸引对“大唐文化”高度认可的游客。

1. 民众对“大唐文化”的追捧与崇拜

自党的十八大之后，习近平同志曾经先后多次提及中国传统文化，肯定了传统文化的丰富内容、非凡价值和崇高地位，指出国人应对本国文化保持高度自信，且要通过实际行动去热爱它、学习它和发扬它。而唐朝作为中国古代最为强盛的朝代，国人对“大唐文化”的认可在文化自信中占据重要位置，以唐诗为代表的唐文化也是我国传统文化的瑰宝。

最近几年，“大唐文化”受到越来越多民众的崇拜和追捧。以影视剧为例，2017年以“大唐文化”为背景的电影《妖猫传》上映，电影中描绘了一派奢华绚烂的大唐气象；而电视剧《长安十二时辰》中的万人灯会也体现了大唐盛世的繁荣。结合我国目前正处在实现中华民族伟大复兴的关键时期的现状，民众都十分向往和憧憬国家的繁荣与富强，再现唐长安城一般的盛世，也就形成了对“大唐文化”的崇拜。

综上，我国目前所处的发展阶段与政策的引导使得“大唐文化”在全国范围内受到了广泛的崇拜与追捧。

2. 高度还原唐长安风格

“不倒翁”文艺演出高度还原唐朝风格。演员的妆发、服饰都尽力还原唐朝仕女装扮，另外，其举办方大唐不夜城景区是一条能够为游客提供购物、餐饮以及娱乐等多种服务的一站式、综合型的步行街，值得一提的是，它以盛唐文化为卖点，并围绕唐风文化这一主线，形成了特色鲜明的体验式消费特征。其建筑按照唐朝建筑风格仿建，演出与周围环境风格一致。

西安市大唐不夜城景区自开放以来一直着力于将景区打造为西安唐文化展示和体验的首选之地，并将唐文化打造为景区品牌。综观大唐不夜城景区，其拥有两大核心区，一个是基于大唐文化的开元广场，另一个是贞观广场，充分体现了景区以唐文化作为品牌的景区特色。

（二）传播策略——高效的新媒体传播途径

除了演出活动自身吸引力十足之外，以抖音为代表的新媒体时代的短视频平台也对这次文化营销活动的成功起到了重要作用。

1. 控制营销成本

短视频营销方式能够有效地控制营销成本，以抖音为代表的短视频平台通过视频浏览率、播放发布率、热播点击率展现出大众的喜好与偏好。当一个景区受到游客的喜爱后，游客能够自发性地进行转发、分享，从而为景区进行宣传，而游客这一自发性的行为并不需要景区自身为其付出营销成本。

2. 非官方视频提升受众信任

传统模式下景区的推广视频都由景区官方安排制作，而这些由景区官方制作的推广视频普遍存在夸大旅游体验的问题，因此其推广效果往往不如预期，无法得到潜在游客的充分信任。而短视频平台上更多的是由游客自发录制的景区视频，这些视频分享的是游客真实的旅游体验，更能够受到潜在游客的信任。

3. 碎片化介绍提升受众兴趣

抖音短视频的时长一般仅为数十秒，由于直切主旨，能够为观众节约大量思考时间，是一种颇具代表性的、讲究效率的碎片化传播方式。由景区官方出品的宣传视频大多比较冗长，而抖音平台的视频多为半分钟左右的短视频，这种短视频更加符合现在较快的生活节奏。

同时，抖音提供了复播功能。因视频时长偏短，某个景点可能一闪而过，观众为更好地看清细节，便会反复多次观看。如此一来，视频发挥出了一种“洗脑”效果，能够将景区印象深深植根于观众头脑中，人们关于景点的印象便会越发明晰，对于游览景区的兴趣也会越来越大，从而极大地调动其前去游玩的可能性。

4. 用户“再创作”提升热度

“不倒翁”的走红最初源于一段抖音小视频，该视频的创作者将音乐《美丽的神话》与演出相结合，而这次对演出的“再创作”使得“不倒翁小姐姐”迅速走红。

在“不倒翁小姐姐”走红后，抖音平台出现大量模仿“不倒翁”的短视频作品，其中有大量搞笑风格的模仿作品也随之走红。这些模仿作品也进一步提升了“不倒翁小姐姐”在短视频平台以及各种社交平台的知名度。

5. 游客间分享提升旅游体验

除了视频本身，抖音平台也可以作为游客分享旅游经历的平台。抖音的每条视频下都有对应的评论区，在评论区参观过景区的游客可以为潜在游客提供参观建议，从而改善游客的旅游体验，提高游客对景区的满意度。

（三）互动策略——演员与观众、线上与线下的结合

1. 线下：改进演出内容

在“不倒翁”演出活动刚起步时，游客反响一般，普遍原因在于演员与游客间缺少互动。针对这一问题，演员改进演出，增加与观众

的互动，包括加入与女观众牵手，用扇子与男观众“牵手”等动作，提升了演员与观众间的互动，这也是“不倒翁”演出走向火热的关键原因。

2. 线上：演员社交平台互动

在演出活动知名度越来越大的情况下，参演演员的知名度也随之提升，之后演员开始在微博等社交平台与游客进行互动，并将游客与潜在游客逐步“粉丝化”，演员在社交平台发布演出公告，并创建粉丝群，在群内分享演出有关的趣事，提升游客对演出的兴趣。

四、演出活动营销效果分析

为了进一步研究“不倒翁”文艺演出活动的营销传播效果，笔者进行了问卷调查，并结合西安市文化与旅游局公布的相关数据进行分析。

1. 问卷设计、发放与分析

调查问卷由四部分组成，分别是受访者基本情况、“不倒翁小姐姐”传播媒介到达情况、传播内容情感态度和行为效果、受访者构建的西安形象。调查问卷经由网络途径予以发放，开始于2020年2月10日，结束于2020年3月15日，最终整理出205份被评为有效的调查问卷。

在对“不倒翁”演出的宣传方面，全部205个样本都知道“不倒翁”演出活动，演出宣传十分成功。其中抖音短视频平台的宣传最为高效，如图2所示，有136人通过抖音了解到演出的相关信息，在各种宣传渠道中占比最高，占总人数的66.34%。

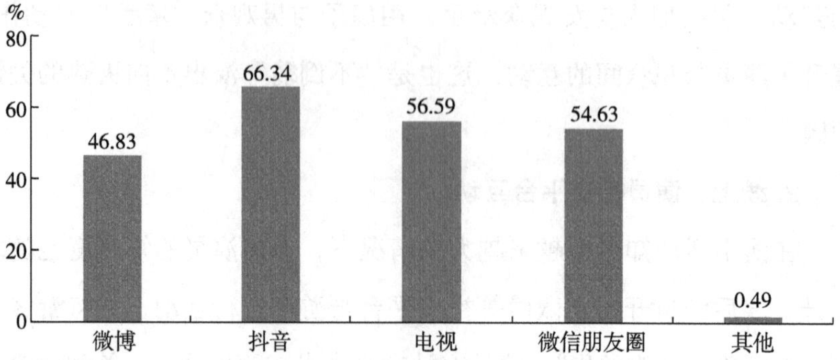

图2　了解“不倒翁”演出的渠道

另外，在该演出对西安市的营销效果方面，如图3所示，48.29%的人明确表示该演出活动增加了其前往西安旅游的兴趣。由此可见，该演出活动对西安市的城市营销活动有明显的帮助。

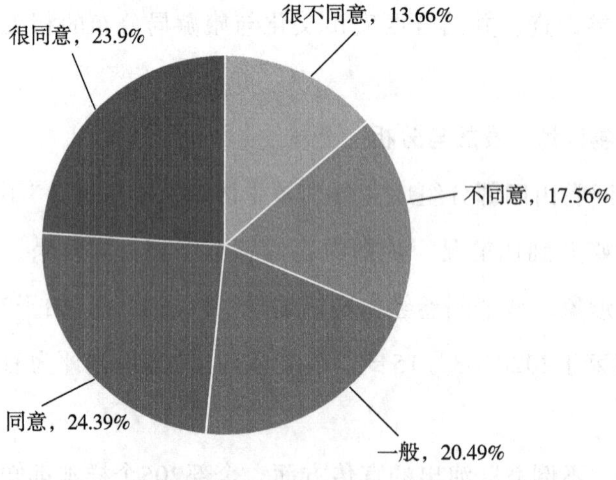

图3　是否同意该演出增加了您前往西安旅游的兴趣

2. 数据分析

由抖音提供的有关数据可知，截至2019年最后一天，以“不倒翁”演出为题材的各类视频突破6000条，总播放量更是达到了惊人的23亿次。而最早走红的由网友“栗子炒糖”发布的演出视频收获了371万点赞、8.7万条评论和12.3万次转发，而“不倒翁”演员本人微博有粉丝

44.6万人[①]，可见该演出营销运作十分成功。

五、由“不倒翁”展开的城市营销策略

除了景区利用自身优势吸引游客之外，西安市为了发展旅游业也在城市层面做出了很大的努力，西安市政府也运用其职能改善西安市旅游环境，在西安市的城市营销过程中起到了非常重要的作用。

（一）产品策略

1. 统一城市形象

西安市作为十三朝古都，有着悠久的历史和文化，是名副其实的古城，1981年凭借突出的实力成功跨入“世界历史名城”之列。

西安市是我国境内颇负盛名的教育重镇，其985和211高等院校的总体数量在全国城市中位列前五，丰富的人才资源也为城市的发展提供了活力，同时为西安高新技术产业开发区的发展提供便利。

西安同时也是“一带一路”的核心城市，是我国对外开放的前沿阵地。

据此，西安市政府着力营造“时尚、科技、国际化的古城”的城市形象，不仅能够利用古城所带来的文化优势，同时又不会受到古城形象的束缚，能够吸引更多类型的游客。

2. 整合管理文化资源

拥有十三朝古都这一光辉历史的西安市，自然拥有极为丰富的、令人羡慕的各种历史文化资源。然而在过去相当长的一段时间中，此类资源不但被忽视了，甚至成了城市现代化建设的阻碍。例如，城墙方面，总计有13.74公里的西安明城墙需接受五个不同行政管理部门的管理，如果无法真正打通“管理壁垒”，将无法给游客带来良好体验，

① 数据来源：抖音及微博相关账号。

更不用说组织大规模活动了。

为实现对此类历史文化资源的充分发掘，西安勇于突破传统条块管理的桎梏，把整个市绝大比例的文化旅游资源交给了曲江新区，由它负责统筹安排，包括前期规划和后期运营。利用诸如此类的举措实现了对市内各种历史文化资源的有效盘活，展现出了非凡的价值。

3. 市容管理

城市市容严重影响游客在一座城市的旅游体验。从2016年年底开始，西安在全市范围内叫响“三大革命”，除烟头革命及厕所革命之外，还推行了行政效能革命，以期维持市容整洁，保障公共厕所数量，同时提高行政效率。经过一年多的实践，西安市的市容得到了改善，公共厕所等旅游基础设施也逐步完善。

（二）价格策略

旅游成本是潜在游客进行旅游决策的重要影响因素，较低的价格能够激发更多的旅游需求。

1. 完善公共交通网络

西安市内景区间距离较远，在地铁建成之前可供选择的出行方式十分有限。西安市出租车的管理也存在一定问题，存在拒载、宰客等不良行为。

针对以上问题，西安市加快地铁建设。随着越来越多地铁线路的竣工以及运行，游客有了更加高效与便利的出行方式，提升了游客的旅游体验。同时西安市加强对出租车的规范化管理，使西安的交通体系更为完善，为游客出行创造了更为便利的环境。

2. 宏观调控物价

根据2019年西安市CPI数据，居民消费价格累计上涨2.7%，处于合理区间，其中与旅游密切相关的交通及通信类CPI指数同比下降0.7%。

而在与其他城市的比较中，在全国36个大中城市中，西安市与贵阳、石家庄、重庆、太原和天津并列排第18位[①]，居中下游位次。

综上，西安市作为热门的旅游城市，在与其他热门旅游城市的竞争中存在一定的价格优势，政府的宏观经济调控保障了物价合理上涨，降低了游客的旅游成本，吸引了更多游客。

（三）渠道策略

1. 政府主导的渠道拓展

根据城市营销的相关理论，将整个城市视作一个“产品”，那么这个“产品”的销售者就应当由这座城市的政府来担任。为了销售出这件“产品”，政府需要利用自身的职能优势以及资源优势，运用政府的公信力优势来向这个“产品”的“买家”，即这座城市的潜在游客或潜在投资者进行推销。

西安市政府为了更好地推销出自己的“产品”，积极开展节事活动，2018年起组织“西安年·最中国”春节主题营销，并积极承办春晚分会场、全运会等活动，同时积极为西安市招商引资，吸引更多的企业进入西安，助力西安市的发展。

2. 与新媒体平台合作

新媒体营销具有成本低、技术门槛低、针对性强的优势。运用新媒体平台进行营销也是许多旅游城市的选择，成都、重庆等城市都先后和抖音之类的知名短视频平台建立长期的合作关系。

2018年，西安市旅发委在充分调研的基础上和抖音短视频签署了正式的合作协议，旨在以抖音的全系列产品为依托，在国内和国外广泛且大力地推广当地的文化旅游资源，明确西安角色定位，充分发挥其在“一带一路”体系中所扮演的关键节点角色，进而在国内外形成更大

① 数据来源：国家统计局官方网站，http：//www.stats.gov.cn/。

的影响力。抖音平台将会综合利用包括文化城市助推在内的多种类型短片，对这座城市实施全方位、立体化包装，并加以推广，最终以短视频为依托，将西安美好的、健康的、富有生命力的城市文化推向世界。

（四）促销策略——开拓节事营销

从城市营销的角度来看，节事指的是预先规划好的节日和特别的活动，此类活动均是普通民众喜闻乐见的，会为城市的进一步发展带来相当大的影响，此类活动被统称为节事活动，又可细分成多种类型，例如体育活动、展览会以及文化活动等。节日营销是利用消费者的假日消费心理，通过营销手段来宣传商品和品牌，促进消费。

自2018年起，西安市利用春节进行节事营销活动，开展“西安年·最中国”主题活动，营销效果显著。2018年我国春节期间，西安市无论是在游客接待人次上，还是在旅游收入上，均有了显著增长，增长幅度分别为66.56%、137.08%，总收入规模更是跨越了百亿元门槛。2019年春节期间，西安的这两大方面依然取得了不俗成绩，同比增长分别为30.16%、40.35%，总旅游收入即将突破150亿元[①]。传统景区仍旧展现出了相当强劲的发展潜力，无论是时尚街区，还是节庆活动，抑或是综合体，均是时下年轻消费者青睐的对象。

六、结论与展望

（一）基本结论

本文第三部分和第四部分参考文化营销理论，从文化产品、传播、互动三个角度分析了“不倒翁”文艺演出活动成功的原因。首先，从产品角度，要赋予旅游产品以文化内涵，使消费者与旅游产品间形成文化共鸣，提升消费者的旅游兴趣；其次，在文化传播方面，采用高

① 数据来源：陕西省统计局，http：//www.shaanxitj.gov.cn/。

效的新媒体平台能够以较低的成本达到较好的传播效果；最后，在文化互动方面，增加与游客的互动能够提升游客的文化体验，在此基础上产生更为理想的旅游体验。这一部分显示：对于文化营销而言，其终极目标体现在两个方面，一个是实现旅游产品本身的文化价值，另一个是让旅游者得到文化层面的满足，而文化体验刚好是达成上述目标，并使得两者均达到最大化的唯一可行之路。而西安市本次“不倒翁”文化营销活动将景区与游客统一于盛唐文化，实现了产品与需求的统一。

本文第五部分采用城市营销理论与4P营销理论分析了西安市协同“不倒翁”文化营销所采取的体系化的城市营销策略。首先，从产品角度，城市整体作为一个产品应有统一的形象；其次，在价格和渠道方面，政府应积极进行基础设施建设与宏观价格调控控制游客的旅游成本，激发旅游需求并使用自身职能拓宽渠道；最后，在促销方面，应积极进行节事营销活动。本部分表明：政府在城市营销中占据着主导地位，政府应利用其职能便利统筹规划进行城市营销。

（二）不足之处

由于研究成本以及研究工具的限制，本次研究在数据处理方面不可避免地存在一定的误差，同时由于调查问卷发放时间较短，使得样本量较小，得出的结论说服力可能稍有不足。另外，由于本人的研究精力有限，可使用的资源有限，能够查询到的资料也就相对有限，事实上，西安市采取的城市营销策略绝不止文中所示几个。另外，受新冠肺炎疫情影响，西安市的春节旅游业受到了较大影响，也对“不倒翁”演出的后续营销活动产生了较大的冲击，使本次研究无法更加全面地总结本次营销活动的成果。总之，本次研究存在一些不可避免的问题，本人会在今后的研究中不断改进，提高研究的准确性与说服力。

（三）研究展望

本文主要针对西安市的城市营销策略进行分析，不过该研究对于其他城市也有一定的借鉴意义。据此，笔者根据西安市的成功经验为其他城市提出以下建议：

1. 加强旅游文化营销

如今我国的旅游产品日益丰富，同质化的产品已经不足以吸引游客。同时，我国历史悠久、文化丰富，多数地方都有着独具特色的地方文化，而这些地方文化正是吸引游客的关键。各地应以特色的地方文化为依托并凭借新媒体平台宣传自身的特色文化，从而提升潜在游客对地方文化的兴趣，并着重开发文化产品，对景区进行文化营销，着重改善景区的文化体验。

2. 政府提高参与度

西安市政府在西安市的城市营销活动中起到了主导作用，与抖音等平台签署合作协议。同理，其他城市的政府也应当合理提高参与度，发挥政府在公信力方面的优势，采取积极措施开展城市营销活动。

3. 加强基础设施建设

西安市运用成功的城市营销策略能够吸引到游客，但给予游客良好的旅游体验比吸引游客更为重要。西安市为了保障游客旅游体验，改善市容、建设足够的公共厕所、加快地铁建设，利用较为完善的基础设施保障游客体验。

参考文献

[1] SERGEY IGNATYEV，INESE RATANOVA. City marketing：the theoretical and practical aspects（The example of latvia）[J]. Studia KPZK，2011（141）：259–271.

[2] MIHALIS KAVARATZIS，MARY JO HATCH. The dynamics of place brands[J]. Marketing theory，2013（13）：69–86.

[3] BOBAN MELOVIC，SLVICA MITROVIC，ARTON DJOKAJ. City–brand building：from city marketing to city branding [J]. Proceedings of the faculty of economics in East，2017（14）：51–59.

[4] M. BLAIR THOMAS，DANIEL L.FAY，FRANCIS S. Berry.Strategically marketing florida's cities：an exploratory study into how cities engage in public marketing [J]. The american review of public administration，2020（50）：275–285.

[5] JASPER ESHUIS，ERIK BRAUN，ERIK HANS KLIJN，et al. The differential effect of various stakeholder groups in place marketing [J]. Environment and planning c：politics and space，2018（36）：916–936.

[6] 程艳. 旅游文化营销运作模式研究[D]. 上海：华东师范大学，2005.

[7] 朱妍. 西安城市形象传播研究[D]. 西安：西北大学，2012.

[8] 杨瑒. 西安城市营销战略初探[D]. 济南：山东大学，2012.

[9] 聂梦秋. 政府提升城市软实力的城市营销战略研究[D]. 成都：电子科技大学，2015.

[10] 金星月. 新媒体环境下抖音短视频对城市旅游营销的意义[D]. 杭州：浙江大学，2019.

[11] 张喆. 短视频的场景化营销对城市形象塑造和传播的作用——以西安市为例[J]. 新闻爱好者，2019（12）：71–73.

[12] 王洁松. 中国城市形象片对于城市形象的建构与塑造[D]. 西安：西北大学，2012.

[13] 贺婷. 城市文化旅游产品的营销策略[J]. 旅游纵览（下半月），2019（12）：72–73.

[14] 李梦坤.“西安年·最中国”品牌节事营销传播研究[D]. 保定：河北大学，2019.

[15] 高迎刚，丛晓煜. 城市文化品牌塑造原则与路径探析[J]. 艺术百家，2019（6）：5.

[16] 常亮. 五大变化昭示我国城市进入品牌建设时代[N]. 中国城市报，2019-11-18（004）.

[17] 叶一剑. 城市品牌营销的新价值时代[N]. 中国文化报，2019-11-30.

[18] 何逸，张泽元，张文静. 浅谈武汉城市文化营销的现状与对策[J]. 现代营销（下旬刊），2019（2）：1.

[19] 许加彪，王博. 城市形象主题口号的话语修辞与品牌营销研究[J]. 现代传播（中国传媒大学学报），2019（1）：5.

[20] 菲利普·科特勒. 地方营销（第1版）[M]. 上海：上海财经大学出版社，2008：13.

[21] 薛薇. 统计分析与SPSS的应用（第3版）[M]. 北京：中国人民大学出版社，2011：247-279.

附录

抖音“不倒翁”的营销效果分析问卷

1. 您的性别 [单选题]

○男　　○女

2. 您的年龄 [单选题]

○15岁及以下　　○16~25岁

○26~35岁　　○36~45岁

○46岁及以上

3. 您目前的职业 [单选题]

○学生　　○上班族

○自由职业者　　○待业

○退休

4. 您日常工作学习所在的省份 [单选题]

○陕西省　　○其他

5. 您是否知道西安“不倒翁小姐姐”的演出 [单选题]

○是　　○否

6. 您从哪些渠道了解到“不倒翁小姐姐”的相关信息 [多选题]

□微博　　□抖音

□电视　　□微信朋友圈

□其他

7. 您是否在网络上点赞、评论或转发过“不倒翁”表演的相关动态 [单选题]

○是　　○否

8. 您对“不倒翁小姐姐”表演的评价 [单选题]

不喜欢　○1　○2　○3　○4　○5　很喜欢

9. 您认为“不倒翁”演出哪些方面吸引您 [多选题]

□演员小姐姐好看　　□舞蹈形式新颖

□盛唐气质　　□与观众有互动（可以拉手手）

□其他

10. 您认为“不倒翁”表演是否符合西安城市形象 [单选题]

很不符合　○1　○2　○3　○4　○5　很符合

11. 我认为“不倒翁”的火爆会增加我前往西安旅游的兴趣 [单选题]

很不同意 ○1 ○2 ○3 ○4 ○5 很同意

12. 如果有机会我会前往西安旅游 [单选题]

很不同意 ○1 ○2 ○3 ○4 ○5 很同意

13. 若前往西安旅游您是否会专门安排行程观看“不倒翁”表演 [单选题]

○是 ○否

○不好说

14. 您对西安的印象 [多选题]

□古城 □网红城市

□美食 □文化

□没什么印象 □不好

15. 您对“不倒翁小姐姐”的走红 [单选题]

○无感 ○炒作过度

○是一次成功的景区宣传